高等学校本科生公共课教材

统计模拟及其R实现

■ 肖枝洪 朱强 编著

WUHAN UNIVERSITY PRESS
武汉大学出版社

图书在版编目(CIP)数据

统计模拟及其R实现/肖枝洪,朱强编著.—武汉:武汉大学出版社,2010.4(2025.1重印)
高等学校本科生公共课教材
ISBN 978-7-307-07657-0

Ⅰ.统… Ⅱ.①肖… ②朱… Ⅲ.统计—模拟实验—高等学校—教材 Ⅳ.C8-33

中国版本图书馆CIP数据核字(2010)第043735号

责任编辑:杨 华　　责任校对:黄添生　　版式设计:马 佳

出版发行:**武汉大学出版社** (430072 武昌 珞珈山)
(电子邮箱:cbs22@whu.edu.cn 网址:www.wdp.com.cn)
印刷:湖北云景数字印刷有限公司
开本:720×1000 1/16 印张:16.25 字数:288千字 插页:1
版次:2010年4月第1版 2025年1月第8次印刷
ISBN 978-7-307-07657-0/C·257 定价:36.00元

前　　言

在当今信息时代,统计知识得到越来越多的应用,各种统计方法层出不穷.在统计领域中,统计计算技术应运而生,而且发展非常迅速。它一方面使得许多统计方法得到广泛应用,另一方面使得有些难以在理论上进行论证的问题通过模拟得到证实.

2005 年以前,我国出版的有关统计模拟的著作还比较少,一般只是在理论上对统计计算方法进行介绍,而且使用 R 软件给出具体计算程序的更少。然而不过四五年,有关统计模拟和对 R 软件使用进行介绍的书籍开始大量出版.而我们适时出版这部书,也正是适应时代的需要.同时,本书也是省级教改项目“适应新时期人才培养的需要,构建概率统计类课程体系”和校级研究生创新工程项目“基于复杂数据的统计计算与模拟”的一项研究成果.提高大学生以及研究生进行数据挖掘、建立统计模型的能力是本项目改革的重点.因此,本书在写作上特别注意以下 6 个显著的特点:

(1)统计计算方法全面,脉络分明:分别介绍了逆变量法、筛选法、条件期望法、分层抽样法、重要抽样法、EM 算法、MCMC 法等.既考虑了离散型随机变量的模拟,又考虑了连续型随机变量的模拟,同时还考虑了随机过程的模拟.不仅考虑了一维随机变量的模拟,而且考虑多维随机向量的模拟.

(2)统计计算方法细腻详实,所编写的程序可以通过跟踪验证其准确性.

(3)密切结合实际问题,例如经济中的期权策略实施、维修问题、排队问题等.

(4)每章内容由浅入深,浅显易懂,但又能给人以更多的启示.同时还配有若干练习,帮助读者加强理解与巩固相关的知识.

(5)本书第六章每提出一个模拟方法,都要和其他的方法相比较,尽量使算法更有效.通篇构成一个有机的整体,读者阅读此书,会感到逻辑性强,问题提出的背景清晰.

(6)本书运用 R 语言将许多例子进行了编程,以供读者借鉴,使读者感觉有种工具在手的感觉,可以增强自信心,克服畏难心理.

本书的内容和练习取舍了 Sheldon M.Ross 的 *Simulation* 一书的内容和练

习,R软件的介绍借鉴了李东风的《统计软件教程》,在此表示衷心的感谢.本书的出版得到了武汉大学出版社、华中农业大学教务处和研究生处的大力支持,在此表示衷心的感谢!本书适合大、中专院校从事统计或计算机方面的工作或学习的教师和本科生、研究生阅读.章节的安排、内容的组织以及程序的编写,都是由肖枝洪和朱强两人共同商榷而定.虽然我们在编写的过程中作了很大努力,力求准确,但是由于水平有限,所著之书可能存在许多错误,敬请读者批评指正.

编　者

2010年1月于狮子山

目　　录

第1章 预备知识

我们设想读者已经具备了初等概率统计的基础知识,因此本章仅对初等概率统计中介绍得较少而在本书以后有关章节所需要的内容进行介绍.

1.1 矩母函数与生成函数

有时直接求若干独立随机变量和的分布很不方便,下面引进矩母函数和生成函数来解决此问题.矩母函数和生成函数在第六章介绍重要抽样法时也会用到.

定义 1.1 设随机变量 X 的密度函数为 $p(x)$, 称 $E[\exp(tX)]$ 为 X 的矩母函数,记为 $g_X(t)$, 或简记为 $g(t)$, 即

$$g(t) = E[\exp(tX)] = \int \exp(tx)p(x)\,\mathrm{d}x.$$

注:矩母函数 $g(t)$ 与 X 的分布函数相互唯一确定,通过矩母函数可计算 X 的各阶矩:

$$E[X^n] = g^{(n)}(0),$$

式中, $g^{(n)}(t)$ 指函数 $g(t)$ 关于 t 的 n 阶导数.若随机变量 X 与 Y 相互独立,则 $g_{X+Y}(t) = g_X(t)g_Y(t)$.

我们将一些常用分布的矩母函数列表如表 1-1.

表 1-1 **一些常用分布的矩母函数**

分布名称	密度函数	矩母函数
$U(a,b)$	$p(x) = \dfrac{1}{b-a}, a < x < b$	$\dfrac{1}{t(b-a)}(e^{bt} - e^{at})$
$E(\lambda)$	$p(x) = \lambda e^{-\lambda x}, x > 0$	$\dfrac{\lambda}{\lambda - t}, t < \lambda$

续表

分布名称	密度函数	矩母函数
$N(\mu,\sigma^2)$	$p(x)=\frac{1}{\sqrt{2\pi}\sigma}\exp\left(-\frac{(x-\mu)^2}{2\sigma^2}\right)$	$\exp(\mu t+\frac{1}{2}\sigma^2t^2)$
$\text{Gamma}(\alpha,\lambda)$	$p(x;\alpha,\lambda)=\frac{\lambda^\alpha}{\Gamma(\alpha)}x^{\alpha-1}e^{\lambda x}, x>0$	$\left(\frac{\lambda}{\lambda-t}\right)^\alpha, t<\lambda$

注:$\chi^2(n)$ 实质上为 $\text{Gamma}\left(\frac{1}{2},\frac{n}{2}\right)$.

定义 1.2 若 X 为离散型随机变量,称 $E(s^X)$ 为其概率生成函数,记为 $\phi_X(s)$,或简记为 $\phi(s)$. 若 $P\{X=k\}=p_k,k=0,1,2,\cdots$, 则

$$\phi_X(s)=\sum_{k=0}^{\infty}p_ks^k.$$

易知

$$p_0=\phi_X(0);$$

$$p_k=\frac{1}{k!}\frac{d^k}{ds^k}\phi_X(s)\mid_{s=0},\quad k=1,2,\cdots.$$

注:生成函数 $\phi(s)$ 与 X 的分布函数相互唯一确定.通过生成函数可计算 X 的各阶矩.例如:

$$E[X]=\phi'(1),\quad E[X^2]=\phi''(1)+\phi'(1).$$

若随机变量 X 与 Y 相互独立,则 $\phi_{X+Y}(s)=\phi_X(s)\phi_Y(s)$. 我们将一些常用分布的生成函数列表如表 1-2。

表 1-2　　**一些常用分布的生成函数**

分布名称	概率函数	生成函数
0-1 分布	$p(x)=p^x(1-p)^{1-x}, x=0,1$	$1+(s-1)p$
二项分布 $B(n,p)$	$p(x)=C_n^xp^x(1-p)^{n-x}, x=0,1,\cdots,n$	$(1+(s-1)p)^n$
几何分布 $G(p)$	$p(x)=p(1-p)^x, x=0,1,\cdots$	$\frac{p}{1-s(1-p)}$
Poisson 分布 $P(\lambda)$	$p(x)=\frac{\lambda^x}{x!}e^{-\lambda}, x=0,1,\cdots$	$e^{\lambda(1-s)}$

1.2 条件期望和条件方差

1.条件分布

如果 X 和 Y 是离散型随机变量,且 $P\{X=x,Y=y\}$ 为 X 和 Y 的联合概率函数,则可以计算在已知 $X=x$ 的条件下 Y 的条件分布,即若 X 的边缘概率函数 $p_X(x)>0$,则条件概率函数 $P\{Y=y\mid X=x\}=\dfrac{P\{Y=y,X=x\}}{P\{X=x\}}$. 如果 X 和 Y 是连续型随机变量,且 $p(x,y)$ 为 X 和 Y 的联合分布密度函数,则可以计算在已知 $X=x$ 的条件下 Y 的条件分布密度函数,即若 X 的边缘密度函数 $p_X(x)>0$,则条件分布密度函数为:

$$p(y\mid x)=\frac{p(x,y)}{p_X(x)}.$$

【例 1.1】 令 X 和 Y 的联合密度函数如下:

$$p(x,y)=\begin{cases}x+y, & 0\leqslant x\leqslant 1,0\leqslant y\leqslant 1,\\ 0, & \text{否则}.\end{cases}$$

试求 $P\left\{X<\dfrac{1}{4}\mid Y=\dfrac{1}{3}\right\}$ 的值.

解 易知 $p_Y(y)=y+\dfrac{1}{2}$, 故

$$p(x\mid y)=\frac{p(x,y)}{p_Y(y)}=\frac{x+y}{y+\dfrac{1}{2}}.$$

所以,

$$P\left\{X<\frac{1}{4}\mid Y=\frac{1}{3}\right\}=\int_0^{\frac{1}{4}}p\left(x\mid\frac{1}{3}\right)\mathrm{d}x=\int_0^{\frac{1}{4}}\frac{x+\dfrac{1}{3}}{\dfrac{1}{3}+\dfrac{1}{2}}\mathrm{d}x=\frac{11}{80}.$$

2.条件数学期望

由于条件数学期望在统计模拟中有着重要的地位,我们在此给出其定义.

如果 X 和 Y 是具有联合概率函数的离散随机变量,则在给定 $X=x$ 的条件下 Y 的条件期望 $E[Y\mid X=x]$ 为

$$E[Y\mid X=x]=\sum_y yP\{Y=y\mid X=x\}=\frac{\sum\limits_y yP\{X=x,Y=y\}}{P\{X=x\}}.$$

即,给定 $X=x$ 的条件下 Y 的条件期望是以给定 $X=x$ 的条件下 Y 取值 y 的条件概率为权的加权平均值.

类似地,如果 X 和 Y 是具有联合密度函数 $f(x,y)$ 的连续随机变量,则在给定 $X=x$ 的条件下 Y 的条件期望 $E[Y\mid X=x]$ 为

$$E[Y\mid X=x]=\frac{\int y f(x,y)\,\mathrm{d}y}{\int f(x,y)\,\mathrm{d}y}.$$

由定义知 $E[Y\mid X]$ 为 X 的函数,且这个函数在 $X=x$ 时取值为 $E[Y\mid X=x]$. 同时 $E[Y\mid X]$ 它自身也是一个随机变量.下述性质是非常有用的.

命题 1.1

$$E[E[Y\mid X]]=E[Y]. \tag{1.2.1}$$

如果 X 是一个离散型随机变量,则方程(1.2.1)可化为

$$E[Y]=\sum_x E[Y\mid X=x]P\{X=x\};$$

而如果 X 是一个具有密度函数 g 的连续型随机变量,则方程(1.2.1)可化为

$$E[Y]=\int E[Y\mid X=x]g(x)\,\mathrm{d}x.$$

我们在 X 和 Y 是离散型随机变量情形下给出命题 1.1 的证明.

证

$$\begin{aligned}\sum_x E[Y\mid X=x]P\{X=x\}&=\sum_x\sum_y yP\{Y=y\mid X=x\}P\{X=x\}\\&=\sum_x\sum_y yP\{X=x,Y=y\}\\&=\sum_y y\sum_x P\{X=x,Y=y\}\\&=\sum_y yP\{Y=y\}\\&=E[Y].\end{aligned}$$

【例 1.2】 随机变量 (X,Y) 的联合分布律如下表:

Y \ X	1	2	3	$p_{\cdot j}$
1	$\frac{2}{27}$	$\frac{4}{27}$	$\frac{1}{27}$	$\frac{7}{27}$
2	$\frac{5}{27}$	$\frac{7}{27}$	$\frac{3}{27}$	$\frac{15}{27}$
3	$\frac{1}{27}$	$\frac{2}{27}$	$\frac{2}{27}$	$\frac{5}{27}$
$p_{i\cdot}$	$\frac{8}{27}$	$\frac{13}{27}$	$\frac{6}{27}$	

试求 $E[X|Y]$ 的分布律, EX 及 $E(E[X|Y])$.

解 当 $Y=1$ 时,有

$$P\{X=1|Y=1\}=\frac{P\{X=1,Y=1\}}{P\{Y=1\}}=\frac{2}{7},$$

同理, $P\{X=2|Y=1\}=\frac{4}{7}$, $P\{X=3|Y=1\}=\frac{1}{7}$. 故

$$E[X|Y=1]=\sum_{i=1}^{3}iP\{X=i|Y=1\}=\frac{13}{7}.$$

类似地有

$$E[X|Y=2]=\sum_{i=1}^{3}iP\{X=i|Y=2\}=\frac{28}{15}.$$

$$E[X|Y=3]=\sum_{i=1}^{3}iP\{X=i|Y=3\}=\frac{11}{5}.$$

又 $P\{E[X|Y]=E[X|Y=j]\}=P\{Y=j\}$, $j=1,2,3$. 故 $E[X|Y]$ 的分布律如下:

$E[X\|Y=j]$	$\frac{13}{7}$	$\frac{28}{15}$	$\frac{11}{5}$
$P\{E[X\|Y]=E[X\|Y=j]\}=P\{Y=j\}$	$\frac{7}{27}$	$\frac{15}{27}$	$\frac{5}{27}$

$$E(E[X|Y])=\frac{13}{7}\times\frac{7}{27}+\frac{28}{15}\times\frac{15}{27}+\frac{11}{5}\times\frac{5}{27}=\frac{52}{27},$$

而

$$EX=\sum_{i=1}^{3}iP\{X=i\}=1\times\frac{8}{27}+2\times\frac{13}{27}+3\times\frac{6}{27}=\frac{52}{27},$$

即

$$EX=E(E[X|Y])=\frac{52}{27}.$$

3.条件方差

给定 $X=x$ 的条件下 Y 的条件方差如下:

$$\mathrm{Var}(Y|X)=E[(Y-E[Y|X])^2|X].$$

同样, $\mathrm{Var}(Y|X)$ 也是 X 的函数,且这个函数在 $X=x$ 时取值为 $\mathrm{Var}(Y|X=x)$. 化简得到

$$\mathrm{Var}(Y|X)=E[Y^2|X]-(E[Y|X])^2.$$

对上式两边同时取期望得到:

$$E[\mathrm{Var}(Y|X)] = E[E[Y^2|X]] - E[(E[Y|X])^2]$$
$$= E[Y^2] - E[(E[Y|X])^2]. \tag{1.2.2}$$

又因为 $E[(E[Y|X])] = E[Y]$，我们有

$$\mathrm{Var}(E[Y|X]) = E[(E[Y|X])^2] - (E[Y])^2. \tag{1.2.3}$$

将式(1.2.2)与式(1.2.3)相加得到下面的等式——著名的**条件方差公式**:

$$\mathrm{Var}(Y) = E[\mathrm{Var}(Y|X)] + \mathrm{Var}(E[Y|X]).$$

【例1.3】 从某大学中任意挑选一个学院,然后从此学院任意挑选 n 个学生.令 X 表示这些学生中来自武汉市的人数.令 Q 表示该学院来自于武汉市人数所占的比例,因为学院之间比例不同,所以 Q 也为随机变量.给定 $Q=q$,则 $X \sim B(n,q)$,从而,$E[X|Q=q]=nq$,$\mathrm{Var}(X|Q=q)=nq(1-q)$.假设随机变量 $Q \sim U(0,1)$,上述方式建立的模型称为**分层模型**,记为

$$Q \sim U(0,1),$$
$$X|Q=q \sim B(n,q).$$

则

$$E[X] = EE[X|Q] = E[nQ] = \frac{n}{2},$$
$$\mathrm{Var}(X) = E[\mathrm{Var}(X|Q)] + \mathrm{Var}(E[X|Q])$$
$$= E[nQ(1-Q)] + \mathrm{Var}(nQ) = \frac{n}{6} + \frac{n^2}{12}.$$

1.3 随机过程简介

以前我们学过的概率统计中随机变量序列基本上是独立同分布的.本书中还将考虑相依的随机变量序列.例如,日气温将形成以时间为序的随机变量序列,而且一天的气温明显地与前一天的气温不是独立的.

随机过程 $\{X_t, t \in T\}$ 是一个随机变量集合,**状态空间** S 是随机变量 X_t 取值的集合,集合 T 称为**指标集**,指标集可以是离散的,例如 $T=\{0,1,2,\cdots,\}$,也可以是连续的,例如 $T=[0,\infty)$,这取决于应用的需要.对于指标集 T 为离散情形时的随机过程有时也称为随机变量序列.

【例1.4】 (天气变化问题)令状态集 $S=\{$晴,多云$\}$,指标集 $T=\{0,1,\cdots\}$,一个典型的序列为

晴,晴,多云,多云,晴,….

将上述序列用 X_t 依次记录下来,则 $\{X_t, t \in T\}$ 就是一个具有离散的状态空间 S 和离散的指标集 T 的随机过程.

下面,我们将讨论一类常用的随机过程.

1.Poisson 过程

假设事件在 $[0,t]$ 上任意时刻发生且令 $N(t)$ 表示在时间 $[0,t]$ 上事件发生的个数.如果

(1) $N(0)=0$;

(2) $N(t)$ 是独立增量过程,即任取 $0<t_1<t_2<\cdots<t_n$,

$$N(t_1),N(t_2)-N(t_1),\cdots,N(t_n)-N(t_{n-1})$$

相互独立;

(3)对任何 $t>0,s\geqslant 0$, 增量 $N(s+t)-N(s)$ 服从参数为 λt 的 Poisson 分布,即

$$P\{N(s+t)-N(s)=k\}=\frac{(\lambda t)^k e^{-\lambda t}}{k!};$$

则称这些事件构成一个具有速率 $\lambda(\lambda>0)$ 的 Poisson 过程.

条件(1)描述了过程开始于时刻 0.条件(2),这个独立增量假设阐述了到时刻 t 发生的事件数($N(t)$)与在时刻 t 和 $t+s$ 之间发生的事件数($N(t+s)-N(t)$)相互独立.条件(3),这个平稳增量假设阐述了 $N(t+s)-N(t)$ 的概率分布对任何 t 都是相同的.

对于一个 Poisson 过程,令 X_1 表示第一个事件来到的时刻.进而对 $n>1$,令 X_n 表示第 $n-1$ 个事件和第 n 个事件之间的间隔时间.序列 $\{X_n,n=1,2,\cdots\}$ 称为间隔时间序列.例如,如果 $X_1=1,X_2=4$, 则 Poisson 过程的第一个事件将发生在时刻 1 和第二个事件将发生在时刻 4 之间(如图 1-1).

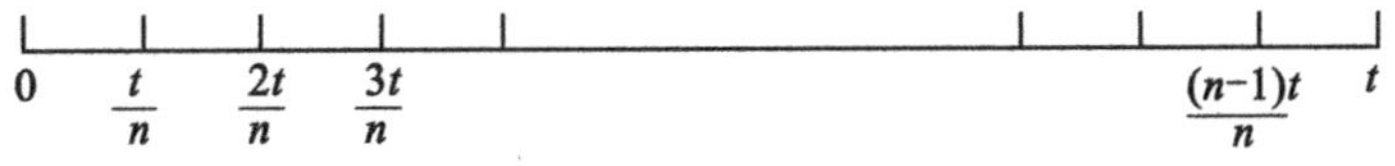

图 1-1 间隔时间

现在我们来确定 X_n 的分布.首先注意到事件 $\{X_1>t\}$ 发生当且仅当 Poisson 过程在区间 $[0,t]$ 上没有一个事件发生,从而

$$P\{X_1>t\}=P\{N(t)=0\}=e^{-\lambda t}.$$

因此 X_1 是均值为 $\frac{1}{\lambda}$ 的指数分布.为了获得 X_2 的分布,注意到

$$\begin{aligned}P\{X_2>t\mid X_1=s\}&=P\{\text{在}(s,s+t]\text{上没有事件发生}\mid X_1=s\}\\&=P\{\text{在}(s,s+t]\text{上没有事件发生}\}\\&=e^{-\lambda t}.\end{aligned}$$

其中最后的两个方程成立是因为独立增量性.由前述讨论知,X_2 也是均值为 $\frac{1}{\lambda}$ 的指数随机变量,进而 X_2 和 X_1 相互独立.重复这样的讨论,我们得到命题 1.2.

命题 1.2 设 $X_1,X_2,\cdots$ 为 Poisson 过程中事件发生的间隔时间序列,则 $X_1,X_2,\cdots$ 是独立同分布的随机变量序列,且共同分布为具有参数 λ 的指数分布.

令 $S_n=\sum_{i=1}^{n}X_i$ 表示第 n 个事件发生的时刻.根据事实:S_n 不大于 t 当且仅当到时间 t 时至少有 n 个事件发生,我们看到

$$P\{S_n\leqslant t\}=P\{N(t)\geqslant n\}=\sum_{j=n}^{\infty}\mathrm{e}^{-\lambda t}\frac{(\lambda t)^j}{j!}.$$

易知上式左边是 S_n 的分布函数.对它进行微分得到 S_n 的密度函数 $p_n(t)$ 如下:

$$\begin{aligned}p_n(t)&=\sum_{j=n}^{\infty}j\lambda\mathrm{e}^{-\lambda t}\frac{(\lambda t)^{j-1}}{j!}-\sum_{j=n}^{\infty}\lambda\mathrm{e}^{-\lambda t}\frac{(\lambda t)^j}{j!}\\&=\sum_{j=n}^{\infty}\lambda\mathrm{e}^{-\lambda t}\frac{(\lambda t)^{j-1}}{(j-1)!}-\sum_{j=n}^{\infty}\lambda\mathrm{e}^{-\lambda t}\frac{(\lambda t)^j}{j!}\\&=\lambda\mathrm{e}^{-\lambda t}\frac{(\lambda t)^{n-1}}{(n-1)!}.\end{aligned}$$

定理 1.1 设 $\{N(t),t\geqslant 0\}$ 是参数为 λ 的 Poisson 过程,则在给定 $N(t)=n$ 的条件下,事件的到达时刻 $(S_1,S_2,\cdots,S_n)$ 的联合分布密度为

$$f(s_1,s_2,\cdots,s_n\mid N(t)=n)=\frac{n!}{t^n},\quad 0<s_1<s_2<\cdots<s_n\leqslant t. \tag{1.3.1}$$

证明 给定 $N(t)=n$,设 n 个事件的到达时刻分别为 $(S_1,S_2,\cdots,S_n)$. 对充分小的增量 $\Delta s_i,i=1,2,\cdots,n$,事件 $N(t)=n$ 和在 $[s_i,s_i+\Delta s_i),i=1,2,\cdots,n$ 中恰发生一起事件而在 $[0,s_1),[s_1+\Delta s_1,s_2),\cdots,[s_{n-1}+\Delta s_{n-1},s_n),[s_n+\Delta s_n,t]$ 中没有事件发生等价.

$$\begin{aligned}&f(s_1,s_2,\cdots,s_n\mid N(t)=n)\Delta s_1\Delta s_2\cdots\Delta s_n\\&=P\{s_i\leqslant S_i<s_i+\Delta s_i,i=1,2,\cdots,n\mid N(t)=n\}+o(\Delta s_1\Delta s_2\cdots\Delta s_n)\\&=\frac{P\{s_i\leqslant S_i<s_i+\Delta s_i,i=1,2,\cdots,n,N(t)=n\}}{P\{N(t)=n\}}\\&\quad+o(\Delta s_1\Delta s_2\cdots\Delta s_n),\end{aligned} \tag{1.3.2}$$

而

$$
\begin{aligned}
& P\{s_i \leqslant S_i < s_i + \Delta s_i, i = 1,2,\cdots,n, N(t) = n\} \\
= & P\{N(s_i + \Delta s_i) - N(s_i) = 1, i = 1,2,\cdots,n, \\
& N(s_1) = 0, N(s_2) - N(s_1 + \Delta s_1) = 0,\cdots, \\
& N(s_n) - N(s_{n-1} + \Delta s_{n-1}) = 0, N(t) - N(s_n + \Delta s_n) = 0\} \\
= & \lambda \Delta s_1 e^{-\lambda \Delta s_1} \cdots \lambda \Delta s_n e^{-\lambda \Delta s_n} \cdot \\
& e^{-\lambda s_1} e^{-\lambda(s_2 - s_1 - \Delta s_1)} \cdots e^{-\lambda(s_n - s_{n-1} - \Delta s_{n-1})} e^{-\lambda(t - s_n - \Delta s_n)} \\
& + o(\Delta s_1 \Delta s_2 \cdots \Delta s_n) \\
= & \lambda^n \Delta s_1 \Delta s_2 \cdots \Delta s_n e^{-\lambda t} + o(\Delta s_1 \Delta s_2 \cdots \Delta s_n).
\end{aligned} \tag{1.3.3}
$$

将(1.3.3)代入(1.3.2),然后除以 $o(\Delta s_1 \Delta s_2 \cdots \Delta s_n)$ 并取极限就得到(1.3.1).

注:式(1.3.1)为 n 个 $(0,t)$ 上的均匀随机变量的次序统计量的密度函数.另外,定理 1.1 将是模拟 Poisson 过程的理论依据.

定义 1.3 如果一个随机变量有如下的概率密度函数:

$$f(t) = \lambda e^{-\lambda t} \frac{(\lambda t)^{n-1}}{(n-1)!}, \quad t > 0,$$

就称之为具有参数 (n,λ) 的 Gamma 随机变量,记为 Gamma (n,λ) 或 $\Gamma(n,\lambda)$.

从而我们看到 S_n ——具有速率 λ 的 Poisson 过程的第 n 个事件发生的时刻,是一个具有参数 (n,λ) 的 Γ 随机变量.由命题 1.2 立即得到下述推论.

推论 1.1 n 个独立同分布的指数(参数为 λ)随机变量的和是参数为 (n,λ) 的 Gamma 随机变量.

【例 1.5】 顾客依 Poisson 过程到达某商店,速率为 $\lambda = 4$ 人/小时.已知商店上午 9:00 开门.试求:到 9:30 时仅到一位顾客,而到 11:30 时总计已到达 5 位顾客的概率.

解 设 $t = 0$ 表示上午 9:00, $N(t)$ 表示 $[0,t]$ 内商店到达顾客数,依题意所求的概率为

$$
\begin{aligned}
P\{N(0.5) - N(0) = 1, N(2.5) - N(0.5) = 4\}
&= P\{N(0.5) - N(0) = 1\} P\{N(2.5) - N(0.5) = 4\} \\
&= \frac{(4 \times 0.5)^1 e^{-4 \times 0.5}}{1!} \times \frac{(4 \times 2)^4 e^{-4 \times 2}}{4!} \\
&= 0.0155.
\end{aligned}
$$

2.非齐次 Poisson 过程

齐次 Poisson 过程的假设要求在等长度的区间上发生的事件具有等可能性.而在实际生活中,有些事件的发生可能性是与时间相关的.例如,某个餐馆

在进餐时间来就餐的客人就多些,而在其他时间来进餐的客人就少些.如果用上一节的 Poisson 过程来刻画这个餐馆一天的客流量就不太合适,就要放宽假设条件,用所谓非齐次的或者非平稳的 Poisson 过程来刻画.

假设事件随机发生且 $N(t)$ 表示到时间 t 时事件发生的个数,且有

(1) $N(0)=0$;

(2) $N(t)$ 是独立增量过程,即任取 $0<t_1<t_2<\cdots<t_n$,

$$N(t_1),N(t_2)-N(t_1),\cdots,N(t_n)-N(t_{n-1})$$

相互独立;

(3)对任何 $t>0,s\geqslant 0$,增量 $N(s+t)-N(s)$ 服从参数为 $\lambda(t)$ 的Poisson 分布,即

$$P\{N(s+t)-N(s)=k\}=\frac{\lambda(t)^k e^{-\lambda(t)}}{k!};$$

则 $\{N(t),t\geqslant 0\}$ 构成了一个具有强度函数为 $\lambda(t),t\geqslant 0$ 非齐次的 Poisson 过程.我们称函数

$$m(t)=\int_0^t \lambda(s)\,\mathrm{d}s,\qquad t\geqslant 0$$

为均值函数.

强度函数 $\lambda(t)$ 形象地刻画了在时刻 t 一个事件发生的可能性的大小.注意到当 $\lambda(t)\equiv\lambda t$ 时,非齐次过程就成为通常的时齐 Poisson 过程.

【例 1.6】 (记录值)设 $X_n,n=1,2,\cdots$ 是一串独立同分布的随机变量序列,且分布为 $F(t)$,密度为 $f(t)$. 当 X_n 代表某一元件的寿命时, $\lambda(t)=\dfrac{f(t)}{1-F(t)}$ 常定义为失效率.它的直观意义为: $\lambda(t)$ 近似地等于 $P\{X_1=t\mid X_1\geqslant t\}$,即元件在时刻 t 仍在工作,而在 t 的下一瞬间失效的条件概率密度.

记 $X_0=0$,当 $X_n\geqslant\max\{X_1,X_2,\cdots,X_{n-1}\}$ 时,也就是当 X_n 的值超过以前任何记录时,称在时刻 n 创了记录, X_n 则称为所创的记录值.以 $N(t)$ 记小于或等于 t 的记录值的个数,则随机过程 $\{N(t),t\geqslant 0\}$ 是非齐次的 Poisson 过程,其强度函数正好是失效率 $\lambda(t)$. 例如,

$$\begin{aligned}P\{N(t)=0\}&=P\{X_1>t\}\\&=1-F(t)=\exp(\ln(1-F(t)))\\&=\exp\left(-\int_0^t\frac{\mathrm{d}F(u)}{1-F(u)}\right)=\exp\left(-\int_0^t\frac{f(u)\,\mathrm{d}u}{1-F(u)}\right)\\&=\left.\frac{\left(\int_0^t\lambda(u)\,\mathrm{d}u\right)^k\exp\left(-\int_0^t\lambda(u)\,\mathrm{d}u\right)}{k!}\right|_{k=0}\end{aligned}$$

【例1.7】 假设事件按照一个速率为 λ 的 Poisson 过程发生而且独立于任何一个以前到来的事件,又假设在时刻 t 发生的一个事件以概率 $p(t)$ 被计数,则被计数的事件的过程构成了一个强度函数为 $\lambda(t)=\lambda p(t)$ 的非齐次的 Poisson 过程.

1.4 Markov 链

由于 Markov 链在 Bayes 统计推断的模拟中起到很重要的作用,所以本节对 Markov 链作一些介绍.

独立随机试验模型最直接的推广就是 Markov 链模型,因早在 1906 年对它进行研究的俄国数学家 Markov 而得名.以后 Kolmogorov, Feller 和 Doob 等数学家发展了这一理论.粗略而言,一个随机过程如果给定了当前时刻 t 的值 X_t,未来时刻 $X_s(s>t)$ 的值不受过去值 $X_u(u<t)$ 的影响,则称之为具有 Markov 性.当指标集 T 是非负整数集时,过程称为离散时间 Markov 链;而当指标集 T 是区间时,过程称为连续时间 Markov 链;进一步,若状态空间也是连续的,则是 Markov 过程.

定义 1.4 如果对任何一列状态 $i_0,i_1,\cdots,i_n,i,j$ 以及对任何时刻 $n\geqslant 0$,若随机过程 $\{X_n,n=0,1,2,\cdots\}$ 满足 Markov 性:

$$P\{X_{n+1}=j\mid X_0=i_0,X_1=i_1,i_2,\cdots,X_{n-1}=i_{n-1},X_n=i\}=P\{X_{n+1}=j\mid X_n=i\},$$

则称随机过程 $\{X_n,n=0,1,2,\cdots\}$ 为离散时间的 Markov 链,称 $P\{X_{n+1}=j\mid X_n=i\}$ 为 Markov 链的**一步转移概率**.记为 $P_{ij}^{n,n+1}$.

进一步,如果条件概率 $P\{X_{n+1}=j\mid X_n=i\}$ 与时刻 n 无关,则称该 Markov 链有**平稳转移概率**,记为 P_{ij}.有时称具有平稳转移概率的 Markov 链为**时间齐性**(homogenized)的 Markov 链,或简称为时齐的 Markov 链.

易知,对任意的 $i,j\geqslant 0$,

$$P_{ij}\geqslant 0 \quad 且 \quad \sum_{j=0}^{\infty}P_{ij}=1.$$

为方便起见,我们可以将一步转移概率用矩阵表达出:

$$\boldsymbol{P}=\begin{pmatrix} P_{00} & P_{01} & P_{02} & \cdots \\ P_{10} & P_{11} & P_{12} & \cdots \\ \vdots & \vdots & \vdots & \\ P_{i0} & P_{i1} & P_{i2} & \cdots \\ \vdots & \vdots & \vdots & \end{pmatrix}$$

【例 1.8】 (直线上的随机游动)考虑在直线的整数点上运动的粒子.当它处于位置 j 时,向右移动到 $j+1$ 的概率为 p,而向左移动到 $j-1$ 的概率为 $q=1-p$. 假定时刻 0 时粒子处于原点,即 $X_0=0$,于是粒子在时刻 n 所处的位置 X_n 就是一个时齐的 Markov 链.其转移概率为

$$P_{jk}=\begin{cases}p,k=j+1,\\ q,k=j-1,\\ 0,k\text{ 取其他值}.\end{cases}$$

当 $p=q=0.5$ 时,就是简单的对称随机游动.它可以用于公平赌博模型中.如果甲有赌资 A_1,乙有赌资 A_2,则可以证明乙先输光的概率为 $\dfrac{A_1}{A_1+A_2}$. 说明赌资越多越容易取得最后的胜利.它在统计学的序贯分析中也很有用.

一个时齐的 Markov 链可由它的初始状态 X_0 的概率分布以及转移概率矩阵完全确定.记 $P\{X_0=i_0\}=p_{i_0}$,易知

$$\begin{aligned}&P\{X_0=i_0,X_1=i_1,i_2,\cdots,X_n=i_n\}\\&=P\{X_0=i_0,X_1=i_1,X_2=i_2,\cdots,X_{n-1}=i_{n-1}\}\\&\quad\cdot P\{X_n=i_n\mid X_0=i_0,X_1=i_1,X_2=i_2,\cdots,X_{n-1}=i_{n-1}\}\\&=\cdots\\&=P\{X_0=i_0\}P_{i_0,i_1}P_{i_1,i_2}\cdots P_{i_{n-1},i_n}.\end{aligned}$$

在 Markov 链的分析中,人们所关心的是过程可能实现的概率有多大.也就是,在时刻 m 时,它处于状态 i,那么经过时间 n 后它处于状态 j 的概率有多大? 记 $P\{X_{n+m}=j\mid X_m=i\}=P_{i,j}^{(n)}$,我们得到 n 步转移矩阵

$$\boldsymbol{P}^{(n)}=(P_{i,j}^{(n)}).$$

易知

$$\boldsymbol{P}^{(n)}=\boldsymbol{P}\times\boldsymbol{P}\times\cdots\times\boldsymbol{P}=\boldsymbol{P}^n.$$

【例 1.9】 (排队问题)顾客到服务台排队等候服务.在每一服务周期中只要台前有顾客在等待,就要对排在队前的一位顾客提供服务.当然,如果服务台前是空的,就不可能实施服务.设在第 n 个服务周期(指对第 n 个顾客的服务)中到达的顾客数为一随机变量 Y_n,其分布为

$$P\{Y_n=k\}=p_k,\quad k=0,1,\cdots,\quad \sum_{k=0}^{\infty}p_k=1,$$

并且 Y_n 是相互独立的.记 X_n 是在第 n 个服务周期开始时服务台前排队的顾客数,则显然有

$$X_{n+1}=\begin{cases}X_n-1+Y_n, & X_n\geqslant 1,\\ Y_n, & X_n=0,\end{cases}$$

则 X_n 为 Markov 链,其转移概率矩阵为

$$P = \begin{pmatrix} p_0 & p_1 & p_2 & p_3 & p_4 & \cdots \\ p_0 & p_1 & p_2 & p_3 & p_4 & \cdots \\ 0 & p_0 & p_1 & p_2 & p_3 & \cdots \\ 0 & 0 & p_0 & p_1 & p_2 & \cdots \\ 0 & 0 & 0 & p_0 & p_1 & \cdots \\ \vdots & \vdots & \vdots & \vdots & \vdots & \end{pmatrix}.$$

这是因为

$$P\{X_{n+1} = k \mid X_n = 0\} = P\{Y_n = k\} = p_k, \quad k = 0,1,\cdots,$$
$$P\{X_{n+1} = k \mid X_n = 1\} = P\{Y_n = k\} = p_k, \quad k = 0,1,\cdots,$$
$$P\{X_{n+1} = 0 \mid X_n = 2\} = 0,$$
$$P\{X_{n+1} = 1 \mid X_n = 2\} = P\{Y_n = 0\} = p_0.$$

如果对某一时刻 $n \geqslant 0$, 有 $P_{ij}^{(n)} > 0$, 则称状态 i 可以到达状态 j (accessible), 记为 $i \to j$. 它表示从状态 i 经有限步可以到达状态 j. 如果从状态 i 经有限步可以到达状态 j, 反之亦然,则称状态 i 和状态 j 是**互通**(communicative)的,记为 $i \leftrightarrow j$.

如果 Markov 链的所有状态互通,则称此 Markov 链是**不可约**(irreducible)的.

设 i 为 Markov 链的一个状态,使 $P_{ii}^{(n)} > 0$ 的所有正整数 $n(n \geqslant 1)$ 的最大公约数,称为状态 i 的**周期**(period).记为 $d(i)$. 如果 $d(i) = 1$, 称状态 i 为**非周期**的.

如果对所有正整数 $n(n \geqslant 1)$ 都有 $P_{ii}^{(n)} = 0$, 称状态 i 的周期为 ∞.

【例 1.10】 考虑只有 0,1 两个状态的随机过程 $\{X_n, n \geqslant 0\}$, 转移概率矩阵为

$$P = \begin{pmatrix} 1 - \alpha & \alpha \\ \beta & 1 - \beta \end{pmatrix}.$$

当 $\alpha = 1 - \beta$ 时,易验证 X_n 为独立同分布的随机变量,且

$$P\{X_n = 0\} = \beta, \quad P\{X_n = 1\} = 1 - \beta.$$

当 $\alpha \neq 1 - \beta$ 时,易验证 X_n 为 Markov 链.

问题:当经过长时间转移后, X_n 处于状态 0 的概率为多大?

分析:设 $T_0 = \inf\{n: P\{X_n = 0 \mid X_0 = i\}\}$, 称 T_0 为状态 0 的首达时.其分布为

$$P\{T_0 = 1 \mid X_0 = 0\} = P\{X_1 = 0 \mid X_0 = 0\} = 1 - \alpha \equiv f_{00}^{(1)};$$

$$
\begin{aligned}
P\{T_0=2\mid X_0=0\}&=P\{X_2=0,X_1=1\mid X_0=0\}\\
&=P\{X_2=0\mid X_1=1\}P\{X_1=1\mid X_0=0\}\\
&=\alpha\beta\equiv f_{00}^{(2)};
\end{aligned}
$$

$$
\begin{aligned}
P\{T_0=3\mid X_0=0\}&=P\{X_3=0,X_2=1,X_1=1\mid X_0=0\}\\
&=P\{X_3=0\mid X_2=1\}P\{X_2=1\mid X_1=1\}P\{X_1=1\mid X_0=0\}\\
&=\alpha\beta(1-\beta)\equiv f_{00}^{(3)}.
\end{aligned}
$$

由归纳法知，

$$P\{T_0=n\mid X_0=0\}=\alpha\beta(1-\beta)^{n-2}\equiv f_{00}^{(n)}.$$

记

$$\boldsymbol{A}=\begin{pmatrix}\beta & \alpha\\ \beta & \alpha\end{pmatrix},\quad \boldsymbol{B}=\begin{pmatrix}\alpha & -\alpha\\ -\beta & \beta\end{pmatrix},$$

则

$$\boldsymbol{P}=\frac{1}{\alpha+\beta}\boldsymbol{A}+\frac{1-\alpha-\beta}{\alpha+\beta}\boldsymbol{B},$$

且易知

$$\boldsymbol{P}^n=\frac{1}{\alpha+\beta}\boldsymbol{A}+\frac{(1-\alpha-\beta)^n}{\alpha+\beta}\boldsymbol{B}.$$

进而

$$\lim_{n\to\infty}\boldsymbol{P}^n=\frac{1}{\alpha+\beta}\boldsymbol{A}+\lim_{n\to\infty}\frac{(1-\alpha-\beta)^n}{\alpha+\beta}\boldsymbol{B}=\frac{1}{\alpha+\beta}\boldsymbol{A}+\boldsymbol{O}=\begin{pmatrix}\dfrac{\beta}{\alpha+\beta} & \dfrac{\alpha}{\alpha+\beta}\\ \dfrac{\beta}{\alpha+\beta} & \dfrac{\alpha}{\alpha+\beta}\end{pmatrix}.$$

这告诉我们，不论初始状态是什么，在经过相当长的一段时间以后，过程会以概率 $\dfrac{\beta}{\alpha+\beta}$ 处于状态 0，以概率 $\dfrac{\alpha}{\alpha+\beta}$ 处于状态 1. 称此极限概率分布

$$\left(\lim_{n\to\infty}P_{00}^{(n)},\lim_{n\to\infty}P_{01}^{(n)}\right)=\left(\frac{\beta}{\alpha+\beta},\frac{\alpha}{\alpha+\beta}\right)$$

为此 Markov 链的平稳分布，记为 (π_0,π_1).

一般而言，如果某个 Markov 链的状态是有限的，不可约的且非周期的，则它一定存在平稳分布，将其平稳分布记为 $\boldsymbol{\pi}\equiv(\pi_0,\pi_1,\cdots,\pi_k)$. 一般根据下述方法比较容易计算 π.

$$\boldsymbol{\pi}=\boldsymbol{\pi}\boldsymbol{P},\quad \text{且}\quad \sum_{i=0}^{k}\pi_i=1.$$

若 $\pi_iP_{i,j}=\pi_jP_{j,i}$，则称此 Markov 链为**可逆的**.可逆 Markov 链在 8.2 节的MCMC 方法中有重要的作用.易验证例 1.10 为可逆 Markov 链.

练　习　1

1.若 X 是一个参数为 (n,λ) 的 Gamma 随机变量,试计算随机变量 X 的期望 $E[X]$ 和方差 $\text{Var}(X)$.

2.一个装有 4 个白球和 6 个黑球的罐子.选择一个容量为 4 的随机样本,令 X 表示在这个样本中的白球数.现从罐子中剩下的 6 个球中选取一个.令

$$Y=\begin{cases}1, & \text{若此球为白球},\\0, & \text{否则}.\end{cases}$$

计算

(1) $E[Y\mid X=2]$;

(2) $E[X\mid Y=1]$;

(3) $\text{Var}(Y\mid X=0)$;

(4) $\text{Var}(X\mid Y=1)$;

3.如果 X 和 Y 是独立同分布的指数随机变量,证明在给定 $X+Y=t$ 的条件下, X 的条件分布为 $(0,t)$ 上的均匀分布.

4.考虑一个 Poisson 过程,其事件发生的速率为每小时 0.3,则在上午 10 点到下午 2 点之间没有一个事件发生的概率为多少?

5.对一个速率为 λ 的 Poisson 过程,当 $s<t$ 时,计算 $P\{N(s)=k\mid N(t)=n\}$.

6.对 $s>t$, 再做题 5.

7.令 $\pi_j,j=1,2,\cdots,N$ 表示一个 Markov 链的平稳概率.证明如果 $P\{X_0=j\}=\pi_j,j=1,2,\cdots,N$, 则

$$P\{X_n=j\}=\pi_j,\quad \text{对所有的}n,j.$$

8.令 Q 是一个对称的转移概率矩阵,也就是,对所有的 i,j, $q_{ij}=q_{ji}$. 考虑一个 Markov 链,当当前状态是 i 时,产生一个随机变量 X 的值使得 $P\{X=j\}=q_{ij}$, 如果 $X=j$, 则此 Markov 链或者以概率 $\dfrac{b_j}{b_i+b_j}$ 进入到状态 j, 否则停留在状态 i, 其中 $b_j,j=1,2,\cdots,N$ 是确定的正数.证明此 Markov 链是时间可逆的并具有极限概率 $\pi_j=Cb_j,j=1,2,\cdots,N$.

第2章 R介绍

本书的宗旨是对如何实现统计模拟的内容进行介绍,而统计模拟的实现必须借助随机数这个强有力的工具,以及相应的算法.目前国际上流行的一种软件——R 软件,特别适合于做统计模拟,所以我们选择这个软件来实现统计模拟的算法.

R 软件作为一个计划(project),最早(1995)由 Auckland 大学统计系的 Robert Gentleman 和 Ross Ihaka 开始编制,目前由 R 核心开发小组(R Development Core Team)维护.小组成员完全自愿工作,努力负责,并将全球优秀的统计应用软件打包提供给用户.用户可以通过 R 计划的网站(http://www.r-project.org)了解有关 R 的最新信息和使用说明,得到最新版本的 R 软件和基于 R 的应用统计软件包.

R 软件由一组数据操作、计算和图形展示的工具构成,相对于其他同类软件,其特色在于:

(1)有效的数据处理和保存机制;

(2)完整的数组和矩阵计算操作符;

(3)连贯而又完整的数据分析工具;

(4)图形工具可以对数据直接进行分析和展示,同时可用于多种图形设备;

(5)它是一种相当完善、间接而又高效的程序设计语言(也就是"S"),它包括条件语句、循环语句、用户定义的递归函数以及各种输入输出接口.

R 是一个非常好的开发新的交互式数据分析方法的工具,它的开发周期短,有大量的扩展包(package)可以使用.R 有强大的统计功能,大多数经典的统计方法和最新的技术都可以在 R 中直接得到.

R 是自由软件,不向使用者收取任何费用.它是彻底地面向对象的编程语言,和 Matlab 很相像.用户要安装时,可以进入 http://cran.r-project.org,下载"Download and Install R"栏中的软件,点击"Windows",进入 base,下载"Download R xxxx for Windows"(如 Download R 2.9.1 for Windows,目前最新版本为

R 2.10.1),然后按提示安装即可.

2.1 R软件基本操作

R 系统的基本界面是一个交互式命令窗口,命令提示符是一个大于号,即“>”.命令运行的结果马上显示在命令下面.R 命令有两种形式:表达式和赋值运算(用“ < -” 或“=” 表示赋值运算符).在命令提示符后键入一个表达式表示计算此表达式并显示结果.例如:

```
>3 * * 2+sqrt(4)
[1]11
```

赋值运算把赋值号右边的值计算出来并赋给左边的变量.

```
>x1<-0:10;x1 # 如果一条语句后继续写语句,需要用“;”隔开.
[1] 0 1 2 3 4 5 6 7 8 9 10
```

符号#表示此符号以后的这行语句是注释语句,R 软件是不会执行的。

可以用向上光标键来找回以前运行的命令,再次运行或修改后再运行.R 是区分大小写的,所以 x 和 X 表示不同的变量.

我们给出如下语句来绘制余弦曲线(图 2-1).

```
>x1=0:100;x1 # 如果不需要显示 x1 的值,可以去掉“x1”语句
>x2<-x1 * 2 * pi/100;x2
>y=cos(x2);y
>plot(x1,y,type='l')
```

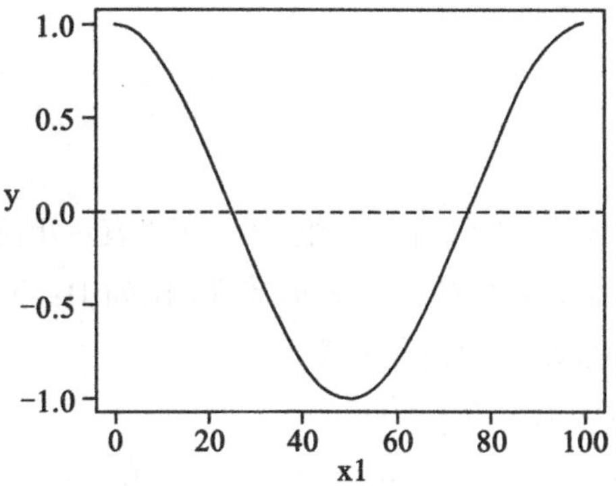

图 2-1 余弦曲线

上述语句中,0:100 表示一个从 0~100 的等差数列向量.从第二个语句可

以看出,可以对向量直接进行四则运算.从第三个语句可以看到,函数可以输入向量,并输出向量.从最后一个语句可以看出,函数的调用也很自由.再看一个例子:

```
>vect<-c(10,6,4,7,8)
>mean(vect)
[1]7
>sd(vect)
[1]2.236066
>min(vect)
[1]4
>median(vect)
[1]7
>max(vect)
[1]10
>boxplot(vect)
```

第一个语句输入若干数据到一个向量,函数 c()用来把数据组合为一个向量.后面用了几个函数来计算数据的均值、标准差、中位数、最小值以及最大值.最后的函数绘制数据的盒形图.

R 也提供了一般的计算功能.例如,求一个矩阵的逆:

```
>A=matrix(c(1,2,7,3),ncol=2,byrow=T);A
>Ai=solve(A);Ai
```

还可以进行矩阵运算,如

```
>b<-c(2,3)
>x=Ai%*%b
>x
```

这实际上是求解了一个线性方程组."%*%"表示矩阵的乘法.

可以把若干行命令保存在一个文本文件(比如 D:\\simR\\R090806.r)中,然后用 source 函数来运行整个文件.

```
>source("D:\\simR\\R090806.r")
```

要退出 R,可以用 q()函数,也可以用窗口上 ☒.R 在退出时会提示是否保存当前工作空间,它可以把当前定义的所有对象(有名字的向量、矩阵、列表、函数等)保存到一个文件中.

2.2 R向量

R是基于对象的语言,不过其最基本的数据还是预先定义好的数据类型,如向量、矩阵、列表等.更复杂的数据用对象表示,比如,数据框对象、时间序列对象、模型对象、图形对象等.

R语言表达式可以使用常量和变量.变量名的规则是:由字母、数字和句点组成,第一个字符必须是字母或句点,长度没有限制,区分大小写.特别注意句点可以作为名字的合法成分,而在其他面向对象语言中句点经常用来分隔对象与成员名.

1.常量

常量笼统地分为逻辑型、数值型和字符型三种.实际上数值型数据又可分为整型、单精度、双精度等.除非特殊需要,否则不必太关心其具体类型.例如,123,123.45,1.2345e30是数值型常量,"Weight"、"李明"是字符型(用双引号或单引号包围).逻辑真值写为TRUE(注意区分大小写,写为true没有意义),逻辑假值写为FALSE.复数常量如2.1-3.5i这样表示。

R中的数据可以取缺失值,用NA表示缺失值.函数is.na(x)返回x是否缺失值.

2.向量与赋值

向量(vector)是具有相同基本类型的元素序列,大体相当于其他语言中的一维数组.在R中标量也被看做一维的向量.定义向量的最常用的方法是使用函数c().它把若干个数值或字符串组合为一个向量,比如:

```
>x=c(1:3,10:13)
>x
[1] 1 2 3 10 11 12 13
>x1=c(1,2)
>x2<- c(3,4)
> x<- c(x1,x2)
[1] 1 2 3 4
```

在显示向量值时,注意到左边出现一个"[1]",这表示该行的第一个数的下标,例如:

```
>12:78
[1] 12 13 14 15 16 17 18 19 20 21 22 23 24 25 26 27 28 29 30 31 32 33 34
```

35 36

[26] 37 38 39 40 41 42 43 44 45 46 47 48 49 50 51 52 53 54 55 56 57 58 59 60 61

[51] 62 63 64 65 66 67 68 69 70 71 72 73 74 75 76 77 78

第二行输出从第26个数开始,所以在行左边显示"[26]".

函数 length(x) 可以计算向量 x 的长度,例如:

```
>x<- c(12:78)
>xl=length(x)
>xl
[1]  67
```

3.向量运算

可以对向量进行加(+)、减(-)、乘(*)、除(/)、乘方(**或者^)运算,其含义是对向量的每一个元素进行运算.例如:

```
> x=c(1,2, 6.25)
> y=x**2+1;y
[1] 2.0000 5.0000 40.0625
```

另外,%/% 表示整除(例如 5%/% 3 = 1),%% 表示求余数(例如 5%%3=2).

两个等长度向量间进行加、减、乘、除和乘方运算,其含义是对应元素间进行四则运算,例如:

```
> c(1,2,3)+c(10,20,30)/c(2,4,5)
[1] 6 7 9
```

两个长度不同的向量间进行加、减、乘、除和乘方运算时,长度短的将循环使用,但长度长的长度应为短的整数倍,例如:

```
> c(1,2,3)+c(10,20,30,-2,-4,-9,0,0,1)
[1]  11  22  33  -1  -2  -6  1  2  4
```

函数 sqrt、log、exp、sin、cos 和 tan 等都可以用向量做自变量,结果是对向量的每一个元素取相应的函数值,例如:

```
> x=c(1, 2, 6.25)
> sqrt(x)
[1] 1.000000 1.414214 2.500000
```

上述例子中出现6位小数,在实际中有时并不需要达到此精度,可以用命令 options(digits=3) 来控制结果的有效位数输出.例如:

```
>options(digits=3)
```

```
> sqrt(x)
[1] 1.00 1.41 2.50
```

函数 min 和 max 分别取自变量向量的最小值和最大值,函数 sum 计算自变量向量的元素和,函数 mean 计算均值,函数 var 计算样本方差,函数 sd 计算标准差.但注意,若变量 x 为矩阵,则 var(x)为协方差阵.函数 range 返回包含最小值和最大值的向量. sort(x)返回按 x 的元素从小到大排序的结果向量,order(x)返回使得 x 的元素从小到大排序的元素下标向量,但 x[order(x)]等效于 sort(x).例如:

```
> z=c(-3,-9,8,2,0,-8)
> range(z)
[1]    -9    8
> sort(z)
[1] -9    -8    -3    0    2    8
> order(z)
[1] 2 6 1 5 4 3
> z[order(z)]
[1] -9    -8    -3    0    2    8
```

若想将向量值从大到小排序,使用函数 sort(z,decreasing=TRUE)即可.

任何函数值与缺失值的运算结果仍为缺失值.例如:

```
> c(1,2,NA)-c(1,NA,4)
[1] 0 NA NA
```

4.产生有规律的数列

调用 R 的函数 numeric(n)可以产生填充了 n 个零的向量.在 R 中很容易产生一个等差数列.例如:

```
> n=5
> 1:n
[1] 1 2 3 4 5
> n:2
[1] 5 4 3 2
> 1:n-1
[1] 0 1 2 3 4
> 1:(n-1)
[1] 1 2 3 4
```

注意区别 1:n-1 与 1:(n-1).

seq 函数是更一般的等差数列函数.如果只指定一个自变量 n>0,则 seq(n)相当于 1:n.指定两个自变量时,第一个自变量是开始值,第二个自变量是结束值.如 seq(-2,3),也可以写为 seq(from=-2,to=3).还可以用一个参数 by 指定等差数列的步长,by 可以放在 seq 内任何位置,例如:

```
>seq(-2,3)
[1] -2 -1 0 1 2 3
> seq(from=-2,to=3)
[1] -2 -1 0 1 2 3
> seq(0,1,0.1)
[1] 0.0 0.1 0.2 0.3 0.4 0.5 0.6 0.7 0.8 0.9 1.0
> seq(0,by=0.2,1)
[1] 0.0 0.2 0.4 0.6 0.8 1.0
> seq(by=0.2,from=0,1)
[1] 0.0 0.2 0.4 0.6 0.8 1.0
```

也可以用参数 length 指定数列长度,例如:

```
> seq(0,length=5)
[1] 0 1 2 3 4
> seq(length=5,to=8)
[1] 4 5 6 7 8
```

seq 函数还可以用一种 seq(along=向量名)的格式,产生该向量的下标序列,例如:

```
> w<-  c(4,-2,7,0)
> seq(along=w)
[1] 1 2 3 4
```

另一个类似的函数是 rep,它可以重复第一个自变量若干次,例如:

```
> rep(w,2)
[1] 4 -2 7 0 4 -2 7 0
> rep(c(10,28),c(2,3))
[1] 10 10 28 28 28
```

第一个参数名为变量名,第二个参数为 times(重复次数).也可以写为 rep(times=2,w).

5.逻辑向量

向量可以取逻辑值,例如:

```
> l <-  c(TRUE, TRUE, FALSE);l
```

```
[1] TRUE TRUE FALSE
> l1 <- w>3;l1
[1] TRUE FALSE TRUE FALSE
```

一个向量与常量比较大小,结果还是一个向量,元素为每一对比较结果的逻辑值.

两个向量也可以比较,例如:

```
> log(10 * w)
[1] 3.688879 NaN 4.248495 - Inf(无穷大)
> log(10 * w)>w
[1] FALSE NA FALSE FALSE
```

比较运算符包括:<,<=,>=,==(相等),!=(不等).

两个逻辑向量可以进行与运算(&)、或运算(|),结果是对应元素运算的结果.对逻辑向量 l 计算! l 表示取每个元素的非.

```
> (w>3)&(c(0,3,5,6)<2)
[1] TRUE FALSE FALSE FALSE
> ! (w>3)
[1] FALSE TRUE FALSE TRUE
```

判断一个逻辑向量是否都为真值的函数是 all,例如:

```
> all(! (w>3))
[1] FALSE
```

判断一个逻辑向量是否有真值的函数是 any,例如:

```
> any(! (w>3))
[1] TRUE
```

函数 is.na(x)用来判断 x 的每一个元素是否缺失,例如:

```
> is.na(c(1,0,NA))
[1] FALSE FALSE TRUE
```

逻辑值可以强制转换为整数值,如 TRUE 变为 1,FALSE 变为 0. 例如:

```
> age=30
> c("young","old")[(age>65)+1]
[1] "young"
```

6.字符型向量

向量元素可以取字符串值,例如:

```
> c1=c("x","tan(x)", "年龄") ;c1
[1]"x" "tan(x)" "年龄"
```

函数 paste 用来把它的自变量连成一个字符串，中间用空格隔开，例如：

```
> paste("I","love","homeland")
[1]"I love homeland"
```

又如：

```
> paste(c("X","Y"),"=", 1:4)
[1]"X = 1" "Y = 2" "X = 3" "Y = 4"
```

分隔用的字符可以用 sep 参数指定.下例产生若干个文件名：

```
> paste("result.", 1:5, sep=" ")
[1]"result. 1" "result. 2" "result. 3" "result. 4" "result. 5"
```

如果给 paste( )函数指定了参数 collapse，则 paste( )函数可以把一个字符串向量的各个元素连接成一个字符串，中间用 collapse 指定的值分隔.例如：

```
> paste(c("123","234"),collapse=" * ")
[1]"123 * 234"
```

7. 向量下标运算

访问向量的某一个元素可以用 x[i]格式，其中 x 是一个向量名，或一个取向量值的表达式，i 是一个下标，例如：

```
> x=seq(1,8,by=2);x[2]
[1] 3
> (c(2,4,6)+(-2))[2]
[1] 2
```

还可以单独改变一个元素的值，例如：

```
> x[2]=125;x
[1] 1 125 5 7
```

R 提供了 4 种方法访问向量的一部分，格式为 x[v]，x 为向量或向量值的表达式，v 是如下的一种下标向量.

(ⅰ)取正整数值的下标向量

在 x[v]中，v 为一个向量，元素取值在 1~length(x)之间，取值允许重复，例如：

```
> x[c(1,3)]
[1] 1 5
> x[1:2]
[1] 1 125
> x[c(1,3,2,1)]
[1] 1 5 125 1
```

```
> c("a","b","c")[rep(c(2,1,3),3)]
[1] "b" "a" "c" "b" "a" "c" "b" "a" "c"
```

(ⅱ)取负整数值的下标向量

在x[v]中,v为一个向量,元素取值在-length(x)~-1之间,表示去掉相应位置的元素,例如:

```
> x[c(-1,-3)]
[1] 125 7
```

(ⅲ)取逻辑值的下标向量

在x[v]中,v为和x等长度的逻辑向量,x[v]表示取出所有v为真值的元素,例如:

```
> x>3
[1] FALSE TRUE TRUE TRUE
> x [x >3]
[1] 125 5 7
> x[x<(-9)]
numeric(0)
```

可见x[x>4]取出所有大于4的元素.这种逻辑值下标是一种强有力的检索工具,例如x[tan(x)>0]可以取出x中所有使正切值为正的元素组成的向量.如果下标都是假值,则结果显示一个长度为零的向量,即numeric(0).

(ⅳ)取字符型值的下标向量

在定义向量时,可以给元素加上名字,例如:

```
> ages=c(Li=33,zhang=29,Liu=18)
> ages
Li zhang Liu
33     29     18
```

这样定义的向量可以用通常的方法访问,另外,还可以用元素名字来访问元素或元素子集,例如:

```
> ages["zhang"]
zhang
  29
> ages[c("zhang", "Li")]
zhang Li
  29   33
```

在R中还可以改变一部分值,例如:

```
> x[c(1,3)]=c(188, 189)
> x
[1] 188 3 189 7
```

注意赋值的长度必须相同。另外,可以把部分元素赋为一个统一的值:

```
> x[c(1,3)]<-  0
> x
[1] 0 3 0 7
```

要把向量所有元素赋为一个相同的值,可以用 x[ ]格式,例如:

```
> x[ ]=0
> x
[1] 0 0 0 0
```

但是

```
> x<-0
> x
[1] 0
```

改变部分元素值的技术与逻辑值下标方法结合,可以定义向量的分段函数.例如,要定义

$$y=f(x)=\begin{cases}1-x, 当\ x<0,\\ 1+x,\ 否则\end{cases}$$

可以用如下语句:

```
> y=numeric(length(x))
> y[x<0]=1-x[x<0]
> y[x>=0]<-  1+x[x>=0]
> x<-  c(-2.3,4,-5,7)
> y
[1] 3.3 5.0 6.0 8.0
```

2.3 矩阵与多维数组

1.矩阵

R 中的矩阵(matrix)类型和向量类似,是具有相同基本类型(如整数、浮点数、字符型)的数据集合,其中的元素用两个下标访问.比如,一个 $m\times n$ 矩阵 A 可以保存在 R 矩阵变量 A 中,A 的第 i 行第 j 列元素为 A[i,j].

函数 matrix( )用来生成矩阵,其完全格式为

matrix(data=NA,nrow=1,ncol=1, byrow=FALSE,dimnames=NULL)

其中第一自变量 data 为数组的数据向量(默认值为缺失值 NA),nrow 为行数,ncol 为列数, byrow 的取值表示数据填入是按行次序还是按列次序.要注意默认情况下为列次序. dimnames 默认是空值,否则是一个长度为 2 的列表. 列表的第一个成员是长度与行数相等的字符型向量,表示每行的标签;列表的第二个成员是长度与列数相等的字符型向量,表示每列的标签.例如,定义一个 3 行 4 列按行由数据 1:12 依次排列的矩阵如下:

```
> A<- matrix(1:12,ncol=4,nrow=3,byrow=TRUE)
> A
     [,1] [,2] [,3] [,4]
[1,]    1    2    3    4
[2,]    5    6    7    8
[3,]    9   10   11   12
```

在有数据的情况下只需指定行数和列数之一.指定的数据个数少于所需的数据的个数,这时循环使用提供的数据.例如:

```
> B=matrix(c(1,2),ncol=3,nrow=4)
> B
     [,1] [,2] [,3]
[1,]    1    1    1
[2,]    2    2    2
[3,]    1    1    1
[4,]    2    2    2
```

用 c(A)可以得到将矩阵 A 的元素按列排列的向量,在线性代数中称为"按列拉直",例如:

```
> c(A)
[1] 1 5 9 2 6 10 3 7 11 4 8 12
```

函数 cbind()把自变量横向拼成一个大矩阵,函数 rbind()把自变量纵向拼成一个大矩阵,例如:

```
> x1=rbind(c(1,2),c(3,4))
> x1
     [,1] [,2]
[1,]    1    2
[2,]    3    4
> x2=cbind(c(1,2),c(3,4))
```

```
> x2
     [,1] [,2]
[1,]  1    3
[2,]  2    4
```

2.访问矩阵元素和子矩阵

要访问矩阵的某个元素,只要写出矩阵变量名和方括号内分开的下标即可,如 A[3,2]为 10.也可以给一个矩阵元素赋值来修改该元素.为了访问矩阵 A 的第 i 行,只要用 A[i,]格式即可;类似地,要访问矩阵 A 的第 j 列,只需用 A[, j]格式.为了访问矩阵中由第 i1,i2,…,is 行和第 j1,j2,…,jt 列交叉而成的子矩阵,只要用 A[c(i1,i2,…,is),c(j1,j2,…,jt)]格式即可,例如:

```
> A[1:2,]
     [,1] [,2] [,3] [,4]
[1,]   1    2    3    4
[2,]   5    6    7    8
> A[1:2,c(1,2,4)]
     [,1] [,2] [,4]
[1,]   1    2    4
[2,]   5    6    8
```

矩阵的行、列下标可以用名字代替.矩阵的每行可以有一个行名,每列可以有一个列名,也可以用名字作为下标.定义行名用函数 rownames(),定义列名用函数 colnames().例如:

```
> rownames(A)<- c("a1","a2","a3")
> colnames(A)<- paste("x",1:4,sep="")
> A
    x1  x2  x3  x4
a1   1   2   3   4
a2   5   6   7   8
a3   9  10  11  12
> A["a2","x4"]
[1]  8
```

3.矩阵运算

矩阵可以进行四则运算(+,-, * ,/, ^),解释为矩阵对应的四则运算,参加运算的矩阵一般应该是相同形状的矩阵. 例如,假设 A,B,C 是三个形状相

同的矩阵,则

```
>D<- C+2 * A/B
```

计算得到的结果是,A 的每一个元素除以 B 的对应元素再乘以 2,然后再加上 C 的对应元素,得到相同形状的矩阵. 形状不一致的矩阵与向量也可以进行四则运算.一般的规则是矩阵的数据按向量(按列拉直)的对应元素进行运算,并把元素个数少的向量循环使用,以便与元素个数多的向量匹配,尽可能保留共同的形状.例如:

```
> A+c(100,200,300)
     x1  x2  x3  x4
a1   101 102 103 104
a2   205 206 207 208
a3   309 310 311 312
```

结果是矩阵 A 按列拉直后的向量与向量 c(100,200,300)相加,得到 12 个元素,然后再恢复为与矩阵 A 相同形状的矩阵.

函数 t(A)返回矩阵 A 的转置(transpose)要进行矩阵乘法运算,使用运算符% * %,A% * %B 表示矩阵 A 乘以矩阵 B(要求 A 的列数等于 B 的行数).例如:

```
> B=matrix(c(1,0),nrow=4,ncol=2,byrow=T)
> B
     [,1] [,2]
[1,]    1    0
[2,]    1    0
[3,]    1    0
[4,]    1    0
> A% * %B
     [,1] [,2]
a1    10   0
a2    26   0
a3    42   0
```

另外,向量用在矩阵乘法中既可以作为行向量看待,也可以作为列向量看待,这要看哪一种观点能够进行矩阵乘法运算.例如,设 x 是一个长度为 n 的向量,A 是一个 $n \times n$ 矩阵,则"x% * %A% * %x"表示二次型 $\boldsymbol{x}'\boldsymbol{A}\boldsymbol{x}$. 但是,"x% * %x"就既可能表示内积 $\boldsymbol{x}'\boldsymbol{x}$,也可能表示 $n \times n$ 矩阵 $\boldsymbol{x}\boldsymbol{x}'$.因为前者较常用,所以 R 选择表示前者,但内积最好用 crossprod( )来计算.对于 $\boldsymbol{x}\boldsymbol{x}'$ 可以用

“cbind(x)%*%x”或“x%*%rbind(x)”.

函数 crossprod(X,Y)表示一般的交叉乘积(内积)$X'Y$,即 X 的每一列与 Y 的每一列的内积组成的矩阵.如果 X 和 Y 都是向量,则 crossprod(X,Y)是一般的内积.如果 X 和 Y 相同,其内积简写为 crossprod(X).注意,即使矩阵乘法或 crossprod()函数的结果是标量,R 仍会返回一个 1×1 矩阵,这时一般用 c()函数把结果转换成标量.

其他矩阵运算还有 solve(A,b),解线性方程组 $Ax=b$. solve(A)求方阵 A 的逆矩阵,svd()计算矩阵奇异值分解,qr()计算 QR 分解,eigen()计算特征向量和特征值. 函数 diag()的作用依赖于其自变量. diag(vector)返回以自变量为主对角元素的对角矩阵.diag(matrix)返回由矩阵的主对角元素组成的向量,diag(k)(k 为标量)返回 k 阶单位矩阵. 例如:

```
> C=matrix(1:9, nrow=3,ncol=3,byrow=T)
> diag( C )
[1]   1   5   9
> diag(c(1:3))
     [,1] [,2] [,3]
[1,]    1    0    0
[2,]    0    2    0
[3,]    0    0    3
> diag(3)
     [,1] [,2] [,3]
[1,]    1    0    0
[2,]    0    1    0
[3,]    0    0    1
```

4.apply 函数

对于向量,我们有 sum、mean 等函数对其进行计算.对于矩阵,如果想对每行(或每列)进行某种计算,可以用 apply()函数.其一般形式为

apply(x,margin,fun,…)

其中 x 为一个矩阵,margin=1 表示对每行计算,margin=2 表示对每列计算. fun 是用来计算的函数.例如:

```
> A
   x1  x2  x3  x4
a1  1   2   3   4
a2  5   6   7   8
```

```
a3    9    10    11    12
> apply(A,1,sum)
a1    a2    a3
10    26    42
```

5.数组

矩阵的元素用两个下标访问,R 中用多个下标访问的数据结构是数组(array).矩阵是数组的一个特例.数组有一个特征属性叫做维数向量(dim 属性),维数向量是一个元素取正整数值的向量,其长度是数组的维数,比如维数向量有两个元素时数组为二维数组(矩阵).维数向量的每一个元素确定了该下标的上界,下标的下界总为 1.

R 中任何一个变量可以看做一个对象,每个对象中有一些基本数据,比如矩阵的各元素值;每个对象除基本数据外还可能保存了与此对象有关的信息,称为对象的属性.任何一个 R 对象都有两个固有属性——类型(mode)和长度(length). 不同的 R 对象支持不同的属性,比如,数组有 dim 属性,定义了元素名的向量有 names 属性.访问对象 x 的属性 att 常可以采用 att(x)的格式,给属性赋值常用"att(x)<-新值"的方法.

R 对象可分为单纯的(atomic)和复合的(recursive)两种.单纯对象的所有元素都是同一种基本类型(如数值、字符串),元素不再是对象,这样的对象类型有 logical(逻辑型)、numeric(数值型)、complex(复数型)、character(字符型),等等.复合对象的元素可以是不同的类型,每个元素是一个对象,这样的对象的类型用的是列表.例如,向量是单纯对象,它的所有元素必须是相同类型,数值型向量的所有元素必须为数值型,字符型向量的所有元素必须为字符型.列表是复合对象,类型为 list,列表的每一个元素(变量)都可以是一个 R 对象,比如列表元素可以为一个数、一个字符串、一个向量甚至一个列表.

一组值只有在定义了维数向量(dim 属性)后才能被看做是数组.比如:

```
> z=1:24
> dim(z)<-c(2,3,4)
> z
, , 1
     [,1] [,2] [,3]
[1,]    1    3    5
[2,]    2    4    6
, , 2
     [,1] [,2] [,3]
```

```
[1,]    7    9   11
[2,]    8   10   12
, , 3
     [,1] [,2] [,3]
[1,]   13   15   17
[2,]   14   16   18
, , 4
     [,1] [,2] [,3]
[1,]   19   21   23
[2,]   20   22   24
> dim(z)<-24
> z
[1] 1 2 3 4 5 6 7 8 9 10 11 12 13 14 15 16 17 18 19 20 21 22 23 24
```

数组元素的排列次序是按列次序，第一个下标变化最快，最后一个下标变化最慢.对于矩阵（二维数组），则是按列存放. 例如，数组 z 的各元素次序为 z[1,1,1]，z[2,1,1]，z[1,2,1]，z[2,2,1]，z[1,3,1]，z[2,3,1]，z[1,1,2]，…，z[2,3,4].

用函数 array( )可以直接定义数组：

```
array(x,dim=length(x),dimnames=NULL)
```

其中 x 是第一自变量，应该是一个向量，表示数组的元素组成的向量.dim 参数可省，省略时定义一维数组（但一维数组不同于向量）.dimnames 属性可以省略，不省略时是一个长度与维数相同的列表，列表的每个成员为一维的名字. 例如上面的 z 可以这样定义：

```
>z<- array(1:24, dim=c(2,3,4))
```

除了访问数组元素如 z[1,2,3]，还可以访问数组中类似子矩阵的子集，比如 z[1:2,2:3,2:3]是一个维数为 c(2,2,2)的三维数组，即

```
, , 1
     [,1] [,2]
[1,]    9   11
[2,]   10   12
, , 2
     [,1] [,2]
[1,]   15   17
[2,]   16   18
```

某一下标取一个值,则数组的维数退化,例如,z[, ,4]是一个 2×3 矩阵,z[,2,4]是一个长度为 2 的向量.

数组的四则运算与矩阵四则运算相似.

6.数组的外积

两个数组(或向量)a 和 b 的外积是由 a 的每一个元素与 b 的每一个元素搭配在一起相乘得到一个新元素,这样得到一个维数向量等于 a 的维数向量与 b 的维数向量连起来的向量,即若 d 为 a 和 b 的外积,则 dim(d)=c(dim(a),dim(b)).

a 和 b 的外积的格式为 a%o%b,也可以写为一个函数调用的形式:> d<- outer(a,b,'*').例如:

```
> a=c(1,2)
> b=c(2:4)
> d=a%o%b
> d
     [,1] [,2] [,3]
[1,]    2    3    4
[2,]    4    6    8
```

outer(a,b,f)是一个一般性的外积函数,它可以把 a 的任一个元素与 b 的任一个元素搭配起来作为 f 的自变量计算得到新的元素值.函数当然也可以包含加、减、乘、除,或其他一般函数.当函数为乘积时,f 可以省略不写.

例如,我们希望计算函数 $z=\frac{\cos(y)}{1+x^2}$ 在一个 x 和 y 的网格上的值,用来绘制三维曲面图.用如下方法生成网格及函数值:

```
x=seq(-2,2,length=20)
y<-seq(-pi,pi,length=20)
f<-function(x,y)    cos(y)/(1+x^2)
z<-outer(x,y,f)
persp(x,y,z)
```

其三维曲面图如图 2-2 所示.

又如,考虑简单的 2×2 矩阵 $\begin{pmatrix} a & b \\ c & d \end{pmatrix}$,假设 4 个元素 a,b,c,d 是在 0,1,…,9中取值的离散均匀分布的相互独立的随机变量,求矩阵行列式 $ad-bc$ 的分布.

首先,注意到随机变量 ad 和 bc 同分布,其取值由以下外积矩阵给出,每

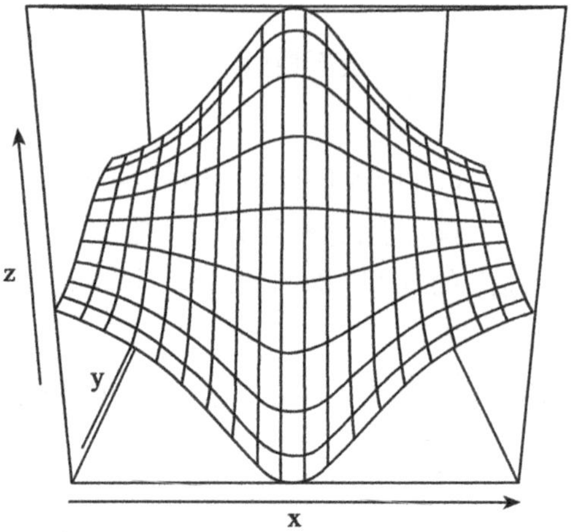

图 2-2　三维曲面图

一个取值的概率均为$\frac{1}{100}$:

```
d1<- outer(0:9,0:9)
```

这个语句产生一个 10 × 10 外积矩阵.

为了计算 *ad* 的 100 个值(有重复)与 *bc* 的 100 个值相减得到的 10000 个结果,再使用如下外积函数:

```
d2<-outer(d1,d1,"-")
```

这样得到一个维数向量为 c(10,10,10,10)的 4 维数组,每一个元素为行列式的一个可能取值,概率为万分之一.因为这些值中有很多重复,我们可以用一个 table()函数来计算每一个值的出现次数:

```
fr<- table(d2)
```

得到的结果是一个带有元素名的向量 fr, fr 的元素名为行列式的一个取值,fr 的元素值为该取值出现的频数.比如 fr[1]的元素名为-81,值为 19,表示值-81在数组 d2 中出现了 19 次.通过计算 length(fr)可以知道共有 163 个不同的值. 还可以用这些值用以下命令绘制一个频数分布图(除以 10000 则为实际概率)(图 2-3):

```
plot(as.numeric(names(fr)),fr,type="h", xlab="Determinant",
ylab="frequency")
```

其中 as.numeric()把向量 fr 中的元素名转换成了数值型,用来作为图的横坐标,fr 中的元素值(即频数)作为纵轴,type=“h”表示画垂线型图.

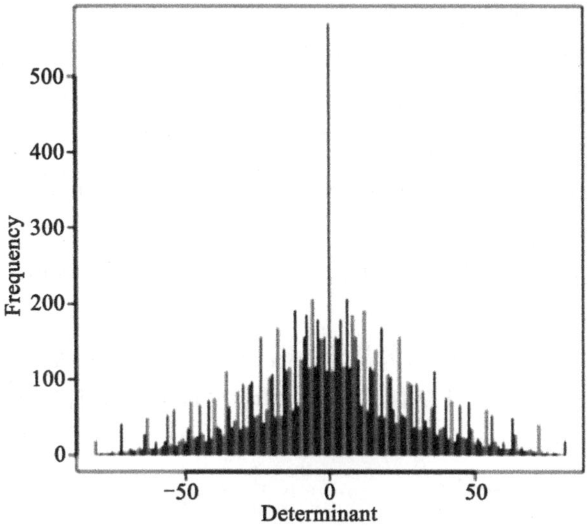

图 2-3 随机矩阵行列式分布

2.4 因子

在概率统计中,变量可以分为区间变量、名义变量和有序变量.区间变量取连续的数值,可以进行求和、求平均值等运算.名义变量和有序变量取离散值,可以用数值代表也可以是字符型值,其具体数值没有加减乘除的意义,不能用来计算只能用来分类或者计数.名义变量的例子如性别、省份、职业等,有序变量的例子如年级、名次、年龄组别等.

1.factor( )函数

因为离散型变量有各种不同表示方法,在 R 中为统一起见使用因子(factor)来表示这种分类变量,并提供了有序因子(ordered factor)来表示有序变量.因子是一种特殊的向量,其中每一个元素取一组离散值中的一个,因子对象有一个特殊属性 levels 表示这组离散值.例如:

```
    x=c("男","女","男","男","女")
y=factor(x);y
[1] 男  女  男  男  女
Levels: 男  女
```

函数 factor( )用来把一个向量编码成为一个因子,其一般形式为

factor(x, levels = sort(unique(x), na.last = TRUE), labels, exclude = NA,

ordered = FALSE)
可以用来指定各离散取值(水平),不指定时由 x 的不同值来求得.labels 用来指定各水平的标签,不指定时用各离散取值的对应字符串.exclude 参数用来指定要转换为缺失值(NA)的元素值集合.如果指定了 levels,则因子的第 i 个元素等于水平中第 j 个元素时,元素值取 j;如果因子的第 i 个元素没有出现在 levels 中,则对应因子元素值取 NA. ordered 取真值时,表示因子水平是有次序的(按编码次序).例如:

```
f <- factor(c(1,0,1,1,0), levels=c(1,0),labels=c("男","女"))
```

结果和前面的一样.

可以用 is.factor( )检验对象是否为因子,用 as.factor( )把一个向量转换成一个因子.因子的基本统计是频数统计,用函数 table( )来计数.例如:

```
sex=factor(c("男", "女","男", "男","女"))
res.tab <- table(sex)
> res.tab
sex
男  女
3  2
```

表示男性 3 人,女性 2 人,table( )的结果是一个带元素名的向量,元素名为因子水平,元素值为该水平出现的频数.

还可以用两个或多个因子进行交叉分类.比如,性别(sex)和职业(job)交叉分组,可以用 table(sex,job)来统计每一交叉类的频数,结果为一个矩阵.矩阵带有行名和列名,分别为两因子的各水平名.

2.tapply( )函数

tapply( )函数的一般用法为

```
tapply(x,INDEX,FUN=NULL,…,simplify=TRUE)
```

x 是一对象,通常为一向量,INDEX 是与 x 有同样长度的因子,FUN 是要计算的函数。因子可以用来作为另外的同长度变量的分类变量.比如,假设上面的 sex 是 5 个学生的性别,而

```
h<-c(165,170,168,172,159)
```

是这 5 个学生的身高,而

```
> tapply(h,sex,mean)
```

可以求按性别分类的身高的平均值:

```
      男       女
168.3333 164.5000
```

这样用一个等长的因子向量对一个数值向量分组的办法称为不规则数组(ragged array).

3.gl( )函数

gl( )函数可以方便地产生因子,一般用法为

gl(n,k,length=n * k,labels=1:n,odered=FALSE),

n为水平数,k为重复的次数,length为结果的长度,labels为n维向量,表示因子水平,ordered是逻辑变量,表示是否为有序因子,缺省值FALSE.

```
>gl(2,3)
[1] 1 1 1 2 2 2
Levels: 1 2
>gl(2,1,6)
[1] 1 2 1 2 1 2
Levels: 1 2
```

2.5 列表与数据框

1.列表

列表(list)是一种特别的对象集合,它的元素也由序号(下标)区分,但是各元素的类型可以是任意对象,不同元素不必是同一类型.元素本身允许是其他复杂数据类型,比如,列表的一个元素也允许是一个列表.这样的数据类型称为递归(recursive)数据类型.例如:

```
rec=list(name="黎明",age=30,score=c(85,76,90)); rec
$ name
[1] "黎明"
$ age
[1] 30
$ score
[1] 85  76  90
```

列表元素可以用"列表名[[下标]]"的格式引用.例如:

```
rec[[2]]
[1] 30
rec[[3]][2]
[1] 76
```

但是,列表不同于向量,每次只能被引用一个元素,如 rec[[1:2]]的用法是不允许的.

注:"列表名[下标]"或"列表名[下标范围]"也是合法的,但其意义与用两重括号的记法完全不同. 两重括号的记号表示取出列表的一个元素,结果与该元素类型相同;如果使用一重括号,则结果为列表的一个子列表(结果类型仍为列表).例如:

```
rec[2]
 $ age
[1] 30
```

在定义列表时如果指定了元素的名字(如 rec 中的 name、age 和 scores),则引用列表元素还可以引用它的名字作下标,格式为"列表名[["元素名"]]",例如:

```
    rec[["age"]]
[1] 30
```

另一种格式是"列表名 $ 元素名",例如:

```
    rec $ name
[1] "黎明"
```

而且"元素名"还可以简写到与其他元素能够区别的最小程度.比如"rec $ s"可以代表"rec $ score".这种写法方便了交互运行,但编写程序时一般不用简写,以免降低程序的可读性.

使用元素名的引用方法可以让我们不必记住下标和元素间的对应关系,而直接用易记的元素名来引用元素.事实上,向量和矩阵也可以指定元素名、行名和列名.

定义列表使用 list()函数,每一个自变量变成列表的一个元素. 自变量可以用"名字=值"的方式给出,即给出列表元素名. 自变量的值被复制到列表元素中.自变量如果是变量,就不会与该列表元素建立关系(改变该列表元素不会改变自变量的值).

2.修改列表

列表的元素可以修改,只要把元素引用赋值即可, 例如:

```
rec $ age=45
```

甚至可以用以下语句修改一个列表元素:

```
rec $ age <- list(19,29,31)
```

如果被赋值的元素原来不存在,则列表将延伸以包含这个新元素. 例如,rec 现在共有三个元素,如果定义一个新的命名元素,则列表长度变为 4;再定

义第 6 号元素,则列表长度变为 6,例如:

```
rec $ sex<- "男"
rec[[6]]=161
rec
 $ name
[1] "黎明"
 $ age
 $ age[[1]]
[1] 19
 $ score
[1] 85 76 90
[[5]]
NULL
[[6]]
[1] 161
```

第 5 号元素因为没有定义,所以值是"NULL",这是空对象的记号. 如果 rec 是一个向量,则其空对象为"NA",这是缺失值的记号. 从这里我们可以体会"NULL"与"NA"的区别.

几个列表可以用连接函数 c( )连接起来,结果仍为一个列表,其元素为各自变量的列表元素.如:

```
list.A=list(name="wangming",age=31,weight=45)
list.B = list ( school = " Qianjin xiao xue " , address = " Wuhan " , grade = " class3" )
list.AB=c(list.A,list.B)
```

注:在 R 中句点是名字的合法部分,一般没有特殊意义.

3.几个返回到列表的函数

列表的重要作用是把相关的若干数据保存在一个数据对象中,这样在编写函数时我们就可以返回一个包含多项输出的列表.因为函数的返回结果可以完整地存放在一个列表中,我们可以继续对得到的结果进行分析. 例如:

(ⅰ)特征值和特征向量

函数 eigen(x)对对称矩阵 x 计算其特征值和特征向量,返回结果为一个列表.列表的两个成员(元素)为 values 和 vectors.例如:

```
ev=eigen((1:3)%o%(1:3))
> ev
```

```
$ values
[1] 1.400000e+01   1.484923e-15   1.051986e-16
$ vectors
     [,1]        [,2]        [,3]
[1,] 0.2672612   0.0000000   0.9636241
[2,] 0.5345225  -0.8320503  -0.1482499
[3,] 0.8017837   0.5547002  -0.2223748
```

可见三个特征值只有一个不为零(由于数值计算精度所限,第三个特征值应该为零,但结果只是近似为零).特征向量按矩阵存放,每列为一个特征向量.

(ⅱ)奇异值分解及行列式

函数 svd()进行奇异值分解:$\boldsymbol{X}=\boldsymbol{UDV}'$,其中 $\boldsymbol{X}$ 是任意 $n\times m$ 矩阵,$\boldsymbol{U}$ 是 $n\times n$ 正交阵,$\boldsymbol{V}$ 是 $m\times m$ 正交阵,$\boldsymbol{D}$ 是 $n\times m$ 对角阵(只有主对角线元素大于零).svd(X)返回有三个成员 d,u,v 的列表,d 为包含奇异值的向量(即 $\boldsymbol{D}$ 的主对角线元素),u,v 分别为上面的两个正交矩阵. 易见若矩阵 $\boldsymbol{X}$ 是方阵,则其行列式的绝对值等于奇异值的乘积,即

```
absddetx=prod(svd(x) $ d)
```

或者可以为此定义一个函数:

```
absddet=function(x) prod(svd(x) $ d)
```

例如:

```
>y=matrix(c(1,2,3,4,5,8,7,8,9),nrow=3,ncol=3)
>eigen(y)
$ values
[1] 17.0369990   -1.5955539   -0.4414451
$ vectors
          [,1]         [,2]          [,3]
[1,] -0.4458227   -0.7803579   -0.92650459
[2,] -0.5456677   -0.3725544    0.37552991
[3,] -0.7095695    0.5022398   -0.02380202
> det(y)
[1] 12
> prod(svd(y) $ d)
[1] 12
```

(ⅲ)***QR*** 分解

函数 qr(x)返回 x 的 $\boldsymbol{QR}$ 分解.矩阵 $\boldsymbol{X}$ 的 $\boldsymbol{QR}$ 分解为 $\boldsymbol{X}=\boldsymbol{QR}$,$\boldsymbol{Q}$ 为正交矩

阵,$\boldsymbol{R}$ 为上三角矩阵.函数结果为一个列表,成员 $\boldsymbol{qr}$ 是压缩了 $\boldsymbol{Q}$ 和 $\boldsymbol{R}$ 在内的一个矩阵,$\boldsymbol{Q}$ 的信息压缩存放在下三角部分.结果中的其他成员为一些辅助信息.用 qr.Q( ) 和 qr.R( ) 可以从 qr( ) 的结果中提取 $\boldsymbol{Q}$ 和 $\boldsymbol{R}$.

4.数据框

数据框(data.frame)是 R 中的一种数据结构.它通常是矩阵形式的数据,但矩阵各列可以是不同类型的.而数据框每列是一个变量,每行是一个观测,且数据框有更一般的定义.它是一种特殊的列表对象,有一个值为"data.frame"的 class 属性,各列表成员必须是向量(数值型、字符型、逻辑型)、因子、数值型矩阵、列表或其他数据框.向量、因子成员为数据框提供一个变量,如果向量非数值型,则会被强制转换为因子,而矩阵、列表、数据框这样的成员为新数据框提供了和其列数、成员数、变量数相同个数的变量.作为数据框变量的向量、因子或矩阵必须有相同的长度(行数).

(i)数据框生成

数据框可以用 data.frame( ) 函数生成,其用法与 list( ) 函数相同,对各自变量数据框的成分,自变量可以命名,成为变量名.例如:

```
> d=data.frame(name=c("黎明","张聪","王建"),age=c(30,35,28),
height=c(180,172,177))
> d
   name  age  height
1  黎明   30   180
2  张聪   35   172
3  王建   28   177
```

如果一个列表的各个成分满足数据框成分的要求,可以用 as.data.frame( ) 函数将其强制转换为数据框.比如,上面的 d 如果先用 list( ) 函数定义为一个列表,就可以强制转换为一个数据框.

一个矩阵可以用 data.frame( ) 转换为一个数据框,如果它原来有列名,则其列名被作为数据框的变量名,否则系统自动为数据框的各列起一个变量名.例如:

```
> M01=matrix(c(1:6),nrow=3)
> M01
     [,1] [,2]
[1,]    1    4
[2,]    2    5
[3,]    3    6
```

```
> data.frame(M01)
   X1  X2
1  1   4
2  2   5
3  3   6
```

(ⅱ)数据框引用

引用数据框元素的方法与引用矩阵元素的方法相同,可以使用下标或下标向量,也可以使用名字或名字向量,如 d[1:2,2:3]. 数据框的各变量也可以按列表引用(即用双括号[[ ]]或 $ 引用).

数据框的变量名由属性 name 定义,此属性一定是非空的. 数据框的各行也可以定义名字,可以用 rownames 属性定义. 例如:

```
>names(d)
[1] "name" "age" "height"
>rownames(d)
[1] "1" "2" "3"
```

(ⅲ) attach()函数

数据框的主要用途是保存统计建模需要的数据.R 的统计建模功能都需要用数据框来输入数据. 我们也可以把数据框当成一种矩阵来处理.但是,这样使用较麻烦,R 提供了 attach()函数,可以把数据框"连接"入当前的名字空间. 例如:

```
>attach(d)
>r=height/age; r
[1] 6.000000 4.914286 6.321429
```

后一语句将在当前工作空间建立一个新变量 r,它不会自动进入数据框 d. 要把新变量赋值到数据框中,可以用如下格式:

```
>d $ r=height/age
```

为了取消链接,只要调用 detach()(无参数)即可.

注:R 中名字空间的管理是比较独特的. 它在运行时保持一个变量搜索路径表,在读取某个变量时到这个变量搜索路径表中由前向后查找,找到最前的一个;在赋值时总是在位置 1 赋值(除非特别指定在其他位置).attach()的默认位置是在变量搜索路径表的位置 2,detach()的默认位置也是位置 2.

attach()除了用来连接数据框也可以用来连接列表.

(ⅳ)列表与数据框的编辑

可用函数 edit()对列表或者数据框进行编辑.

```
>newd=edit(d)
```

会出现一个数据编辑窗口,可以在此窗口进行编辑。当然也可对向量、数组、矩阵类型的数据进行修改和编辑.相类似的函数还有 fix( ).

函数 merge(x, y,…) 可以将两个数据框合并成一个数据框,详见“帮助”中的说明。

5. 追踪对象的函数

函数 ls( )可以列出所有定义过的变量名,例如:

```
>ls()
[1] "x" "y" "d"
```

函数 str(变量名)列出此变量名的类型和数据,例如:

```
>str(d)
'data.frame': 3 obs. of 3 variables:
 $ name : Factor w/ 3 levels "黎明","王建",…: 1 3 2
 $ age : num 30 35 28
 $ height: num 180 172 177
```

2.6 输出输入

1. 输出

在 R 交互运行时要显示某一个对象的值只要键入其名字即可,例如:

```
>x<-c(1:5); x
[1] 1 2 3 4 5
```

这实际上是调用了 print( )函数,即 print(x).在非交互运行(程序)中应使用 print( )来输出,print( )函数可以带一些参数:digits 指定每个数输出的有效数字位数,quote 指定字符串输出时是否带两边的括号,print.gap 指定矩阵或数组输出时列之间的距离.

print( )函数是一个通用函数,即它对不同的自变量有不同的反应. 对各种特殊对象(如数组、模型结果等)都可以规定 print 的输出格式.

cat( )函数也用来输出,但它可以把多个参数连接起来再输出(具有类似于 paste( )的功能). 例如:

```
cat("i=",i,"\n")
```

注意使用 cat( )时要加上换行符"\n". 它把各项转换成字符串,中间以空格连接起来,然后显示.如果要使用自定义的分隔符,可以用 sep=参数,例如：

```
>cat(c("AB","c"),c("E","F"),"\n",sep="")
    ABcEF
```

cat() 还可以指定一个参数“file=文件名”，把结果写到指定的文件中，例如：

```
>cat("i=",1,"\n",file="c:/simR/result.txt")
```

如果指定的文件已经存在，则原来内容被覆盖. 加上一个 append=TRUE 参数可以不覆盖原文件而是在原文件末尾附加，这非常适用于运行中的结果记录.

cat()函数和 print()函数都不具有很强的自定义格式功能，为此可以使用 cat()函数和 format()函数配合实现. format()函数为一个数值向量找到一种共同的显示格式，然后把向量转换为字符型. 例如：

```
> format(c(1,1000,10000))
[1]  "1" "1000" "10000"
```

R 还提供了一个 formatC 函数，对输入向量的每一个元素单独进行格式转换而不生成统一格式，例如：

```
> formatC(c(1,1000,10000))
[1]   "1" "1000" "1e+04"
```

在 formatC()函数中可以用 format=参数指定 C 格式类型，如 d(整数)、f(定点实数)、e 或 E(科学计数法)、g 或 G(选择位数较少的输出格式)、fg(定点实数但用参数 digits 指定有效位数而不是总宽度)以及 s(字符串). 可以用 width 指定输出宽度，用 digits 指定有效位数(格式为 e、E、g、G 和 fg 时)或小数点后位数(格式为 f)时，可以用 flag 参数指定一个输出选项字符串. 字符串中有“-”表示输出左对齐，有“0”表示左空白用 0 填充，有“+”表示要输出正负号，等等. 例如：

```
>formatC(1234.12345,digits=3,width=10,format="f")
[1]"1234.123"
```

R 的输出默认显示在交互窗口. 可以用 sink()函数指定一个文件用来把后续输出转向到这个文件，并可以用 append 参数指定是否要在文件末尾附加：

```
> sink("C:/simR/result.txt",append=TRUE)
>ls()
d
>sink()
```

调用无参数的 sink()把输出恢复到交互窗口.

如果要把矩阵 x 输出到文件中,可以用 write(t(x),file="文件名",ncol=ncol(x))的形式.这里之所以要把 x 转置后再输出是因为 R 中矩阵是列优先的.如果不转置,则按列输出.如果不指定列数,则默认使用 5 列,不管 x 的列数是多少,文件名默认将使用 data.

要把一个数据框 d 输出到文件中,可用 write.table(x,file="文件名"),输出文件中包含变量名表头和行名.

2.输入

为了从外部文件读入一个数值型向量,R 提供了 scan()函数.如果指定了 file 参数(也是第一个参数),则从指定文件读入.默认情况下读入一个数值向量,文件中各数据以空白分隔,直到读完文件为止.例如:

```
cat(1:12,'\n',file='c:/simR/result01.txt')
x=scan('c:/simR/result01.txt')
```

如果文件中是一个用空白分隔的矩阵(数组),可以先用 scan()把它读入到一个向量,然后用 matrix()函数或 array()函数转换.例如:

```
>y=matrix(x,ncol=3,byrow=T)
```

实际上,scan()函数也能够读入一个多列的表格,只要用 what 参数指定一个列表,该列表每项的类型为需要读取的类型. 用 skip 参数可以跳过文件的开始若干行不读. 用 sep 参数可以指定数据间的分隔符. 详见“帮助”文档中的说明.

如果 scan()函数不指定读取的文件名,则是交互读入,读入时用一个空行结束.

如果要读取一个数据框,R 提供了 read.table()函数.它只要给出一个文件名,就可以把文件中用空白分隔的表格数据每行读入为数据框的一行. 例如:

```
w=read.table('c:/simR/d.txt',colClass=('character','numeric','character'))
w
    V1       V2    V3
1   Zhou     15.0  3
2   Li Ming  9.0   黎明
3   Zhang    10.2  Wang
```

读入结果为数据框. 函数自动为数据框变量指定 V1、V2 这样的变量名,指定 1、2 这样的行名.可以用 col.names 参数指定一个字符型向量作为数据框的变量名,row.names 参数指定一个字符型向量作为数据框的行名. 函数可以自动识别表列是字符型还是数值型，并在默认情况下把字符型数据转化为因子. 这里的第一列和第三列我们并不想转换,所以人为地加上了一个 colClasses 参数，说明每一列的数据类型.

对于逗号分隔的文件用 read.csv( )读取. 加上 header=T 参数可以读入带有表头的文件. 例如：

```
> w1 = read. csv ('c:/simR/d. csv', header = T, colClass = c ('character', 'numeric','character'))
> w
        V1          V2      V3
1       Zhou        15.0    3
2       Li Ming     9.0     黎明
3       Zhang       10.2    Wang
```

R 中一般不能直接读 xls 文件,可先转换为 csv 文件,再用函数read.csv( )读取,或者利用扩展包 RODBC 中的函数 odbcConnectExcel( )进行读取。

```
> library(RODBC)
> xf=odbcConnectExcel("e:/multR/man.xls");
  xzhdat1=sglFetch(xf,"Sheet1"); close(xf)
```

其他一些用法见 R 的“帮助”中的内容.

2.7 程序控制结构

R 是一个表达语言,其任何一个语句都可以看成是一个表达式.表达式之间以分号分隔或用换行分隔.表达式可以续行,若前一行不是完整的表达式(比如末尾是加减乘除等运算符,或有未配对的括号),则下一行为上一行的继续.

若干个表达式可以放在一起组成一个复合表达式,作为一个表达式使用.组合用大括号表示,例如：

```
{
x<- 15
x
}
```

R 也提供了分支、循环等程序控制结构.

1.分支结构

分支结构包括 if 结构：

if(条件)表达式 1

或

if(条件)表达式1 else 表达式2

其中“条件”为一个标量的真值或假值,表达式可以是用大括号包围的复合表达式.有 else 子句时一般写成:

```
if(条件) {
                表达式组 …
        } else {
           表达式组 …
                }
```

这样的写法可以使 else 不至于脱离前面的 if.如果变量 lambda 为缺失值,就给它赋一个默认值,即,

```
if (is.na(lambda))lambda<- 0.5
```

若要计算向量 x 的重对数,这只有在元素都为正且对数都为正时才能做到,因此需要先检查:

```
if(all(x>0)&&all(log(x)>0)     {
          y<- log(log(x));
            print(cbind(x,y));
          } else {
              cat('Unable to comply \ n');
      }
```

注意“&&”表示“与”,它是一个短路运算符,即第一个条件为假时就不计算第二个条件.如果不这样,此例中计算对数就可以有无效值.在条件中也可以用“‖”(两个连续的竖线符号)表示“或”,它也是短路运算符. 当第一个条件为真时就不需要计算第二个条件.

注:对于计算重对数的问题只要判断 all(x>1)即可,例子是为了说明短路“与”.

在用 R 编程时一定要牢记 R 是一个向量语言,几乎所有操作都是对向量进行的.而 R 中的 if 语句却是一个少见的例外,它的判断条件是标量的真值或假值. 比如,我们要定义一个分段函数 $f(x)$,当 x 为正时返回 1,否则返回 0,马上可以想到用 if 语句实现如下:

```
if(x>0) 1 else 0
```

当自变量 x 是标量时,这个定义是有效的;但是当 $\boldsymbol{x}$ 是一个向量时,比较的结果也是一个向量,这时条件无法使用,所以这个分段函数应该这样编程:

```
> w=matrix(-10:4,ncol=5)
```

```
> y<- numeric(length(w))
> y[w>0] <- 1
> y[w<=0]<- 0
> y
[1] 0 0 0 0 0 0 0 0 0 0 0 0 1 1 1 1
```

有多个 if 语句时,else 与最近的一个 if 匹配.可以使用 if…else if…else if…else…的多重判断结构表示多分支. 多分支也可以使用 swith( )函数.

2.循环结构

(ⅰ)for 循环

循环结构中常用的是 for 循环,是对一个向量或列表的逐次处理,格式为

for(name in values)表达式

例如:

```
> s<- 0
> for(i in seq(along=w))  {
    cat('w(',i, ')=',w[i], '\ n', sep='  ')
    s<-s+w[i]
    }
```

我们在这个例子中需要下标的值,所以用 seq(along=w)生成了 w 的下标向量. 如果不需要下标的值,我们可以直接如此使用:

```
s<-0
> for(wi in w) {
        cat(wi, ' \ n')
        s=s+wi
        }
```

当然,如果只求各元素的和,只需调用 sum(x)即可.从这里我们可以看出,显式的循环经常是可以避免的. 利用函数对每个元素计算值,使用 sum 等统计函数及 apply( ), lapply( ), sapply( ), tapply( )等函数可以代替循环. 因为循环在 R 中是很慢的(R 是解释语言),所以应尽可能避免使用显式的循环.

我们再举一个例子. 假设一共有 365 个生日(只考虑月、日),而且各生日的概率是相等的(这里忽略了闰年的情况以及可能存在的出生日期分布的不均匀).设一个班有 n 个人,当 n 大于 365 时,{至少有两个人生日相同}是必然事件. 当 n 小于或等于 365 时,我们可以计算

$$P\{\text{至少有两个人生日相同}\}=1-P\{n\text{ 个人生日彼此不同}\}$$

这时 n 个人的生日可取值个数为 365^n，而 n 个彼此不同的可能为 365 中取 n 个的一个排列数，即

$$365 \times 364 \times \cdots \times (365-(n-1)),$$

因此，为了计算 $n=1,2,\cdots,365$ 的情况下的同生日概率，可以用如下循环实现：

```
> t<-numeric(365)
> for(n in 1:365)   {
t[n]<- 1
      for(j in 0:(n-1)){
         t[n]<- t[n] * (365-j)/365 # t[n]为 n 个人生日彼此不同
         }
    t[n]<-1-t[n]
    }
>t
```

用 system.time(process)可查看此段程序的运行时间为 0.980 秒.我们还可以尽量用向量运算来使程序运行速度更快：

```
> t<-numeric(365)
> for(n in 1:365)   {
        t[n]<- 1-prod ((365:(365-n+1))/365)
   }
> t
```

这段程序只用了 0.030 秒，比第一个程序快 32.7 倍. 注意不能直接去计算 365!，这会超出数值表示范围.

这个问题还可以用 R 的 cumprod() 函数进一步简化：

```
x<- 1-cumprod((365:1)/365)
```

这段程序没有任何循环，运行时间已经无法测量. 多次重复运行可以发现它比第二段程序快 165 倍.由此可见，使用向量运算以及利用系统提供的函数可以有效提高 R 程序的效率.

另外要注意，使用 for(i in 1:n) 格式的计数循环时要避免一个常见的错误，即当 n 为零或负数时，1:n 是一个从大到小的循环，而经常需要的是当 n 为零或负数时就不进入循环. 为达到这一目的，可以在循环外层判断循环结束值是否小于开始值.

(ⅱ)while 循环

while 循环是在开始处判断循环条件的当型循环,例如:

```
fn1= function(obs=10){
    x =runif(obs)
    while(mean(x) < 0.45){
        obs = 2*obs
        x = runif(obs)
    }
    list(mn=mean(x),std=sd(x),obs=obs)
}
```

是一个需要产生多少个均匀随机变量才能使得它们的均值超过 0.45 的函数.输出结果为均值、标准差和随机变量的个数,运行得到结果:

```
>fn1()
$mn
[1] 0.4757144
$std
[1] 0.3377461
$obs
[1] 20
```

(ⅲ)repeat 循环

repeat 循环结构如下:

repeat 表达式

在循环内使用 break 跳出.在一个循环体内用 next 表达式可以进入下一轮循环.上述程序中的 while 循环可改写成 repeat 循环.

```
fn2=function(obs=10){
    repeat{
        x=runif(obs)
        if(mean(x) >= 0.45) break
        obs = 2*obs
    }
    list(mn=mean(x),std=sd(x),obs=obs)
}
```

分支和循环结构主要用于定义函数,详细内容参见 R“帮助”中的内容.

2.8 R 程序设计

对于计算较复杂的问题我们只有通过编写程序才能解决.这样做的好处是一次编写程序可以重复使用,并且很容易修改.另一个好处是函数内的变量名是局部的,运行函数不会使函数内的局部变量被保存到当前工作空间,可以避免在交互状态下直接赋值来定义很多变量,从而使得工作空间不会杂乱无章.

1.工作空间管理

前面我们已经提到,R 在运行时保持一个变量搜索路径表. 要读取某变量时依次在此路径表中查找,返回找到的第一个;给变量赋值时在搜索路径的第一个位置赋值,被赋值的变量只在函数运行期间有效,在函数外部,搜索路径表的第一个位置是当前空间. 这个工作空间将保存所有在函数外部定义的变量以及函数.

这样,因为工作空间里对象越来越多,出错的机会就增大了.尽量把工作都用函数实现可以避免该问题,函数内定义的变量是局部的,不会进入当前工作空间.

可以直接管理工作空间中的对象. 用 ls( ) 函数可以查看当前工作空间保存的变量和函数,用 rm( ) 函数可以剔除不想要的对象.例如:

```
> ls()
[1]"a" "absddet" "absdet.x" "beta" "cprodX" "d"
```

ls( )可以指定一个 pattern 参数,此参数定义一个匹配模式,只返回符合模式的对象名.比如,ls(pattern="tmp[.]")可返回所有以“tmp.”开头的对象名.

rm( )可以指定一个名为 list 的参数给出要删除的对象名. 比如 rm(list=ls(pattern="tmp[.]"))可以删除所有以“tmp.”开头的对象名,或者直接用 rm(list=ls())可删除所有定义过的变量.

2.函数定义

R 中函数定义的一般格式为

函数名<- function(参数表)表达式

定义函数可以在命令行进行,例如:

```
> hello<-function() {
        cat("Hello, word! \n")
            cat("\n")
```

```
}
```

函数体为一个复合表达式,各表达式之间用换行或分号分开. 不带括号调用函数时显示函数定义,而不是调用函数进行运算.

在命令行输入函数程序时修改很不方便,所以我们一般是打开一个其他的编辑程序(如“记事本”),输入所需函数定义,保存文件,比如保存到 c:\\simR\\xzh.r(或者用 c:/simR/xzh.r),我们就可以用

```
source("c:\\simR\\xzh.r")
```

运行文件中的程序. 实际上,用 source()运行的程序不限于函数定义,任何 R 程序都可以用这种方式编好后再运行,效果与在命令行直接输入是基本相同的,只不过不自动显示表达式值.

对于一个已有定义的函数,可以用 fix()函数来修改,例如:

```
fix(xzh)
```

将打开一个编辑窗口显示函数的定义,修改后关闭窗口就可以了.

函数可以带参数,可以返回值,例如:

```
> f01<-   function(x,y)  {
    z<-  x-y
    z
  }
```

R 返回值为函数体的最后一个表达式的值,不需要使用 return()函数.不过,也可以使用“return(对象)”函数从函数体返回调用者.R 只能返回一个对象,所以要返回多个结果时需要用一个列表把这些结果包装起来返回.

3.参数

R 函数调用的方式很灵活,例如,函数 f01 有两个参数 x 和 y,用这个函数计算 100-45,可以调用 f01(100,45)或 f01(x=100,y=45),或 f01(y=45,x=100),或 f01(y=45,100)等.调用时实参与虚参可以按次序结合,也可以直接指定虚参名结合.实参先与指定了名字的虚参结合,没有指定名字的按次序与剩下的虚参结合.

函数在调用时可以不给出所有的实参,这需要在定义时为虚参指定默认值.例如上面的函数改为

```
> f01<- function(x,y=0)   x-y
```

则调用时除了可以用以上的方式调用外,还可以用 f01(100)、f01(x=100)调用,只给出没有默认值的实参.

即使没有给虚参指定默认值,也可以在调用时省略某个虚参,然后在函数体内用 missing()函数判断此虚参是否有对应实参,例如:

```
> trans<-    function(x,scale)    {
             if(! missing(scale))x<-x * scale
             ........................
                                            }
```

此函数在给出了 scale 的值时,才对自变量 x 乘以此值,否则自变量 x 保持原值.这种用法在其他语言中是极少见的.R 可以实现这一点,是因为 R 的函数调用在用到参数的值时才去计算这个参数的值(称为"懒惰求值"),所以可以在调用时缺少某些参数而不被拒绝.

4. 作用域

函数的虚参完全是按值传递的,改变虚参的值不能改变对应实参的值.例如:

```
> x=list(1,"abc")
>   x
[[1]]
[1] 1
[[2]]
[1]    "abc"
> f=function(x){x[[2]]="!!";x}
> f(x)
[[1]]
[1] 1
[[2]]
[1]"!!"
```

函数体内的变量也是局部的,对函数体内变量的赋值,在函数结束运行后,这些值就被删除掉了,不影响原来同名变量的值.例如:

```
> x<- 2
> f<- function()     {
      print(x)
      x<-    20
      }
> f()
[1] 2
>    x
[1] 2
```

这个例子中原来有一个变量 x 的值为 2,函数中为变量 x 赋值 20,但函数运行完后原来的 x 值并未变化.但也要注意,函数中显示出函数调用时局部变量 x 还没有赋值,显示的是全局变量 x 的值.这也是 R 编程中容易出问题的地方:你用到了一个局部变量的值,但没有意识到这个局部变量还没有赋值,而程序却没有出错,因为这个变量已有全局定义.

5.程序调试

对任何程序语言,最基本的调试手段当然是在需要的地方显示变量的值.可以用 print( )或 cat( )显示.例如,为了调试前面定义的 f01( )函数(当然,这样简单的程序实际是不需要调试的),可以显示两个变量的值及中间变量的值:

```
> f01=function(x,y) {
    cat('x= ',x,'\n')
    cat('y= ',y,'\n')
    z=x-y
    cat('z= ', z,'\n')
    z
    }
    >f01(1,2)
    x= 1
    y= 2
    z= -1
    [1] -1
```

R 提供了一个 browser( )函数,当调用该函数时程序暂停.可以用 ls( )列出局部变量,用户可以查看变量或表达式的值,还可以修改变量. 例如:

```
> f01=function(x,y) {
    browser( )
    z=x-y
    z
  }
> f01(11:12,1:3)
  Called from: f01(11:12, 1:3)
  Browse[1]> x
  [1] 11 12
  Browse[1]> y
  [1]  1  2  3
```

```
Browse[1]> n
debug: z <- x - y
Browse[1]>z
[1] 10 10 8
Warning message:
  长的目标对象长度不是短的目标对象长度的整倍数 in:x-y
```

程序在遇到 browser( )调用时进入调试状态,可以查看其中的局部变量值(也可以修改).用 n 命令可以单步跟踪运行,在第一次用 n 命令后只要回车就继续单步跟踪运行.退出 R 的 browser( )菜单可用 c.用 q 可以返回到命令行状态.

R 提供了一个 debug( )函数,debug(f01)可以打开 f01( )函数的调试.执行到函数 f01 时,程序自动进入单步执行的 browser( )菜单,回车就可以单步执行.用 undebug(f01)关闭调试.

6.程序设计举例

设计 R 程序是很容易的,但是如果要用 R 编制计算量较大的程序,或者程序需要发表,就需要注意一些 R 程序设计的技巧.用 R 语言开发算法,最重要的一点要记住 R 是一个向量语言.计算应该尽量通过向量、矩阵运算来进行,并充分利用 R 提供的现成的函数,避免使用显示循环,因为 R 是解释执行的,所以显示循环会大大降低 R 的运算速度.

【例 2.1】 考虑某银行的存取系统.设 open.account( )为开户函数,deposit( )为存款函数,withdraw( )为取款函数,balance( )为存取款平衡函数.客户的存取过程如下:

```
open.account=function(total){
     list(
     deposit=function(amount,total){
     if(amount==0)
     stop("Deposits must be positive! \n")
     total<total + amount
     cat(amount,"deposited. your balance is", total,"\n \n")
     },
     withdraw=function(amount,total){
     if(amount > total)
     stop("You don't have that much money! \n")
     total<<-total - amount
```

```
        cat(amount," withdrawn. Your balance is",total,"\n\n")
             },
        balance=function(total){    total= total
        cat("Your balance is",total,"\n\n")
          total }
             )
      }
#####################################
>total=100
>ross=open.account(total)
>robert=open.account(200)
>ross $ withdraw(30)
30 withdrawn. Your balance is 70
>ross $ balance()
Your balance is 70
> robert $ balance()
Your balance is 200
> ross $ deposit(50)
50 deposited. your balance is 120
> ross $ balance()
Your balance is 120
> ross $ withdraw(500)
错误在 ross $ withdraw(500) : You don't have that much money!
```

【例 2.2】 考虑核回归问题

核回归是非参数回归的一种,假设变量 Y 与变量 X 之间的关系为

$$Y=f(X)+\varepsilon,$$

其中函数 f 未知,观测到 X 和 Y 的一组样本:

$$\{X_i,Y_i,i=1,2,\cdots,n\}.$$

对 f 的一种估计为

$$f(x)=\frac{\sum_{i=1}^{n}K\left(\frac{x-X_i}{h}\right)Y_i}{\sum_{i=1}^{n}K\left(\frac{x-X_i}{h}\right)},$$

其中 K 称为核函数,一般是一个非负的偶函数,原点处的函数值最大,在两侧

迅速趋于零.例如正态密度函数,或所谓双三次函数核:

$$K(x)=\begin{cases}(1-|x|^3)^3, & |x|\leqslant 1,\\ 0, & \text{其他}.\end{cases}$$

R 中的函数 density( )可以进行核回归估计,我们对这个算法进行编程.首先编写双三次核函数的程序:

```
kernel.dcube=function(u) {
    y=numeric(length(u))
    y[abs(u)<1]=(1-abs(u[abs(u)<1]) * *3) * *3
    y[abs(u)>=1]=0
    y
    }
```

注意,上面的分段函数不用 if 语句而是采用逻辑向量作为下标的办法.这样定义出的函数允许以向量和数组作自变量.

假设要画出核估计曲线,一般取一个范围与各 X_i 范围相同的等间距向量 $\boldsymbol{x}$,然后计算估计出的 $f(\boldsymbol{x})$ 的值. 设观测数据自变量保存在向量 X 中,因变量保存在向量 Y 中,则可以写成下面的程序:

```
kernel.smooth1=function(X,Y,kernel=kernel.dcube,h=1,m=100,
plot.it=T) {
    x=seq(min(X),max(X),length=m)
    fx<- numeric(m)
    for(j   in   1:m){ # 计算第 j 个等间距点的回归函数估计值
        fx[j]<- sum(kernel((x[j]-X)/h) * Y)/ sum(kernel ((x[j]-
X)/h) )
    }
    if(p1ot.it){    # if(p1ot.it)可以不要
        plot(X,Y,type="p")
        lines(x,fx)
    }
    cbind(x=x,fx=fx)
}
```

注意,上面的程序中用了 sum 函数来避免一重对 i 的循环,但是上面的写法中仍有一重对 j 的循环,使得程序运行较慢.如何改写程序,把这个循环也取消呢? 方法是把计算看成是矩阵运算.首先,如果 x 是一个标量,则 $f(x)$ 可以改写成:

$$f(x)=\frac{K\cdot Y}{K\cdot \mathbf{1}}$$

其中 $K=K\left(\frac{x-X}{h}\right)$ 是一个与 X 长度相等(即长度为 n)的行向量,**1** 是一列 1. 现在, x 实际上是一个长度为 m 的向量,对 x 的每一个元素可以计算一个长度为 n 的行向量 $K\left(\frac{x[j]-X}{h}\right)$. 把这些行向量上下合并为一个矩阵 $K(m\times n)$,则 KY 是长度为 m 的向量,每一个元素对应于一个 $x[j]$.合并的矩阵可以用 R 的 outer()函数来计算:

```
>f=function(u,v,kernel,h)   kernel((u-v)/h)
>K=outer(x,X,f,kernel=kernel,h=h) # outer()的第一个自变量对应于结果矩阵的行,第二个自变量对应于列
```

在分母中,为了计算每一行的和,只要对 K 右乘 **1**,于是结果的估计值向量为

```
fx=c((K%*%Y)/(K %*% matrix(1,ncol=1,nrow=length(Y))))
```

这样修改 kernel.smooth1,就可以得到更精简的函数 kernel.smooth2.

核回归中窗宽 h 的选择是比较难的. 我们编写的核回归函数应该允许用户输入 h 为一个向量.对向量中每一个窗宽计算一条拟合曲线并画在图中,结果作为函数返回值的一列. 读者可以作为练习实现这个函数,并模拟 X 和 Y 的观测,然后画核估计曲线, $f(x)$ 用 $\sin(x)$,对 h 我们可能必须用循环来处理.

2.9 图形

1.常用图形

R 有很强的绘图功能,通过简单的函数调用,就可迅速作出数据的各种图形.在熟悉了 R 的图形技术之后,也可以设定许多图形选项来按自己的要求定制图形. R 的另一个特色是绘图函数对不同的数据对象可以作出不同的图形. 例如,假设数据文件 class.txt 存储在目录 c:/simR/下.用

```
c1<- read.table("c:/simR/class.txt",
        col.names=c("Name","Sex","Age","Height","Weight"))
```

读取数据如下:

李丽	F	13	148	41	王菲	F	13	150	45
胡敏	F	14	151	44	李艳	F	14	149	43
马莉	F	12	143	40	刘玲	F	13	146	43

朱彤	F	12	142	40	陈美玲	F	12	143	41
陈碧	F	13	150	46	刘劲	M	14	150	48
王峰	M	13	151	49	李明	M	12	146	48
陈凯	M	13	148	50	张强	M	13	149	50
张勇	M	13	151	52	胡进	M	14	153	55
车丰	M	14	155	58	王建军	M	12	149	52
汪平	M	12	148	48					

再用命令 attach(c1);plot(Height);plot(Sex)分别绘制 Height 的散点图和 Sex 的频数条形图(图 2-4).我们还可用 plot()绘制两个变量 x 与 y 的散点图.例如绘制 Height 对 Weight 的散点图(图 2-5).

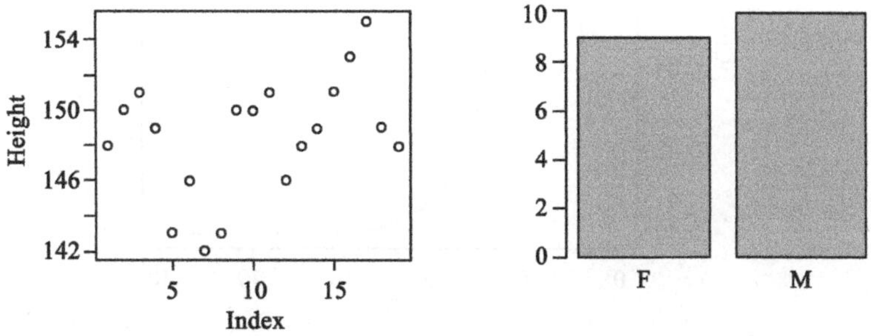

图 2-4　Height 散点图和 Sex 频数图

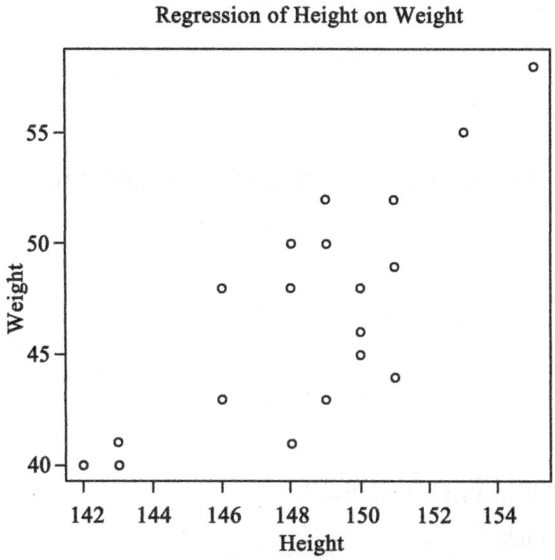

图 2-5　Height 对 Weight 的散点图

> plot (Height, Weight, main = " Regression of Height on Weight" , xlab = " Height" , ylab = " Weight")

为了绘制连线图,只需在 plot( ) 函数中加 type = "l" 选项.例如用命令

```
>x=0:50
>plot(x,dchisq(x,10),type="l")
```

画出自由度为 10 的χ^2 分布密度函数图(图 2-6).

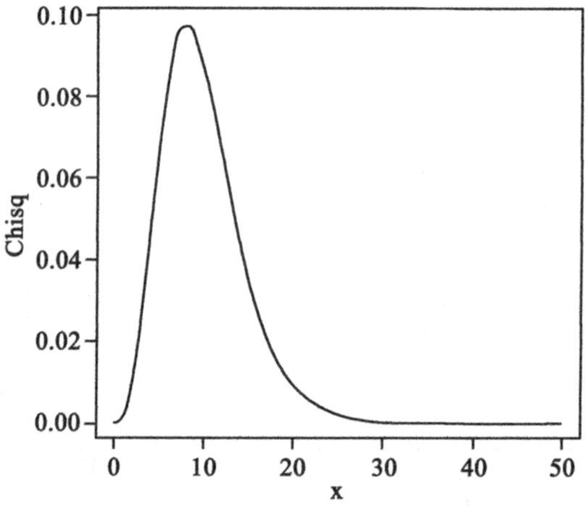

图 2-6　自由度为 10 的χ^2 分布密度函数图

也可以绘制变量的茎叶图.调用命令

```
>stem(Height)
```

可以画出图 2-7.

```
The decimal point is 1 digit(s) to the right of the |

14 | 233
14 | 66888999
15 | 0001113
15 | 5
```

图 2-7　Height 的茎叶图

绘制一个变量的箱型图.调用命令

```
>boxplot(Weight)
```

可以画出图 2-8.

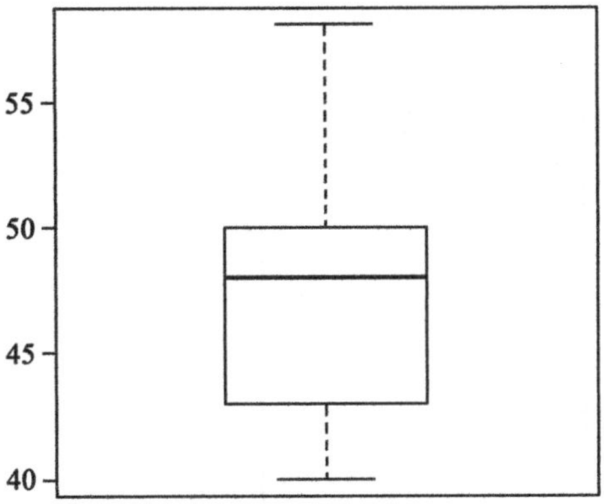

图 2-8 体重的箱型图

也可以绘制几个变量并排的箱型图.比如先计算 Weight 对 Height 的回归,把拟合结果存入 p1,然后绘制并排盒形图.

```
>fit1 = lm( Weight ~ Height)
>p1 = predict( fit1 , c1 ) ; p1
>boxplot( list( " Weight" = Weight, " Predict" = p1 ) )
```

结果见图 2-9.

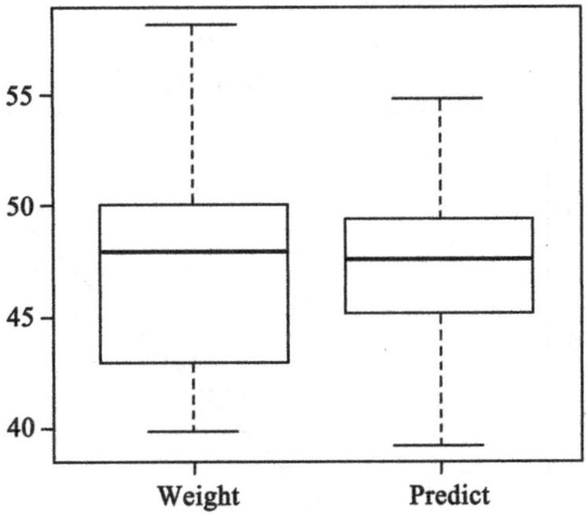

图 2-9 体重及其预报箱型图

用 hist( ) 函数可以绘制直方图,例如.

```
>hist( Weight)
```

结果见图 2-10.

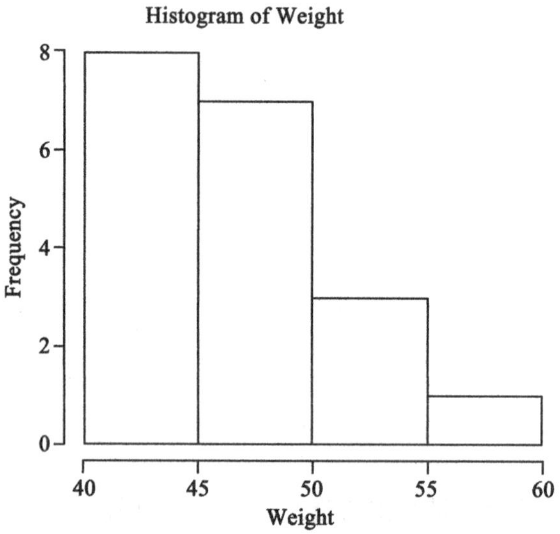

图 2-10　体重的直方图

用 qqnorm( ) 函数可以绘制正态 Q-Q 图,如:

```
> qqnorm(Weight)
> qqline(Weight,col="red")
```

结果见图 2-11.

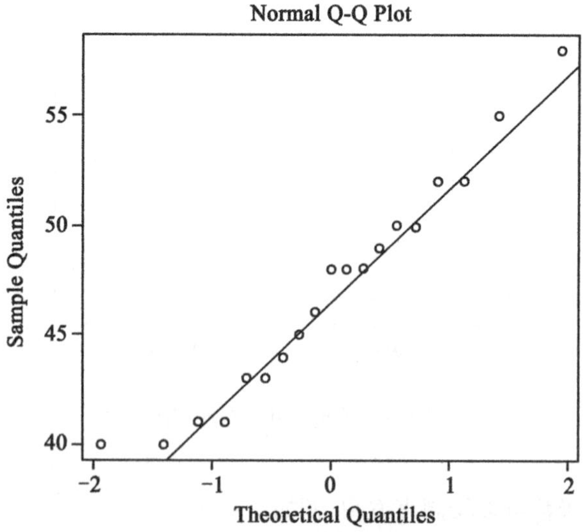

图 2-11　体重的正态 Q-Q 图

2.高级图形函数

R 的图形函数分为两类:高级图形函数——直接绘制图形并可自动生成坐标轴等附属图形元素;低级图形函数——可以修改已有的图形或者为绘图规定一些选项.高级图形函数总是以一个新图开始.下面介绍常用的高级图形函数,以及用来修饰这些高级图形函数的常用可选参数.

最常用的是 plot( ) 函数.比如 plot(x,y)(其中 x,y 是向量)对两个变量画散点图.如果 z 是一个定义了 x 变量和 y 变量的列表或者一个两列的矩阵,则用 plot(z)也可以画散点图.如果 x 是一个时间序列对象(时间序列对象用ts( )函数生成),则 plot(x)绘制时间序列曲线图.如果 x 是一个普通向量,则绘制 x 的值对其下标的散点图.如果 x 是一个复数向量,则绘制虚部对实部的散点图.如果 f 是一个因子,则 plot(f)绘制 f 的条形图(每个因子水平的个数).如果 f 是一个因子,y 是长度相同的数值向量,则 plot(f,y)对 f 的每一个水平绘制 y 中相应数值的盒形图.如果 d 只是一个数值型数据的数据框,则 plot(d)对 d 的每两个变量之间作图(散点图等).

如果 X 是一个数值型矩阵或数据框,则用 plot(X)可以绘制每两列之间的散点图矩阵.这样变量个数不太多时,可以同时看到多个变量之间的两两关系;变量个数太多时,则每个图太小,意义不大.

协同图(coplot)是一种多变量探索性分析图形,其形式为 coplot(y ~ x | z),其中 x 和 y 是数值型向量,z 是同长度的因子.对 z 的每一水平绘制相应组的 x 和 y 的散点图.例如:

coplot(Weight ~ Height | Sex)

结果见图 2-12,对不同性别分别绘制了体重对身高的散点图.如果 z 是一个数值型变量,则 coplot( )先对 z 的取值分组,然后对 z 的每一组取值分别绘图.甚至可以用如 coplot(y ~ x | x1 + x2)表示对 x1 和 x2 的每一水平组合绘图.coplot( )和 pairs( )函数默认绘制散点图,但可以用一个 panel 参数指定其他的低级绘图函数,如 lines、panel、smooth 等.

qqnorm(x)、qqline(x)、qqplot(x,y)作分位数—分位数图.qqnorm(x)对向量 x 作正态概率(纵轴为次序统计量,横轴为对应该次序统计量的标准正态分布分位数).qqline(x)在 qqnorm(x)图上画一条拟合曲线.qqplot(x,y)把 x 和 y 的次序统计量分别画在 x 轴和 y 轴上以比较这两个变量的分布.

hist(x)作向量 x 的直方图.默认时自动确定分组,也可以用 nclass 参数指定分组个数,或者用 breaks 参数指定一个分组点向量.如果指定了 prob = T,则纵轴显示密度估计.

R 也可以作三维图、等值线图和等值色图,相应的函数分别为 persp( )、

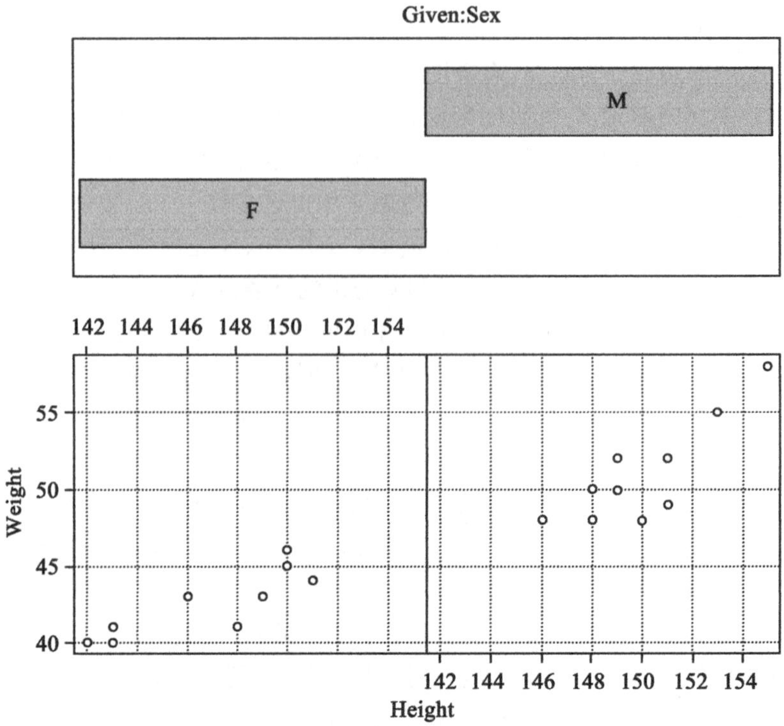

图 2-12　不同性别的体重对身高的散点图

contour( )和 image( ),例如:

```
>x=seq(-3,3,length=100)
>y=x
>f=function(x,y,ssq1=1,ssq2=2,rho=0.5) {
    det1=ssq1 * ssq2 * (1-rho^2)
    s1=sqrt(ssq1)
    s2=sqrt(ssq2)
    1/(2 * pi * sqrt(det1)) * exp(-0.5/det1 * (ssq2 * x^2+ssq1 * y^2
        -2 * rho * s1 * s2 * y))
}
>z=outer(x,y,f)
>persp(x,y,z)
>contour(x,y,z)
>image(x,y,z)
```

结果见图 2-13.

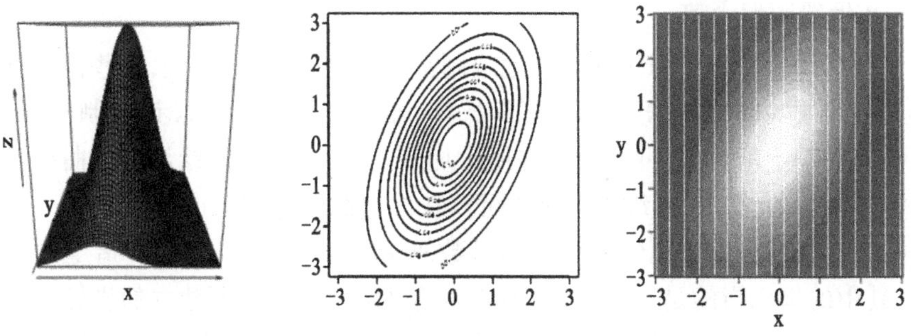

图 2-13 三维图、等值线图和等值色图

3.高级图形函数的常用选项

高级图形函数有一些共同的选项,作为函数的可选参数(自变量).例如:

plot(x,main="Graph of x")

其中的 main 就是一个可选参数,用来指定图形的标题.没有此选项图形就没有标题.表 2-1 列出了这样的选项.

表 2-1 **高级图形选项**

add=T	使函数像低级图形函数那样,不是绘制一个新图形而是在原图基础上添加
axes=F	暂不画坐标轴,随后可以用 axis()函数更精确地规定坐标轴的画法.默认值是 axes=T,即有坐标轴
log="x" log="y" log="xy"	用对数刻度绘制 x 轴、y 轴
type= type="p" type="l" type="b" type="o" type="h" type="s" type="S" type="n"	规定绘画方式 绘点 绘线 绘点并在之间用线连接 绘点并画线穿过各点 从点到横轴画垂线 阶梯函数:左连续 阶梯函数:右连续 不画任何点、线,但仍画坐标轴并建立坐标系,适用于后面介绍的用低级图形函数作图
xlab="字符串" ylab="字符串" main="字符串" sub="字符串"	定义 x 轴和 y 轴的标签.默认时使用对象名 图形的标题 图形的小标题,用较小字体画在 x 轴下方

4.低级图形函数

高级图形函数可以迅速简便地绘制常见类型的图形，但是，某些情况下可能希望绘制一些有特殊要求的图形.比如，希望按照自己的设计绘制坐标轴，在已有的图上增加另一组数据，在图中加入一行文本注释，绘出多条曲线代表的数据的标签，等等.低级图形函数可以在已有图的基础上进行添加.

表 2-2 列出了常用的低级图形函数.低级图形函数一般需要指定位置信息，其中的坐标指的是用户坐标，即前面的高级图形函数所建立的坐标系中的坐标.坐标可以用两个向量 x 和 y 给出，也可以由一个两列的矩阵给出.如果交互作图，则可以用下面介绍的 locator( ) 函数来交互地从图形中直接输入坐标位置.

表 2-2　　**低级图形函数**

points(x,y) lines(x,y)	在当前图形上叠加一组点或线. 可以使用 plot( ) 的 type 参数来指定绘制方式，默认时 points( ) 画点，lines( ) 画线
rug(x) rug(x,side=2)	rug(x) 在 x 轴上用一些短刻度线表示观测函数的 x 数值.rug(x, side=2) 可以把观测的短线画在 y 轴上
text(x,y,labels,…)	在坐标 x 和 y 给出的位置标出由 labels 指定的字符串.labels 可以是数值型或字符型的向量，labels[i] 在 x[i] 和 y[i] 标出
polygon(x,y,…)	按向量 x 给出的横坐标和向量 y 给出的纵坐标确定顶点，绘制多边形.可以用 col 参数指定用某种颜色填充多边形内部
abline(a,b) abline(h=y) abline(v=x) abline(lm.obj)	在当前图形上画一条直线. 两个参数 a、b 分别给出截距和斜率. 指定 h 参数时绘制水平线，指定 v 参数时绘制垂直线. 以一个最小二乘拟合结果 lm.obj 作为参数时，由 lm.obj 的 coefficient 成员给出直线的截距和斜率
legend(x,y, legend,…)	legend 函数用来在当前图形的指定坐标位置绘制图例. 图例的说明文字由向量 legend 提供.至少要给出下面的 v 值以确定要对什么图例进行说明，v 是长度与 legend 相同的向量
legend(,angle=v)	angle 参数指定几种阴影斜度
legend(,density=v)	density 参数指定几种阴影密度
legend(,fill=v)	fill 参数指定几种填充颜色
legend(,col=v)	col 参数指定几种颜色
legend(, lty=v)	lty 参数指定几种线型
legend(, pch=v)	pch 参数指定几种散点符号，为字符型向量
legend(, vect=v)	vect 参数也指定几种散点符号，为字符型向量

续表

title(main,sub)	绘制由 main 指定的标题和由 sub 指定的小标题
axis(side,…)	绘制一个坐标轴.之前的绘图函数必须已经用 axes=F 选项抑制了自动的坐标轴. 参数 side 指定在哪一边绘制坐标轴,取值为 1 到 4,1 为下边,然后逆时针数.可以用 at 参数指定位置,用 labels 参数指定刻度处的标签

5.交互图形函数

R 的低级图形函数可以在已有图形基础上添加新内容,另外,R 还提供了两个函数 locator( ) 和 identify( ),可以让用户通过在图中点击鼠标来确定位置.

函数 locator(n,type)运行时会停下来等待用户在图中点击,然后返回图形中鼠标点击的位置的坐标.等待时点击鼠标右键可以选择停止等待,立即返回.参数 n 指定点击多少次后自动停止,默认为 500 次;如果使用参数 type,则可指定绘点类型,与 plot( ) 函数中的 type 参数用法相同,在鼠标点击处绘点(线、垂线,等等).locator( ) 返回值是一个列表,有两个变量(元素) x 和 y,分别保存点击位置的横坐标和纵坐标.

例如,为了在已经绘制的曲线图中找一个空白处标上一行文本,只需使用如下程序:

```
> text(locator(1),"Normal density",adj=0)
```

text( ) 函数的 adj 参数用一个数字表示文本串相对于给定的坐标的画法,adj=0 表示给定坐标为文本串左侧的坐标,adj=1 表示给定坐标为文本串右侧的坐标,adj=0.5 表示给定坐标为文本串中间的坐标.

函数(x,y,labels)在运行时会停下来等待用户点击,待用户点击后,返回用户在图形中点击的点的序号,点击时对点击的点加标签.参数 x 和 y 给出要识别的各个点的坐标. labels 参数指定点击某个点时要在旁边绘制文本标签,默认时标出此点的序号.如果只需要返回值而不想画任何标记,则可以在调用此函数时加一个参数 plot=F 参数.

注意,locator( ) 与 identify( ) 不同,locator( ) 返回图中任意点击位置的坐标,而 identify( ) 只返回离点击位置最近的点的序号.

例如,我们在向量 x 和 y 中有若干个点的坐标,运行程序如下:

```
>plot(x,y)
>identify(x,y)
```

这时显示转移到图形窗口,进入等待状态.用户可以点击图中特别的点,该点的序号就会在旁边标出.只要单击右键并选择停止,就可以结束运行. 返回结果为所点击的各个点的序号.

6.图形参数的使用

前面我们已经看到用 main、xlab、ylab 等参数来规定高级图形函数的一些设置.在实际绘图中,特别是绘制用于演示或出版的图形时,用 R 默认设置绘制的图形往往不能满足要求.R 提供了一系列图形参数,通过使用图形参数可以修改图形显示的、所有各方面的设置.图形参数包括线型、颜色、图形排列、文本对齐方式等各种设置.每个图形参数有一个名字,比如 col 代表颜色,col="red"表示红色.每个图形设备有一套单独的图形参数.

设置图形参数分为两种,长效设置与临时设置.长效设置使用 par( )函数进行设置,设置后在退出前一直保持有效;临时设置则是在图形函数中加入图形参数,如上面例子中的 adj 参数:

```
text(locator(1),"Normal density",adj=0)
```

par( )函数用来访问或修改当前图形设备的图形参数. 如果不带参数调用,例如:

```
par()#显示如下结果
 $ xlog
     [1] FALSE
 $ ylog
     [1] FALSE
 $ adj
     [1] 0.5
 $ ann
     [1] TRUE
```

结果为一个列表,列表的各元素名为图形参数名,元素值为相应图形参数的取值.如果调用时指定一个图形参数名的向量作为参数,则只返回被指定的图形参数的列表:

```
>par(c("col","lty"))
 $ col
[1] "black"
 $ lty
[1] "solid"
```

调用时指定名字为图形参数的有名参数,则修改指定的图形参数,并返回原值的列表:

```
>oldpar=par(col=4,lty=2)
> oldpar
$ col
[1] "black"
$ lty
[1] "solid"
```

因为用 par( )修改图形参数是保持到退出以前都有效的,而且即使是在函数内部此修改仍是全局的,所以我们通常利用如下方法,在完成任务后恢复原来的图形参数:

```
oldpar =par(col=4,lty=2)
    ……(需要修改图形参数的绘图任务)
par(oldpar)#恢复原始的图形参数
```

除了像上面那样用 par( )函数永久修改图形参数外,还可以在几乎任何图形函数中指定图形参数作为有名参数,这样的修改是临时的,只对此函数起作用. 例如:

```
plot(x,y,pch="+")
```

就是用图形参数 pch 指定了绘制散点的符号为"加号".这个设定只对这一幅图有效,对其他的图形没有影响.

7.图形参数详解

鉴于绘制有特殊需要的图形是 R 的一个强项,而使用图形参数是完成此类任务的重要手段,因此我们在这里较详细地介绍 R 的各种图形参数.这些图形参数可以大体上分为以下几大类:

- 图形元素控制;
- 坐标轴与坐标刻度;
- 图形边空;
- 一页多图.

(ⅰ)图形元素控制

图形由点、线、文本、多边形等元素构成. 下列图形参数用来控制图形元素的绘制细节:

- pch="+"　指定用于绘制散点图的符号.绘制的点往往略高于或略低于指定的坐标位置,只有 pch="·"没有这个问题.
- pch=4　如果 pch 的值为 0~18 之间的一个数字,将使用特殊的绘点符号(图 2-14).

下例可以显示所有特殊绘点符号:

```
>plot(c(0,100),c(0,100),type="n", axes=F,xlab=' ',ylab=' ')
>legend(10,90,as.character(0:9),pch=0:9)
>legend(50,90,as.character(10:18),pch=10:18)
```

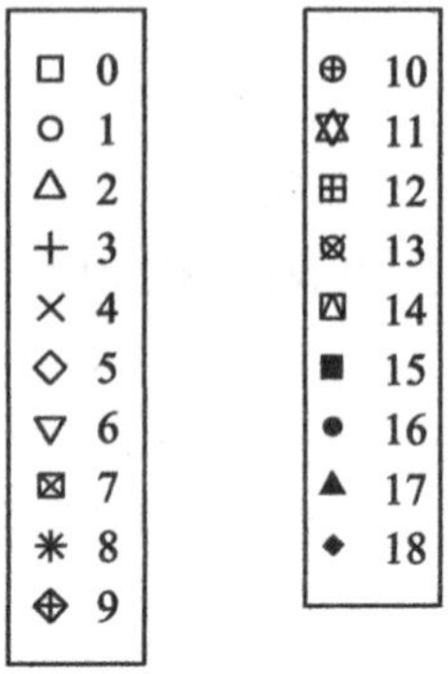

图 2-14　特殊绘点符号

- lty=2　指定画线用的线型.默认值 lty=1 是实线,从 2 开始是各种虚线.
- lwd=2　指定线的粗细,以标准线粗细为单位.这个参数影响数据曲线的线宽以及坐标轴的线宽. 下例绘制余割曲线图(图 2-15):

```
>oldpar=par(lwd=2)
> x=seq(-10,10,0.5)
>ch=function(x)(exp(x)+exp(-x))/2
> plot(x,ch(x),type="l")
> par(oldpar)
```

- col　指定颜色,可应用于绘制点、线、文本、填充区域和图像. 颜色值也可以用 red、blue 这样的颜色名指定. 函数 colors()的结果为 R 中定义的颜色向量.
- font=2　指定字体. 一般情况下,font=1 表示正体,font=2 表示黑体,font=3 表示斜体,font=4 表示黑斜体.
- font.axis、font.lab、font.main 和 font.sub 分别用来指定坐标刻度、坐标轴标签、标题、小标题所用的字体.
- adj=-0.1　指定文本相对于给定坐标的对齐方式.取 0 表示左对齐,取 1 表示右对齐,取 0.5 表示居中.此参数的值实际代表的是出现在给定坐标左边的文本的比例,所以 adj=-0.1 的效果是文本出现在给定坐

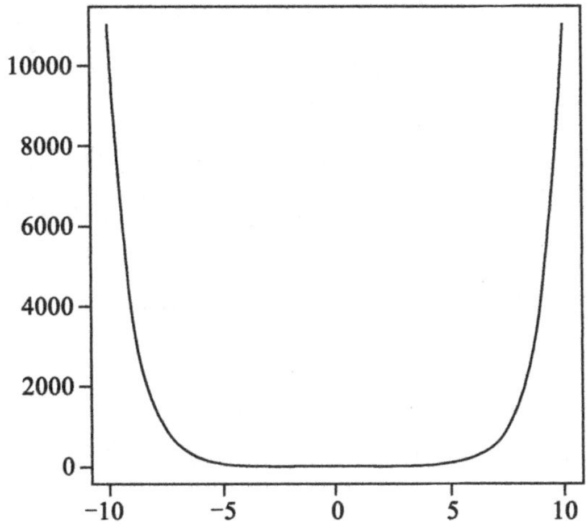

图 2-15 余割曲线图

标位置的左边,并空出相当于文本 10%长度的距离.

- cex = 1.5 指定字符放大倍数(可以不取整数).

(ii)坐标轴与坐标刻度

许多高级图形带有坐标轴,也可以先不画坐标轴,其后用 axis( )单独加. 函数 box( )用来画坐标区域四周的框线.

坐标轴包括三个部件——轴线(用 lty 可以控制线型)、刻度线和刻度标签.它们可以用如下的图形参数来控制:

- lab = c(5,7,12) 第一个数为 x 轴上画的刻度线数,第二个数为 y 轴上画的刻度线数,这两个数是建议性的.第三个数是坐标刻度数值的宽度,按字符数计算,包括小数点. 此宽度取得太小会使各刻度数值四舍五入成相同的值.
- las = 1 坐标刻度标签的方向. 0 表示总是平行于坐标轴,1 表示总是水平,2 表示总是垂直于坐标轴.
- mag = c(3,1,0) 坐标轴各部件的位置. 第一个元素为坐标轴位置到坐标轴标签的距离,以文本行高为单位. 第二个元素为坐标轴位置到坐标刻度标签的距离. 第三个元素为坐标轴位置到实际画的坐标轴的距离,通常为 0.
- tck = 0.01 坐标轴刻度线长度,单位是绘图区域大小,值为占绘图区域的比例. tck 小于 0.5 时,x 轴和 y 轴的刻度线将统一到相同的长度. 取 1 时即画格子线,取负值时刻度线画在区域的外面.
- xaxs = "s",yaxs = "d" 控制 x 轴和 y 轴的画轴方法.

取值设为“s”(即 standard)或“e”(即 extend)时,数据范围控制在最小刻度和最大刻度之间.取“e”时,如果有数据点十分靠近边缘,轴的范围会略微扩大.这种画轴方式有时会在轴的一边留下太大的空白.

取值为“i”(即 internal)或“r”(此为默认值),将使刻度线都落在数据范围内部,而“r”方式所留的边空较小.取值设为“d”时会锁定此坐标轴,后续的图形都使用与它完全一样的坐标轴,这在要生成一系列可比较的图形时是有用的. 要解除锁定,需要把这个图形参数设为其他值.

(ⅲ)图形边空

R 中一个单独的图由绘图区域和包围绘图区域的边空组成. 边空中可以包含坐标轴标签、坐标轴刻度标签、标题、小标题等,绘图区域一般被坐标轴包围,见图 2-16.

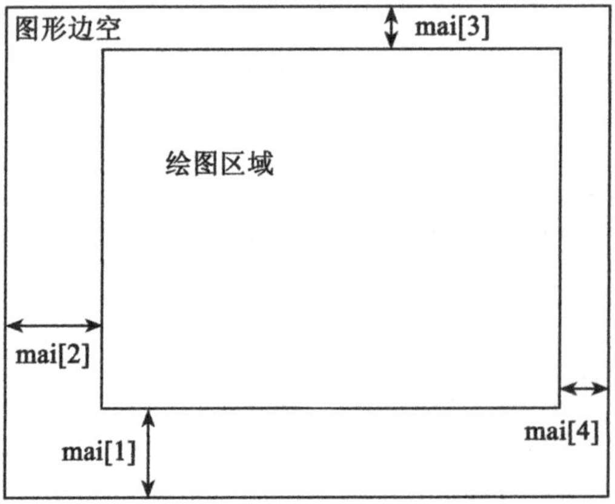

图 2-16　图形边空

边空的大小由参数 mai 或 mar 控制. 它们都是包含 4 个元素的向量,分别规定下方、左方、上方、右方的边空大小,其中 mai 取值的单位是英寸,而 mar 的取值单位是文本行高度. 例如:

```
>par(mai=c(2,2,1,0.2))
>par(mar=c(4,2,2,1))
```

这两个图形参数不是独立的,设定一个会影响另一个. R 中默认的图形边空常常太大,以至于有时图形窗口较小时边空占了整个图形的很大一部分. 通常我们可以取消右边空,并且在不用标题时可以大大缩小上边空.例如,下例可以生成十分紧凑的图形:

```
>oldpar=par(mar=c(2,2,1,0.2))
```

>plot(x,y)

在一个页面上画多个图时边空自动减半,但往往还需要进一步减小边空才能使多个图有意义.

(ⅳ)一页多图

R 还可以在同一页面开若干个按行、列排列的窗格,在每个窗格中可以作一幅图. 每个图有自己的边空,而所有图的外面都可以包一个"外边空",见图 2-17.

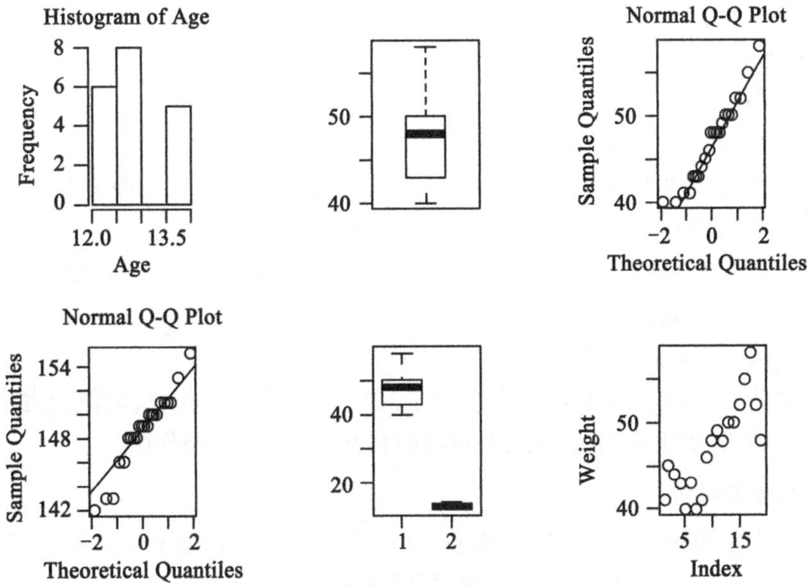

图 2-17 一页多图

一页多图用参数 mfrow 或 mfcol 规定,例如:

>par(mfrow=c(3,2))

表示同一页有 3 行 2 列,共 6 个图,而且次序为按行填放.类似地,

>par(mfcol=c(3,2))

规定相同的窗格结构,但是次序为按列填放,即先填满第一列的 3 个,再填第二列. 要取消一页多图只要再运行:

> par(mfrow=c(1,1))

即可.

默认时无外边空.为了规定外边空大小,可以在 par()中使用参数 omi 或 oma.omi 以英寸为单位,oma 以文本行高为单位.两个参数均为包含 4 个元素

的向量,分别给出下、左、上、右方的边空大小.例如:

```
> par( oma=c(3,3,2,3))
```

函数 mtext( )用来在左边空中加文本标注.其用法为

```
mtext( text, side=3, line=0, outer=FALSE)
```

其中 text 为要加的文本内容,side 表示在哪一边写(1 为下,2 为左,3 为上,4 为右), line 表示边空从里向外数的第几行(最里面的一行是第 0 行). outer=FALSE 时使用外边空,否则会使用当前图的边空. 例如:

```
>par( mfrow=c(2,2), oma=c(0,0,3,0), mar=c(2,1,1,0.1))
>plot(x); plot(y); boxplot(list(x=x, y=y)); plot(x, y)
> mtext("Simulation Data", outer=T, cex=1.5)
```

在多图环境中还可以用 mfg 来直接跳到某一个窗格,比如:

```
>par( mfg=c(2,2,3,2))
```

表示在 3 行 2 列的多图环境中直接跳到第二行第二列位置. mfg 中的后两个数表示多图环境的行、列数,前两个数表示要跳的位置.

可以不使用多图环境而直接在页面中的任意位置产生一个窗格来绘图,参数为 fig, 例如:

```
> par( fig=c(4,9,1,4)/10)
```

此参数为一个向量,分别给出窗格的左、右、下、上边缘的位置,取值为占全页面的比例,比如上面的例子中,在页面的右下方开一个窗格作图.

8.图形设备

R 中作的图支持各种图形设备,其中常用的是显示器和 PostScript 打印机. 在一个运行期间可以有多个图形设备同时存在.在 R 中,用

```
x11( )
```

打开图形窗口绘图. 再次调用这样的函数将打开第二个图形窗口. 用

```
dev.list( )
```

可显示已打开的图形设备列表. 要关闭一个图形设备,用

```
dev.off( )
```

这可以使得图形得以完成,例如,对于 PostScript 设备,关闭设备时可完成打印或存盘.用 graphics.off( ) 函数可以关闭所有打开的图形设备.

MS Windows 下的 R 可以把显示窗口中的图形复制到剪贴板或保存为各种格式的图形文件,包括 WMF、PostScript、PDF、PNG、BMP 以及 JPEG. 这样可以用 R 生成所需的图形,然后存为需要的格式. 如果用 MS Word 排版,则可以把屏幕图形存为 WMF 等格式. 生成 PostScript 文件的设备可以用如下函数打开:

```
>PostScript (file="result.ps", horizontal=FALSE, width=5, height=3)
```

这时用图形命令生成一个页面的图形,然后用 dev.off( )关闭设备,则可生成文件 result.ps( ).PostScript( )函数中的 horizontal 参数指定是否将图旋转 90 度,使得 x 轴平行于纸的长度. width 和 height 规定图的宽和高,单位是英寸(1 英寸等于 2.54 厘米).

在打开了多个图形设备后,可以用 dev.set( )函数来选择当前设备. dev.next( )和 dev.prev( )分别返回下一个和上一个图形设备.

9.极坐标图形的绘制

R 绘制极坐标图形的命令是 polar.plot(r,θ).例如绘制 $r=2\cos\left(2\left(\theta-\frac{\pi}{8}\right)\right)$ 的图形,其中 $0\leqslant\theta\leqslant2\pi$.首先加载 library(plotrix),令 theta = seq(0,2 * pi,by = 0.01 * 2 * pi),r = 2 * cos(2 * (theta-pi/8)),运行 polar.plot(r,theta,method = 2)得到图 2-18.

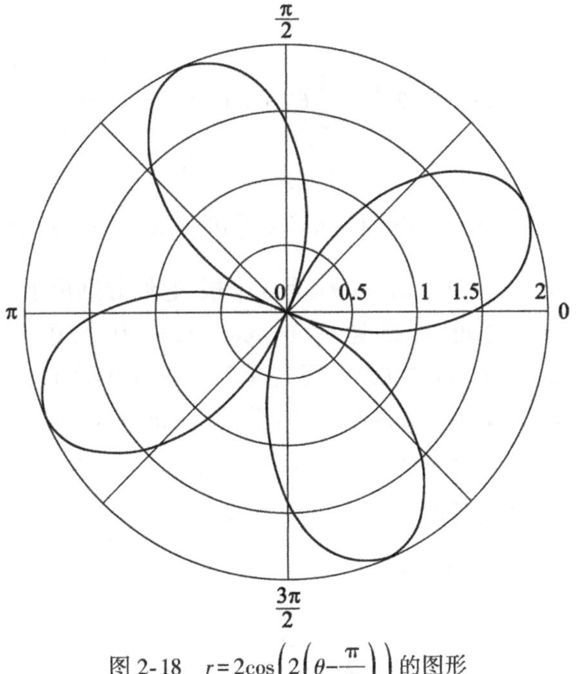

图 2-18 $r=2\cos\left(2\left(\theta-\frac{\pi}{8}\right)\right)$ 的图形

2.10 解方程

在求解极大似然方程时,有时很难直接得到其显式解,需要用数值方法.

因此在本节中我们对用R求解方程进行介绍.

1.求一元多项式的根

设一元多项式为

$$f(x)=a_0+a_1x+\cdots+a_{n-1}x^{n-1}+a_nx^n.$$

用R求解上式的根的程序为

>a=c(a_0,a_1,…,a_n);polyroot(a)

例如,求函数$f(x)=3x^3+x-4$的根.

令 a=c(-4,1,0,3),并运行 polyroot(a)得到此函数的3个根分别为1,-0.5+1.040833i,-0.5-1.040833i.

2.求一元非线性方程的解

假设方程为$f(x)=0$.如果要求它的解,但又不知其解的范围,那么可先画出函数$f(x)$的曲线图,观察自变量x的取值范围,再利用R程序 uniroot()得到其解.

例如,求方程

$$\frac{1}{2}(1-\theta)^4-2\theta(1-\theta)^3-\frac{1}{2}\theta^4+2\theta^3(1-\theta)=0,\quad \theta\in[0,1]$$

的解.

令$f(\theta)=\frac{1}{2}(1-\theta)^4-2\theta(1-\theta)^3-\frac{1}{2}\theta^4+2\theta^3(1-\theta)$,作出$f(\theta)$的图,见图2-19.从图2-19中可看出,$f(\theta)$有3个根,它们分别位于(0.2,0.3),(0.4,0.6),(0.7,0.9)之间.直接运行 uniroot(f,c(0.2,0.3)),uniroot(f,c(0.4,0.6)),uniroot(f,c(0.7,0.9))得到3个根分别为0.211,0.5,0.789.

或者先加载包 library(rootSolve),然后运行 uniroot.all(f,c(0,1))可以得到$f(\theta)$在区间(0,1)内的以上3个根.

3.求非线性方程组的解

例如,设非线性方程组为

$$\begin{cases}x^2+y^2=1,\\ y^2=2x.\end{cases}$$

求上述非线性方程组的解.运行下述程序:

```
>model=function(x){c(F1=x[1]^2+x[2]^2-1,F2=x[2]^2-2*x[1])}#定义方程
>library(rootSolve)#加载 rootSolve 包
>multiroot(model,c(1,1))
```

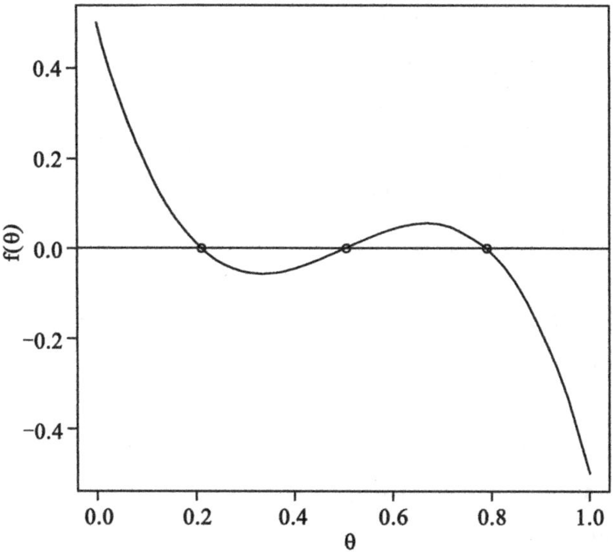

图 2-19 $f(\theta)$ 的曲线图

```
$ root
[1] 0.4142136 0.9101797
$ f.root
     F1          F2
6.43565e-10 6.39019e-10
$ iter
[1] 5
$ estim.precis
[1] 6.43565e-10
```

得到解 $x = 0.4142$, $y = 0.9102$.

注:选择的初始值必须使 Jacobi 行列式不为零.

4.微商的计算

例如,已知 $y = \log(x + \sqrt{1 + x^2})$, 求 y', y''.

首先,定义函数:

```
>y=expression(log(x+sqrt(1+x^2)))
>deriv(y,"x")#求 y 关于 x 的一阶导
    expression({
```

```
    .expr2 <- 1 + x ^ 2
    .expr4 <- x + sqrt(.expr2)
    .value <- log(.expr4)
    .grad <- array(0, c(length(.value), 1L), list(NULL, c("x")))
    .grad[, "x"] <- (1 + 0.5 * (2 * x * .expr2^ -0.5))/.expr4
        attr(.value, "gradient") <-.grad
    .value
})
```

其中 .grad[, "x"] <-(1 + 0.5 * (2 * x * .expr2^ -0.5))/.expr4 即为 y',再运行 deriv3(y,"x") 得到

```
expression({
    .expr2 <- 1 + x^ 2
    .expr4 <- x + sqrt(.expr2)
    .expr6 <- 2 * x
    .expr7 <- .expr2^ -0.5
    .expr10 <- 1 + 0.5 * (.expr6 * .expr7)
    .value <- log(.expr4)
    .grad <- array(0, c(length(.value), 1L), list(NULL, c("x")))
    .hessian <- array(0, c(length(.value), 1L, 1L), list(NULL,
        c("x"), c("x")))
    .grad[, "x"] <- .expr10/.expr4
    .hessian[, "x","x"] <- 0.5 * (2 * .expr7 + .expr6 * (-0.5 *
        (.expr6 * .expr2^ -1.5)))/.expr4 - .expr10 * .expr10/.expr4^
        2
    attr(.value, "gradient") <- .grad
    attr(.value, "hessian") <- .hessian
    .value
    })
```

其中 hessian[, "x","x"] <- 0.5 * (2 * .expr7 + .expr6 * (-0.5 * (.expr6 * .expr2^ -1.5)))/.expr4 - .expr10 * .expr10/.expr4^ 2 即表示所求的 y''.

用 R 不仅可以计算函数的极限、积分表达式,还可以解决优化问题,但这不是本书的目的,所以不作详细介绍.有兴趣的读者可以参考 R 的“帮助”文件.

练 习 2

1.如何安装 R 软件？如何下载和安装极坐标软件包 plotrix？

2.如何调用并读取 C：中的 data.txt 文件？如何读取 Excel 数据？

3.R 中的向量默认时是行向量还是列向量？在矩阵中 byrow=TRUE 是什么含义？什么叫对象？

4.在 R 的列表中元素的长度必须一样吗？R 的列表有维数吗？数据框有维数吗？

5.如何产生三阶单位矩阵？如何求矩阵的逆和矩阵的转置？

6.解释函数 legend( )的作用，各参数代表什么含义？

7.如何求解微分方程 $y'+3y-e^x=x$，且 $y(0)=1$.

8.假设有 2008 年××市住房销售数据如下：

月份	总套数	$90m^2$ 以下	$90\sim120m^2$	$120\sim140m^2$	$140m^2$ 以上
08.1	3517	726	1117	1042	632
08.2	1428	272	463	432	261
08.3	3659	940	1213	989	517
08.4	2957	800	944	750	462
08.5	4516	1194	1439	1261	667
08.6	4382	1229	1418	1140	595
08.7	4258	1129	1392	1164	573
08.8	2941	808	972	749	411
08.9	2318	682	746	557	334
08.10	3278	1025	1096	726	430
08.11	4253	1278	1385	986	604
08.12	4027	1088	1355	1043	541

画出各类住房的散点图、条形图、Q-Q 图、箱型图、茎叶图、核密度估计曲线图，并将上述图设置不同颜色，再将各类住房的上述图形分别画在不同的页面上.

第 3 章
常用统计分析

调用 R 函数可以完成基本的统计分析.下面介绍如何用 R 进行描述统计、探索性数据分析、分布研究和常见的假设检验,还可以求置信区间.

3.1 单变量数据分析

对存放在向量或数据框中的变量可以用 smmary( ) 函数来计算几个描述性统计量.例如:

```
>c1=read.table("c:/simR/class.txt",
    + col.names=c("Name","Sex","Age","Height","Weight"))
>summary(c1)
Name          Sex    Age              Height           Weight
车丰: 1       F: 9   Min.   :12.00    Min.   :142.0    Min.   :40
陈碧: 1       M:10   1st Qu.:12.00    1st Qu.:147.0    1st Qu.:43
陈凯: 1              Median :13.00    Median :149.0    Median :48
陈美玲: 1            Mean   :12.95    Mean   :148.5    Mean   :47
胡进: 1              3rd Qu.:13.50    3rd Qu.:150.5    3rd Qu.:50
胡敏: 1              Max.   :14.00    Max.   :155.0    Max.   :58
(Other):13
```

对数值型变量计算了平均值、最大值、最小值、中位数、四分之一和四分之三分位数,对因子计算了频数统计.

对数值型变量 x 也可以用 mean, sd, var, median, min, max 等函数来计算其简单统计量.可以用 stem(x) 绘制 x 的茎叶图,用 hist(x) 画直方图,用 boxplot(x) 画盒形图,用 qqnorm(x) 和 qqline(x) 画正态 Q-Q 图.

为了估计数值型变量的分布密度,除了用 hist( ) 画直方图外,还可以用 density( ) 函数进行非参数密度估计.例如:

```
>attach(c1)
```

```
>plot(density(Height),main="Heightdensity")
```

结果见图 3-1. 还可以设法把核密度曲线加到直方图上,例如:

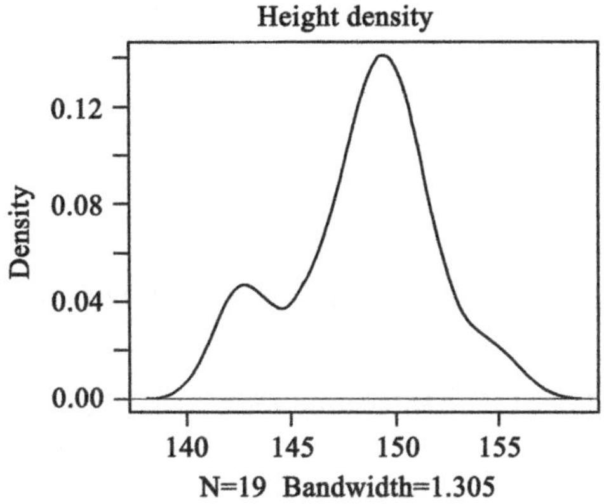

图 3-1　核密度曲线

```
>h1=hist(Height,prob=T,plot=T) $ density
>h2=density(Height)
>hist(Height,prob=T,ylim=range(h1,h2 $ y))
>lines(h2)
```

结果见图 3-2.

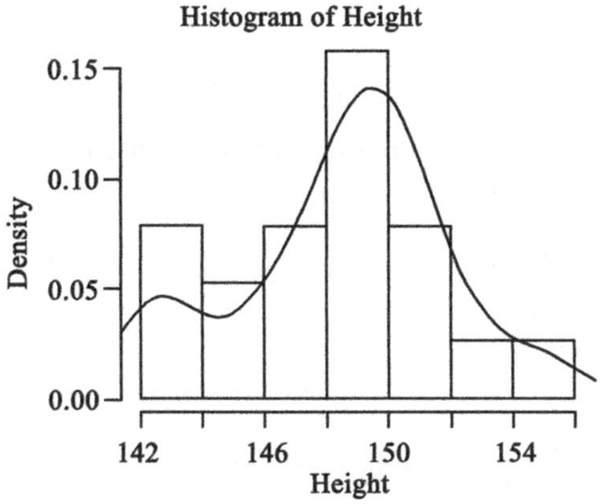

图 3-2　身高直方图与核密度估计曲线

对因子(分类变量)f 可以用 table(f)统计其频数分布,用 plot(f)画其频数

分布图.例如:

```
>table(Sex)
    Sex
    F M
    9 10
```

3.2 假设检验

R中的stats程序包(package)提供了常见的假设检验功能.stats包默认时自动调入.

为了检验正态性,只要调用shapiro.test()函数就可以做Shapiro-Wilk检验:

```
    >shapiro.test(Height)
        Shapiro-Wilk normality test
    data: Height
    W = 0.9496, p-value = 0.3888
```

可见身高数据的正态性很好.

函数t.test()可以进行单总体的t检验、两独立总体的t检验和成对t检验.例如,下面的程序检验身高均值是否为148.5:

```
>t.test(Height,mu=148.5)
        One Sample t-test
    data: Height
    t = 0.034, df = 18, p-value = 0.9732
    alternative hypothesis: true mean is not equal to 148.5
    95 percent confidence interval:
    146.9008      150.1518
    sample estimates:
    mean of x
    148.5263
```

默认时进行的是双侧检验. 为了进行单侧检验,可以指定alternative="greater"或"less". 例如:

```
>t.test(Height,mu=148.5,alternative="less")
        One Sample t-test
    data: Height
```

```
t = 0.034, df = 18, p-value = 0.5134
alternative hypothesis: true mean is less than to 148.5
95 percent confidence interval:
-Inf      149.868
sample estimates:
mean of x
148.5263
```

对于用分组变量表示的两个独立组,可以用 t.test(分析变量~分组变量)的调用形式进行独立两组的 t 检验. 例如:

```
>t.test(Height~ Sex)
                    Welch Two Sample t-test
data: Height by Sex
t = -2.1811, df = 14.832, p-value = 0.0457
alternative hypothesis: true difference in means is not equal to 0
95 percent confidence interval:
-6.15437234    -0.06784988
sample estimates:
mean in group F      mean in group M
     146.8889             150.0000
```

注意,上面用的是不需要假定两组方差相等的 Welch 检验. 如果假定两组方差相等,则可以在函数调用中增加参数 var.equal=TRUE. 如果两个独立组放在两个变量 x1 和 x2 中,则可以直接用 t.test(x1,x2)进行比较.

用 wilcox.test(分析变量~分组变量)或 wilcox.test(x1,x2)可以进行独立两组的 Wilcoxon 秩和检验.

对于配对观测的变量 x 和 y,比较时只需用 t.test(x,y,paired=True).用 wilcox.test(x,y,paired=True)可以进行 Wilcoxon 秩和检验.

3.3 R 统计模型简介

R 中实现了几乎所有常见的统计模型,而且多种模型可以用一种统一的观点表示和处理.本节只介绍用 R 对模型作分析,而不介绍模型的原理.

1.统计模型的表示

很多统计模型可以用一个线性模型来表示:

$$y_i = \sum_{j=0}^{p} \beta_j x_{ij} + e_i, \quad e_i \overset{\text{i.i.d.}}{\sim} N(0, \sigma^2), \quad i = 1, \cdots, n,$$

写出矩阵形式为

$$\boldsymbol{y} = X\boldsymbol{\beta} + \boldsymbol{e}.$$

其中 y 为因变量，X 为模型矩阵或称设计矩阵，各列为 $x_0, x_1, \cdots, x_p$ 等自变量，x_0 中的所有元素为1，确定此模型的截距项.

在R中，模型是一种对象，其表达形式称为一个公式(formula).下面先举几个例子.假定 y,x,x0,x1,…是数值型变量，X是矩阵，A,B,C,…是因子.

- y~x,y~1+x　两个式子都表示y对x的简单一元线性回归.第一个式子带有隐含的截距项，而第二个式子把截距项显式地写出来了.
- log(y)~x1+x2　表示log(y)对x1和x2的二元回归，带有隐含的截距项.
- y~ploy(x,2),y~1+x+I(x^2)　表示y对x的一元二次多项式回归.第一种形式使用正交多项式，第二种形式直接使用x的各幂次.
- y~A　单因素方差分析，指标为y，分组因素为A.
- y~A+x　单因素的协方差分析，指标为y，分组因素为A，协变量为x.
- y~A*B,y~A+B+A:B,y~A% in %B,y~A/B　非可加两因素方差分析，指标为y，分组因素为A,B.前两个公式表示相同的交叉分类设计，后两个公式表示相同的嵌套分类设计.
- y~(A+B+C)^2,y~A*B*C-A:B:C　表示三因素试验，只考虑两两交互作用而不考虑三因素的交互作用.两个公式是等价的.
- y~A*x,y~A/x,y~A/(x+1)-1　都表示对因子A的每一水平拟合y对x的线性回归，但三个公式的编码方式不同.最后一种形式对A的每一水平都分别估计截距和斜率项.
- y~A*B+Error(C)　表示有两个处理因素A和B，误差分层由因素C确定的设计.

在R中，~运算符用来定义模型公式.一般的线性模型公式为

因变量~第一项[±]第二项[±]第三项[±]…

其中因变量可以是向量或矩阵，或者结果为向量或矩阵的表达式.[±]是加号+或者减号-，表示在模型中加入一项或去掉一项.第一项前面若是加号，则可以省略.

公式中的各项可以取为：

- 一个值为向量或矩阵的表达式，或**1**.
- 一个因子.

- 一个"公式表达式",由因子、向量和矩阵通过"公式运算符"连接而成.

每一项都定义了要加入模型矩阵或从模型矩阵中剔除的若干列.**1** 表示一个截距项列,除非显式地删除,否则总是隐含地包括在模型公式中. 下面列出了各运算符的简要说明.

- y~M　y 作为因变量,由 M 解释.
- M1+M2　加入 M1 和 M2.
- M1-M2　加入 M1 但去掉 M2 指定的项.
- M1:M2　为 M1 和 M2 的张量积.如果两项都为因子,则为因子的交互作用.
- M1 %in% M2　与 M1:M2 类似但模型矩阵编码方式不同.
- M1 * M2　等于 M1+M2+M1:M2.
- M^n　M 中所有各项以及所有到 n 阶为止的交互作用.
- **I**(M)　将 M 隔离,使得 M 中的运算符按照原来的算术运算符解释而不是按公式元素符解释. 表达式 M 的结果作为公式的一项.

注意,在函数调用的括号内的表达式按普通四则运算解释. 函数 I( ) 可以把一个计算公式封装起来作为模型的一项使用.R 的模型表示只给出了因变量和自变量以及自变量间的关系,这样只确定了线性模型的模型矩阵,而模型参数向量是隐含的,并没有在模型公式中体现出来. 这种做法使用于线性模型,但不具有普遍性,例如非线性模型就不能这样表示.

2. 线性回归模型

拟合普通的线性模型的函数为 lm( ),其简单的用法为

```
>fitted.model=lm(formula,data=data.frame)
```

其中,data.frame 为各变量所在的数据框,formula 为模型公式,fitted.model 是线性模型拟合结果对象(其 class 属性为 lm).例如:

```
> attach(c1)
> model1=lm(Weight ~ Height+Age,data=c1.frame)
> model1
```

可以拟合一个 Weight 对 Height 和 Age 的二元回归(带有隐含的截距项),数据来自数据框 c1. 拟合的结果存入到对象 model1 中.注意,不论数据框 c1 是否已用 attach( ) 连接到当前运行环境,都可被 lm( ) 使用. lm( ) 的基本显示十分简练:

```
Call:
lm(formula = Weight ~ Height + Age, data = c1.frame)
```

```
Coefficients:
(Intercept)     Height     Age
-141.224        3.597      1.278
```

3. 提取信息的通用函数

lm( )函数的返回值称为模型拟合结果对象,本质上是一个具有类属性值 lm 的列表,有 model、coefficients、residuals 等成员. 为了获得更多的拟合信息,可用对 lm 类对象有特殊操作的通用函数. 这些函数有:add1( ), coeff( ), effects( ),kappa( ), predict( ), residuals( ), alias( ), deviance( ),family( ), labels( ), print( ), summary( ),anova( ),drop1( ),formula( ),plot( ),proj( ). 例如:> predict(model1)

> family(model1)

下面列出了 lm 类(拟合模型类)常用的通用函数的简单说明.

- anova(对象 1,对象 2)　把一个子模型与原模型比较,生成方差分析表.
- coefficients(对象)　返回回归系数(矩阵),可简写为 coef(对象).
- deviance(对象)　返回残差平方和,若有权重,则加权.
- formula(对象)　返回模型公式.
- plot(对象)　绘制模型的几种图,如残差对预测值图.
- predict(对象,newdata=数据框),predict.gam(对象,newdata=数据框)

  有了模型拟合结果以后对新数据进行预报. 指定的新数据必须与建模时用的数据具有相同的变量结构. 函数结果为对数据框中每一观测的因变量的预报结果(为向量或矩阵).

  predict.gam( )与 predct( )相同但适应性更广,可应用于 lm、glm 和 gam 的拟合结果.比如,当多项式基函数用了正交多项式时,加入新数据会导致正交多项式基函数改变,用 predict.gam( )可以避免由此引起的偏差.
- print(对象)　简单显示模型拟合结果. 一般不用 print( ),而是直接键入对象名来显示.
- residuals(对象)　返回模型残差(矩阵),若有权重,则适当加权. 可简写为 resid( ).
- summary(对象)　可显示较详细的模型拟合结果.

4. 方差分析

方差分析经常用于研究取离散值的因素对一个数值型指标的影响.R 中

进行方差分析的函数是 aov( ),格式为 aov(公式,data=数据框),用法与 lm( )类似,提取信息的各通用函数仍有效.

假设有不同品牌的木板磨损比较的数据保存在"c:/simR/veneer.tex"中.如:

```
>c2=read.table("c:/simR/veneer.txt",col.names=c("Brand","Wear"));c2
```

	Brand	Wear		Brand	Wear
1	ACME	2.3	11	AJAX	1.9
2	ACME	2.1	12	AJAX	2.1
3	ACME	2.4	13	TUFF	2.4
4	ACME	2.5	14	TUFF	2.7
5	CHAMP	2.2	15	TUFF	2.6
6	CHAMP	2.3	16	TUFF	2.7
7	CHAMP	2.4	17	TUFF	2.3
8	CHAMP	2.6	18	TUFF	2.5
9	AJAX	2.2	19	TUFF	2.3
10	AJAX	2.0	20	TUFF	2.4

首先把每个品牌木板的磨损情况画盒形图并且放在同一页面中,函数如下:

```
> plot(Wear Brand,data=c2)
```

结果见图 3-3.这种图可以直观地比较一个变量在多个组的分布,或者比较几个类似的变量.从图中可以看出,AJAX 的较好,TUFFY 的较差,其他两个品牌差别不显著.

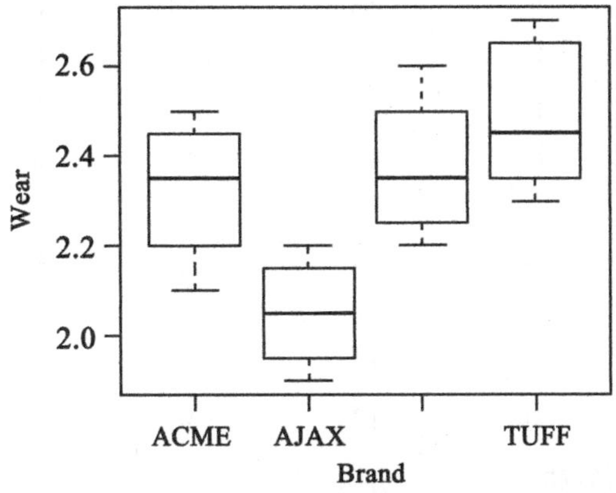

图 3-3 各品牌磨损的箱型图

为了检验品牌这个因素对指标磨损量有无显著影响,调用函数 aov( ):

```
>   aov.c2 = aov( Wear ~ Brand, data = c2)
>   summary( aov.c2)
            Df   Sum Sq    Mean Sq   F value   Pr( >F)
Brand       3    0.51575   0.17192   6.6481    0.003998 **
Residuals   16   0.41375   0.02586
---
Signif. codes: 0'***'  0.001'**'  0.01'*'  0.05 '.'  0.1 ' '  1
```

可见品牌因素是有显著差异的.

3.4 回归分析实例

下面以"c:/simR/class.txt"的数据为例进行分析. 我们希望理解体重、身高、年龄和性别等变量的基本情况以及相互关系.

1.数据输入

假设数据放在文本文件"c:/simR/class.txt"中,没有列标题,各变量上下对齐.先把数据读入一个 R 数据框对象中:

```
>   c1 = read.table( "c:/simR/class.txt",
+       col.names = c( "Name", "Sex", "Age", "Height", "Weight"),
+        row.names = "Name")
> c1
          Sex    Age    Height   Weight
  李丽    F      13     148      41
  王菲    F      13     150      45
  胡敏    F      14     151      44
  李艳    F      14     149      43
  马莉    F      12     143      40
  …       …      …      …        …
  胡进    M      14     153      55
  车丰    M      14     155      58
  王建军  M      12     149      52
  汪平    M      12     148      48
```

2.探索性数据分析

若要研究各变量的分布情况,看是否接近正态,有无明显的异常值,有没有明显的序列关系,等等,那么我们可定义函数来画出常见的探索性数据分析图形,给出一种直观上的了解.对连续型变量可以画直方图、箱型图、分布密度估计图和正态概率图;对离散型变量只要画其分布频数条形图即可,分布频数用 table( )函数计算.研究序列相关性,可以作时间序列图和自相关函数图.因为这些图经常重复使用,我们定义函数 eda.shape( )和 eda.ts( ),将上述分析图形在同一页面画出,用以探讨各数值型变量的分布情况.

```
eda.shape=function(x) {
        oldpar=par(mfcol=c(2,2),
        mar=c(2,2,0.2,0.2),mgp=c(1.2,0.2,0))
        hist(x,main="",xlab="",ylab="")
        plot(density(x),xlab="x",ylab="",main="")
        boxplot(x)
        qqnorm(x,main="",xlab="",ylab="")
        qqline(x)
        par(oldpar)
        invisible()
    }
eda.ts=function(x){
      oldpar=par(mfcol=c(2,1),
      mar=c(2,2,1,0.2),mgp=c(1.2,0.2,0))
      plot.ts( x,xlab="x",main="")
      acf( x,xlab="x",main="")
      par(oldpar)
      invisible()
      }
```

函数中最后的 invisible( )表示在命令行调用此函数时不要显示任何返回值.函数 density( )用来作核密度曲线估计.接着把数据框 c1 连接入当前的搜索路径中,以便直接使用 c1 中的变量名.利用下述命令画出图 3-4 和图 3-5.

```
>attach(c1)
>eda.shape(Height)
>eda.ts(Height)
```

从图 3-4 可以看出,身高的分布接近正态分布且无明显的异常点.

因为数据是不同个体的观测,不可能有序列关系,所以没必要画出身高的时间序列图.为了研究数值型变量 Weight、Height 和 Age 间的关系,我们用

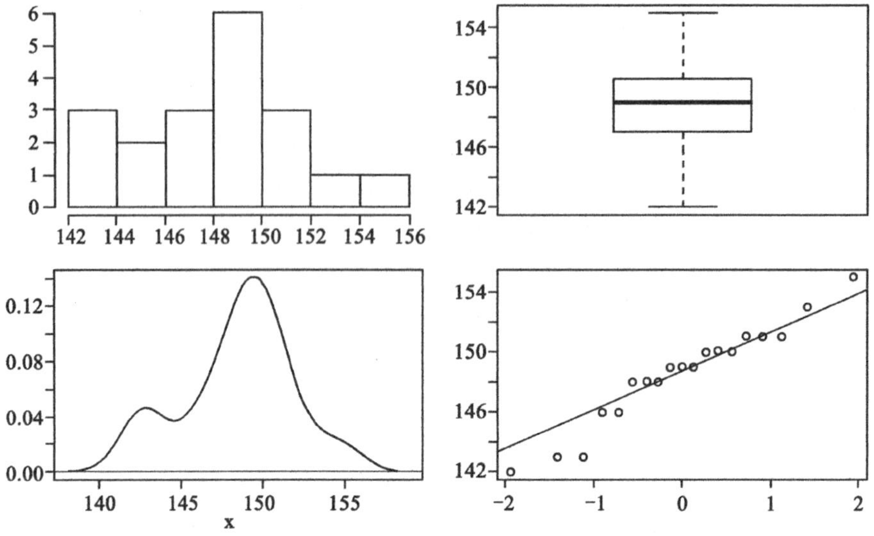

图 3-4　身高的描述性统计图

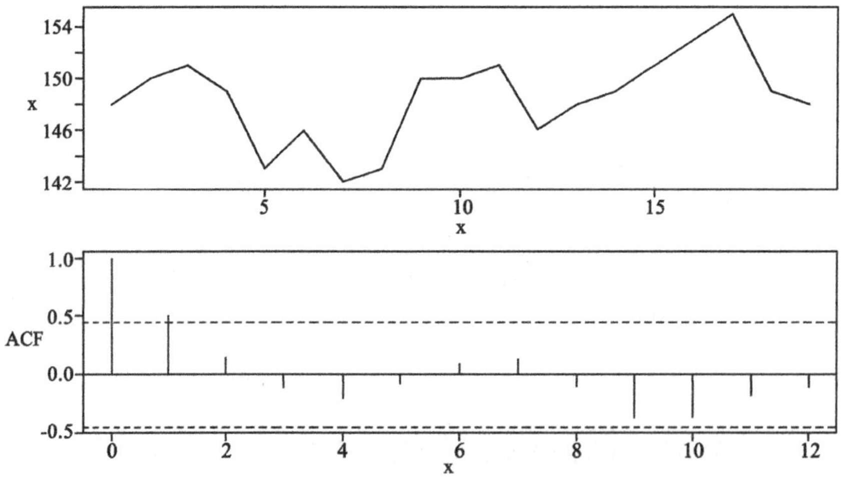

图 3-5　身高的折线图及自相关图

pairs(cbind(Height,Weight,Age))画出其散点图阵(图 3-6).从散点图矩阵可以看出,三个变量之间都可能有线性相关关系.

为了研究因子 Sex 对其他变量的影响,可以画 Sex 在不同水平上各变量的箱型图,程序如下:

```
> oldpar=par(mfcol=c(1,3))
```

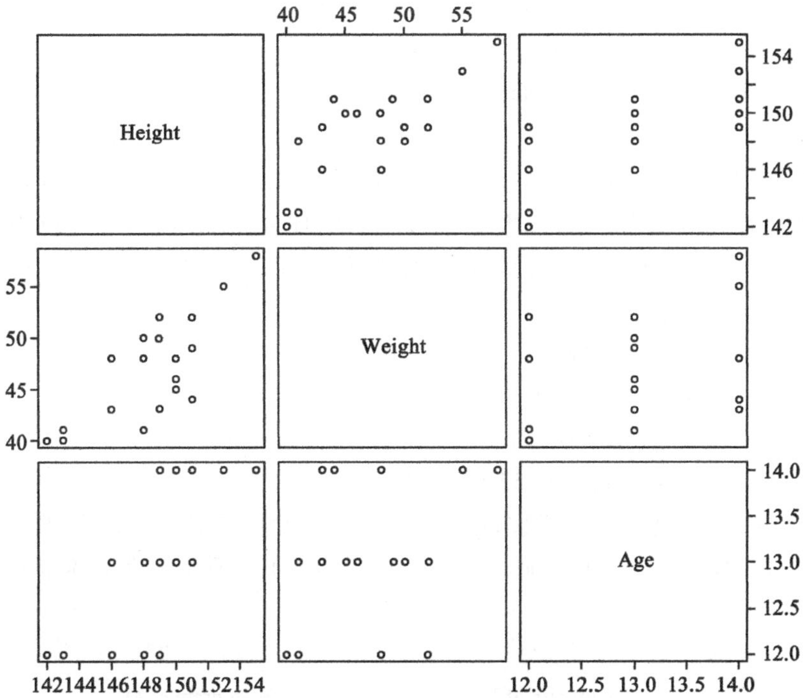

图 3-6　身高、体重和年龄的散点图阵

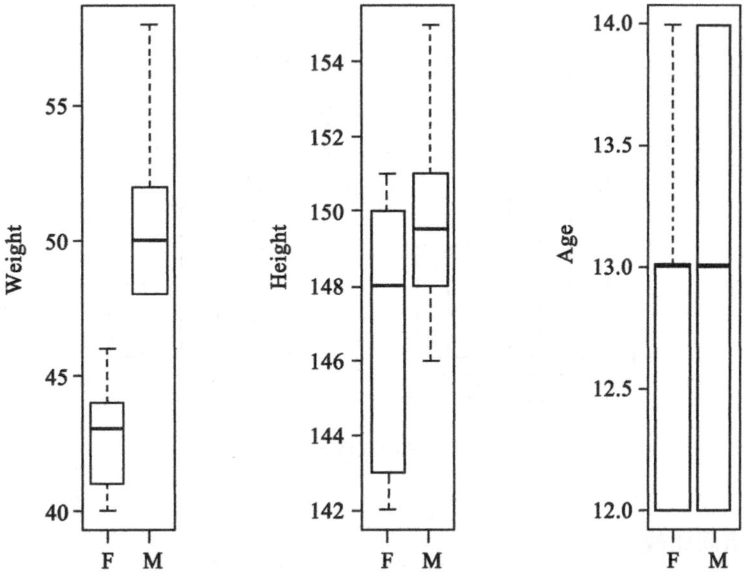

图 3-7　男女身高、体重和年龄的箱型图

```
> boxplot(Weight ~ Sex,ylab="Weight")
> boxplot(Height~ Sex,ylab="Height")
> boxplot(Age ~ Sex,ylab="Age")
> par(oldpar)
```

从图 3-7 中可以看出,男女的体重、身高有明显的差别,而年龄则差别不明显. 也可以按不同性别对某一变量分别作图或计算.这里只要使用像 Weight[Sex==“F”],Height[Sex==“M”]这样取子集的办法就可以把观测值进行分组.

```
> Weight[Sex=="F"]
[1] 41 45 44 43 40 43 40 41 46
> Weight[Sex=="M"]
[1] 48 49 48 50 50 52 55 58 52 48
```

更进一步,还可以用函数 tapply()直接按一个因子对观测分组,然后用函数 tapply(Weight,Sex,hist)画出图 3-8.从图 3-8 中可看出男女的体重略有差别.

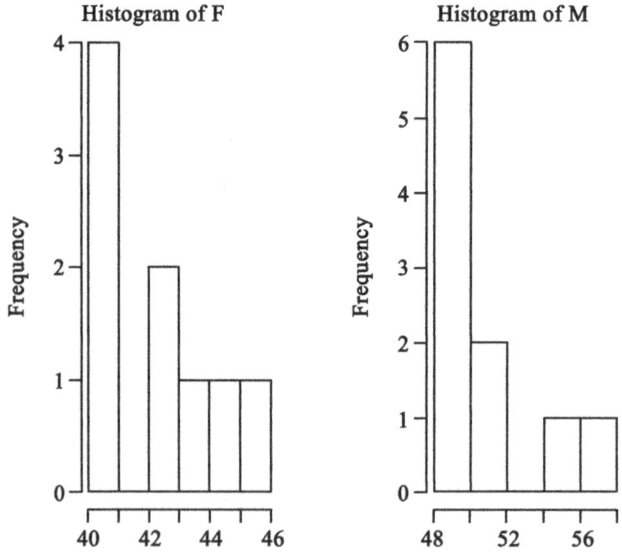

图 3-8　男女体重的条形图

3.组间比较

我们来分析男女的身高有无显著的差别,这是两组的比较问题.上面 EDA

部分的并排盒形图已经提示男女身高有明显差异，这里用统计假设检验给出统计结论.

男女两组可以认为是独立的，而且每组内的观测也可以认为是相互独立的.根据 EDA 的结果可以认为两组都来自正态总体.这样，我们可以使用两样本 t 检验.因为方差是否相等未知，我们干脆用不要求方差相等的近似两样本 t 检验：

```
> attach(c1)
> t.test(Height ~ Sex,conf.level = 0.99)
    Welch  Two  Sample  t-test
data:   Height  by  Sex
t = -2.1811,   df = 14.832,   p-value = 0.0457
alternative  hypothesis:  true difference  in  means  is  not  equal
 to  0
99  percent  confidence  interval:
  -7.321008   1.098785
sample estimates:
mean in group F mean in group M
        146.8889        150.0000
```

结果 p 值为 0.0457，对检验水平 0.01 来说，差异是不显著的.所以从这组样本看，男女的身高没有发现显著差异.

类似可以进行男女体重的比较，p 值为 6.971×10^{-6}，差异极显著.

4.回归分析

下面研究对体重的预报.从散点图矩阵看，体重与身高有明显的线性相关，所以先拟合一个体重对身高的一元线性回归模型：

```
> lm.fit1=lm(Weight ~ Height,data=c1)
> lm.fit1
Call:
lm(formula = Weight ~ Height, data = c1)
Coefficients:
(Intercept)       Height
      -128.559        1.182
> summary(lm.fit1)
Call:
lm(formula = Weight ~ Height, data = c1)
```

```
Residuals:
Min        1Q        Median    3Q       Max
-5.9239   -1.8779    0.5321    2.5761   4.4401
Coefficients:
Estimate Std. Error t value Pr(>|t|)
(Intercept) -128.5589    34.7066    -3.704    0.00176 **
Height        1.1820     0.2336     5.060    9.67e-05 ***
---
Signif. codes: 0 '***' 0.001 '**' 0.01 '*' 0.05 '.' 0.1 ' ' 1
Residual standard error: 3.343 on 17 degrees of freedom
Multiple R-Squared: 0.6009, Adjusted R-squared: 0.5775
F-statistic: 25.6 on 1 and 17 DF, p-value: 9.675e-05
```

拟合的模型方程为 Weight = -128.5589 + 1.182 × Height，复相关系数平方为 0.6009，检验模型的斜率为 0 的 p 值为 9.67×10^{-5}，可见模型是显著的.对于一元回归，可以用命令 abline(lm.fit1) 在因变量对自变量的散点图上叠加回归直线来看回归效果，见图 3-9.

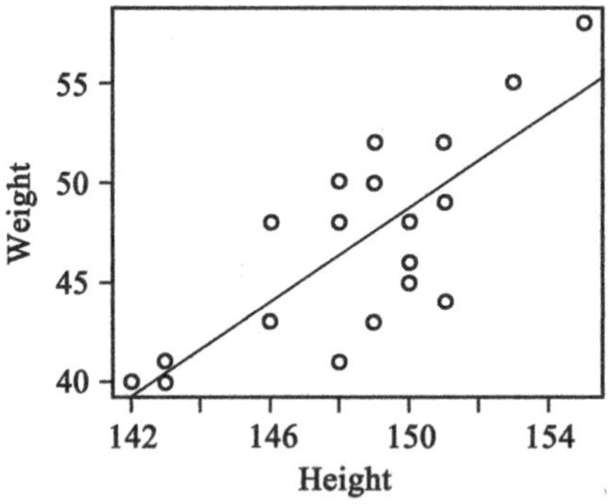

图 3-9　体重对身高的回归直线拟合图

一般地，plot() 函数可以对 lm 拟合结果作出若干幅图形来验证拟合效果. R 中可以作 4 个图：残差对拟合值图，残差的正态概率图，标准化残差绝对值平方根对拟合值图，Cook 距离图.

```
> oldpar=par(mfrow=c(2,2),mar=c(2.5,2,1.5,0.2),mgp=c(1.2,0.2,0))
> plot(lm.fit1)
```

> par(oldpar)

结果见图 3-10.

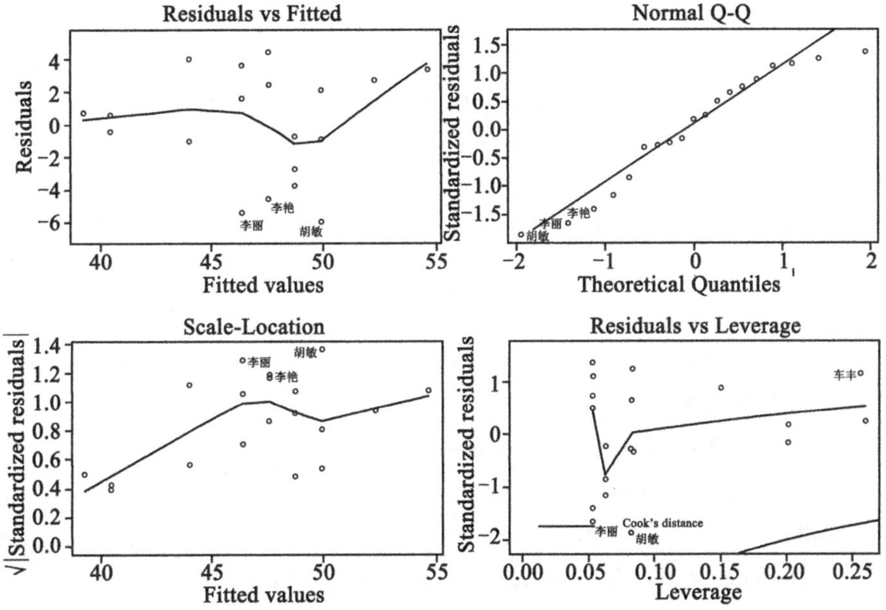

图 3-10 体重对身高的回归诊断图

如果希望每个图都用全窗口来看,则不要设置图形参数.在 4 个图中,残差对拟合值图可以反映残差中残留的结构.如果模型是充分的,残差应该是随机地变化且没有任何模式.残差的正态概率图可以检验线性回归分析的重要假定——误差项服从正态分布是否合理,可以看出残差的分布重尾、轻尾、左偏、右偏等情况. 标准化残差绝对值平方根对拟合值图可以发现残差的异常值点,即拟合最差的点. Cook 距离衡量每一观测对拟合结果的影响大小,数值大的为强影响点,图中自动标出了最突出的点.

从 lm.fit1 的回归诊断图看,残差没有明显的模式,但残差分布有轻微轻尾倾向,没有明显的异常点.

下面我们看加入其他变量能否进一步改善模型的预报能力. 用 add1( ) 函数可以判断加入新的变量是否可以改善模型:

```
>add1(lm.fit1, ~.+ Age + Sex)
Single term additions
Model:
```

```
Weight ~ Height
        Df   Sum of Sq    RSS       AIC
<none>                    189.955   47.745
  Age   1    53.474       136.481   43.463
  Sex   1    138.707      51.248    24.852
```

add1 的结果显示为一个方差分析表. <none> 行是不加变量的情况,Age 行是加入一个变量 Age 后的情况,Sex 行为加入一个变量 Sex 的情况. DF 列为此变量的自由度,Sum of Sq 为该变量对应的平方和,RSS 为加入该变量后的残差平方和,AIC 为加入该变量后的 AIC 统计量值.AIC 较小的模型较好.所以,如果加入某个变量后 AIC 减小,就可以加入此变量.这里加入 Age 和加入 Sex 都使 AIC 变小,所以应该加入这两个变量.

如果一开始就加入了所有变量,则可以用 drop1( ) 函数考察去掉一个变量后 AIC 是否变小:

```
>   lm.fit2=lm(Weight~ Height+Age+Sex, data=c1)
>   summary(lm.fit2)
Call:
lm(formula = Weight ~ Height + Age + Sex, data = c1)
Residuals:
    Min        1Q       Median     3Q       Max
  -2.9448    -0.9273    0.0552    1.0967   3.2369
Coefficients:
Estimate      Std. Error   t          value     Pr(>|t|)
(Intercept)   -83.8401     27.0209    -3.103    0.00728 **
Height        0.9448       0.2444     3.866     0.00152 **
Age           -0.9608      0.9337     -1.029    0.31973
SexM          5.6118       1.0650     5.270     9.44e-05 ***
---
Signif. codes: 0 '***' 0.001 '**' 0.01 '*' 0.05 '.' 0.1 ' '   1
Residual standard error: 1.786 on 15 degrees of freedom
Multiple R-Squared: 0.8994,     Adjusted R-squared: 0.8793
F-statistic: 44.72 on 3 and 15 DF, p-value: 1.021e-07
>  drop1(lm.fit2)
Single term deletions
Model:
```

```
Weight ~ Height + Age + Sex
Df      Sum of Sq     RSS     AIC
<none>                         47.868      25.556
Height      1         47.683   95.551      36.689
Age         1         3.380    51.248      24.852
Sex         1         88.613   136.481     43.463
```

从 summary( ) 的结果看,Age 不显著. 用 drop1( ) 可以发现,去掉 Age 会使 AIC 从 25.556 变小为 24.852,所以应该去掉 Age. 对去掉 Age 后的模型再用 drop1( ),发现 Sex 不应该去掉. 在修改模型或数据改变后重新拟合时还可以使用 update( ) 函数,比如要从 lm.fit2 中去掉 Age,就可以用

```
>    lm.fit3 = update(lm.fit2, ~.-Age )
```

得到最后的模型 lm.fit3.

在自变量个数较多时,R 提供了 step( ) 函数,用来进行逐步回归. 它从一个初始模型开始,自动判断增加或去掉变量,最后得到较好的模型:

```
>    lm.fit0 = lm(Weight 1, data = c1)
>    lm.step = step(lm.fit0, ~.+Height+Age+Sex)
Start: AIC= 63.20
Weight ~ 1
              Df      Sum of Sq      RSS          AIC
+    Sex      1       337.78         138.22       41.70
+   Height    1       286.05         189.95       47.74
+    Age      1       61.75          414.25       62.56
<none>                               476.00       63.20
Step:     AIC= 41.7
Weight ~ Sex
              Df      Sum of Sq      RSS          AIC
+   Height    1       86.97          51.25        24.85
+    Age      1       42.67          95.55        36.69
<none>                               138.22       41.70
- Sex         1       337.78         476.00       63.20
Step: AIC=24.85
Weight ~ Sex + Height
              Df      Sum of Sq      RSS          AIC
<none>                               51.248       24.852
```

+	Age	1	3.380	47.868	25.556
-	Height	1	86.975	138.222	41.704
-	Sex	1	138.707	189.955	47.745

得到适当的模型后,就可以用模型进行拟合或预报. 只需对模型拟合结果用 predict(lm.fit3)函数,即可以得到体重的预报值:

李丽	王菲	胡敏	李艳	马莉	刘玲	朱彤	陈美玲	陈碧	刘劲
43.38	44.86	45.6	44.11	39.68	41.9	38.94	39.68	44.86	51.00
王峰	李明	陈凯	张强	张勇	胡进	车丰	王建军	汪平	
51.74	48.04	49.52	50.26	51.74	53.22	54.7	50.26	49.52	

我们还可以用命令 plot(Weight)和 points(lm.fit3,col="blue",pch=8)做出体重原始数据与预报值的对比图(图 3-11).

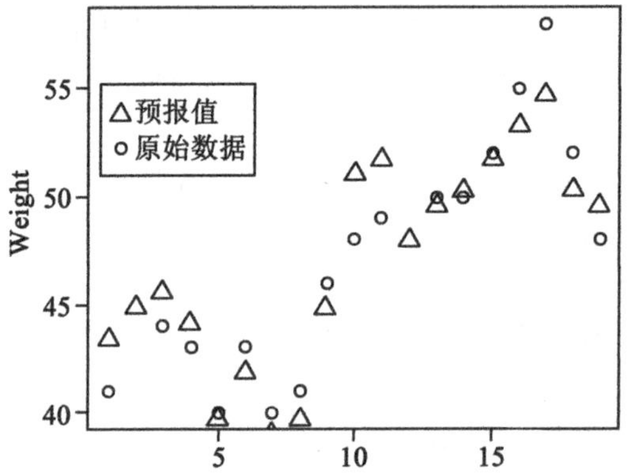

图 3-11　体重原始数据与其预报值的对比图

如果想对新数据做预报,只需在 predict( )函数调用时加入新数据的数据框作为参数:

```
>   new. data = data. frame ( Height = c ( 150, 151. 2, 148, 149. 7 ), Sex =
c("M","F","M","F"))
>   predict(lm.fit3,new.data)
        1           2            3            4
51.00000    45.74517     49.52028     44.63538
```

3.5　随机数的应用

产生随机数是做统计模拟的基础,而如何产生随机数的方法在一般的计算机书籍中都有所介绍,我们在此不再赘述.这里我们只介绍随机数在计算积分上的应用.本书中的随机数若未特别说明都是指 $U(0,1)$ 随机数.

令 $g(X)$ 是一个函数,假设我们要计算 θ :

$$\theta = \int_0^1 g(x)\mathrm{d}x.$$

注意到如果 U 服从 $(0,1)$ 上的均匀分布,那么就有 $\theta = E[g(U)]$. 若 U_1, $U_2,\cdots,U_k$ 是 $(0,1)$ 上的均匀随机变量,则随机变量 $g(U_1),g(U_2),\cdots,g(U_k)$ 是均值为 θ 的独立同分布的随机变量.因此由强大数定律以概率 1 有

$$\sum_{i=1}^{k} \frac{g(U_i)}{k} \to E[g(U)] = \theta \quad \text{当} \quad k \to \infty.$$

从而通过产生大量随机数 u_i 且取 $g(u_i)$ 的平均值作为近似值,我们就能够近似得到 θ, 此近似积分方法称为 Monte Carlo 方法.

我们若要计算

$$\theta = \int_a^b g(x)\mathrm{d}x,$$

可利用变换 $y = \frac{x-a}{b-a}, \mathrm{d}y = \frac{\mathrm{d}x}{b-a}$ 得到

$$\theta = \int_0^1 g(a+(b-a)y)(b-a)\mathrm{d}y = \int_0^1 h(y)\mathrm{d}y,$$

其中 $h(y)=g(a+(b-a)y)(b-a)$. 因此我们连续地产生随机数并将 h 在这些随机数上的取值进行平均,就能近似得到 θ.

计算上述积分的 R 程序:

```
f1=function(n,a,b,g){
     x=runif(n)
    sum((b-a) * g(a+(b-a) * x))/n
    }
```

【例 3.1】 估计积分 $\int_{-2}^{2} \mathrm{e}^{x+x^2}\mathrm{d}x$.

我们先定义函数 $g=\exp(x+x^2)$, 其 R 代码如下:

```
g=function(x)exp(x+x^2)
```

在 R 中再调用函数 f1,

```
>f1(10000,-2,2,g)
```

得到积分值为 92.196.或者直接利用 R 的内嵌积分函数:

```
>integrate(g,-2,2)
```

也可得到积分值为 93.16275(绝对误差小于 0.00062).

类似地,若我们要计算

$$\theta = \int_0^{\infty} g(x)\,\mathrm{d}x,$$

我们通过变换 $y = \dfrac{1}{x+1}, \mathrm{d}y = -\dfrac{\mathrm{d}x}{(x+1)^2} = -y^2\mathrm{d}x$ 得到

$$\theta = \int_0^1 h(y)\,\mathrm{d}y,$$

其中 $h(y) = \dfrac{g\left(\dfrac{1}{y} - 1\right)}{y^2}$.

用随机数估计积分在多元积分中的用途显得更加突出.假设 g 是一个有 n 个自变量的函数,若我们要计算

$$\theta = \int_0^1\int_0^1\cdots\int_0^1 g(x_1,x_2,\cdots,x_n)\,\mathrm{d}x_1\mathrm{d}x_2\cdots\mathrm{d}x_n,$$

首先我们注意到用 Monte Carlo 方法估计 θ 的关键是

$$\theta = E[g(U_1,U_2,\cdots,U_n)],$$

其中 $U_1,U_2,\cdots,U_n$ 是相互独立的 (0,1) 上的均匀分布随机变量.

因此我们产生 k 个独立的集合,每个集合由 n 个独立的 (0,1) 上的均匀分布随机变量构成:

$$\begin{gathered} U_1^1,U_2^1,\cdots,U_n^1 \\ U_1^2,U_2^2,\cdots,U_n^2 \\ \vdots \\ U_1^k,U_2^k,\cdots,U_n^k \end{gathered}$$

因为 $g(U_1^i,U_2^i,\cdots,U_n^i), i=1,2,\cdots,k$ 是具有均值 θ 的独立同分布的随机变量,故我们就可用 $\dfrac{\sum_{i=1}^{k} g(U_1^i,U_2^{\,i},\cdots,U_n^i)}{k}$ 来估计 θ.

【例 3.2】 估计二重积分: $\int_0^1\int_0^1 \mathrm{e}^{(x+y)^2}\mathrm{d}x\mathrm{d}y$, 其 R 程序如下:

```
>X=runif(10000)
>Y=runif(10000)
>f=function(x,y)exp((x+y)^2)
>sum(f(X,Y))/10000
```

运行上述程序得到积分值为 4.907506.

【例 3.3】 (π 的估计)假设随机变量 (X,Y) 是服从面积为 4、中心在原点的正方形上的均匀分布,即它是图 3-12 中的指定区域的随机点.现在我们考虑随机点落在半径为 1 包含在正方形中的圆盘的概率.由于 (X,Y) 是正方

形上的均匀分布,就有

$$P\{(X,Y)\text{ 属于圆盘}\} = P\{X^2 + Y^2 \leqslant 1\} = \frac{\text{圆盘的面积}}{\text{正方形的面积}} = \frac{\pi}{4}.$$

从而,若我们在正方形中产生大量的随机数,则落在圆中的随机数比率近似为 $\frac{\pi}{4}$. 如果 X 和 Y 是独立的且都服从 $(-1,1)$ 上的均匀分布,其联合密度将是

$$f(x,y) = f(x)f(y) = \frac{1}{2}\cdot\frac{1}{2} = \frac{1}{4},\quad -1 \leqslant x \leqslant 1,\quad -1 \leqslant y \leqslant 1.$$

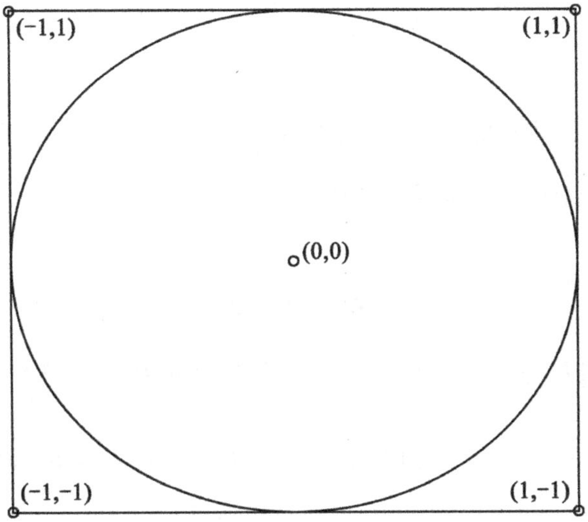

图 3-12 随机数的投点

因为 (X,Y) 的联合密度在正方形中为常数,由定义知, (X,Y) 在正方形中服从均匀分布.如果 U 服从 $(0,1)$ 上的均匀分布,那么 $2U$ 服从 $(0,2)$ 上的均匀分布,等等, $2U-1$ 服从 $(-1,1)$ 上的均匀分布.因此如果我们产生随机数 U_1 和 U_2, 令 $X = 2U_1 - 1$ 和 $Y = 2U_2 - 1$, 并定义

$$I = \begin{cases} 1, \text{若} X^2 + Y^2 \leqslant 1, \\ 0, \text{否则}. \end{cases}$$

那么

$$E[I] = P\{X^2 + Y^2 \leqslant 1\} = \frac{\pi}{4}.$$

从而我们能用大量的随机数对 u_1, u_2 来估计 $\frac{\pi}{4}$, 也就是用满足 $(2u_1 - 1)^2 +$

$(2u_2-1)^2 \leqslant 1$ 的点与正方形中点的比值来估计 $\frac{\pi}{4}$. 其R程序如下：

```
f=function(n){
        k=0;u1=runif(n);u2=runif(n)
        X=2*u1-1;Y=2*u2-1
        for(i in 1:n){
           if(X[i]^2+Y[i]^2<=1)
              k=k+1
        }
        4*k/n
      }
```

另外一种估计 π 的方法是计算积分 $\int_0^1 \sqrt{1-x^2}\,dx=\frac{\pi}{4}$，这种估计积分的方法在上面已经介绍了，称为平均值法。

练 习 3

1.设 X 服从正态分布 $N(1,2^2)$，用R计算 $P\{X<1.5\}$ 和 $P\{|X-1.5|>1\}$.

2.设 X 服从二项分布 $B(100,0.6)$，用R计算 $P\{X\leqslant 6\}$ 和 $P\{4\leqslant X\leqslant 20\}$.

3.设 X 服从指数分布 $E(1.5)$，计算其0.75分位数和中位数.

4.设 X 服从泊松分布 $P(4)$，计算 $P\{5<X\leqslant 10\}$.

5.设某工厂在正常情况下生产的电灯泡的寿命 X(小时)服从正态分布. 从该工厂生产的一批灯泡中随机抽取10个灯泡，测得其寿命为

1450，1480，1640，1610.1500，1600，1420，1530，1700.1550.

在检验水平 $\alpha=0.01$ 下，试检验这批灯泡的寿命是否显著超过1600小时，并给出其置信度为99%的置信区间.

6.调查某地每亩30万苗和50万苗的稻田，分别得到亩产量数据如下：

30万苗	800	840	870	920	850	835	840	860	865	810		
50万苗	900	880	890	890	840	885	895	880	875	875	885	895

在检验水平 $\alpha=0.01$ 下，试检验两种密度的亩产量是否有显著的差异.

7.某品种水稻糙米含镉量 y(mg/kg) 与地上部生物量 x_1(10g)及土壤含镉量 x_2(100mg/kg)的8组观测值如下：

x_1	1.37	11.34	9.67	0.76	17.67	15.91	15.74	5.41
x_2	9.08	1.89	3.06	10.2	0.05	0.73	1.03	6.25
y	4.93	1.86	2.33	5.78	0.06	0.43	0.87	3.86

试建立二元线性回归方程,并进行检验和预报.

8.用模拟的方法近似计算下列积分,并和已知的精确答案进行比较.

(1) $\int_0^1 (1-x^4)^3 \mathrm{d}x$;

(2) $\int_0^\infty x(1+x^3)^{-4} \mathrm{d}x$;

(3) $\int_{-\infty}^\infty \exp\{-x^2\} \mathrm{d}x$;

(4) $\int_0^\infty \int_0^x 2\mathrm{e}^{-(2x+y)} \mathrm{d}x\mathrm{d}y$.

[提示:令 $I_y(x)=\begin{cases}1, 若y<x\\0, 否则\end{cases}$]

9.用随机模拟的方法计算 $\mathrm{Cov}(U,\mathrm{e}^U)$, 其中 U 是(0,1)上的均匀随机变量,并和你的精确答案进行比较.

10.对(0,1)上的均匀随机变量 $U_1,U_2,\cdots$, 定义

$$N=\min\left\{n: \sum_{i=1}^n U_i > 1\right\}.$$

即, N 等于使其和超过1的随机数的个数.

通过产生10000个 N 的值来估计 $E[N]$, 并猜测 $E[N]$ 的理论值是多少.

11.令 $U_i, i\geqslant 1$ 是随机数序列.定义

$$N=\min\left\{n: \prod_{i=1}^n U_i > \mathrm{e}^{-3}\right\},$$

其中 $\prod_{i=1}^0 U_i \equiv 1$.

(1)模拟计算 $E[N]$.

(2)通过模拟计算 $P\{N=i\}, i=0,1,2,3,4,5,6$.

第4章 模拟随机变量

如果已知某个概率分布,我们如何产生出具有这个分布的随机变量的值呢?本章将介绍一些产生随机变量值的方法.同时,这些内容也是在进行统计模拟时如何进行随机抽样的基础.

4.1 逆变换方法

1.离散随机变量情形

假设需要生成具有如下概率函数的离散随机变量 X 的值

$$P\{X=x_j\}=p_j,\qquad j=0,1,\cdots,\qquad \sum_j p_j=1.$$

为此,先产生一个随机数 U, 并令

$$X=\begin{cases} x_0, 若U<p_0, \\ x_1, 若p_0\leqslant U<p_0+p_1, \\ \vdots \\ x_j, 若\sum_{i=0}^{j-1}p_i\leqslant U<\sum_{i=0}^{j}p_i, \\ \vdots \end{cases}$$

则 X 即为具有此概率函数的随机变量的值.其原理是

若 $0<a<b<1, P\{a\leqslant U<b\}=b-a$, 则有

$$P\{X=x_j\}=P\left\{\sum_{i=1}^{j-1}p_i\leqslant U<\sum_{i=1}^{j}p_i\right\}=p_j.$$

所以 X 就是所求的服从该分布的随机变量.

注: 若 $x_i, i\geqslant 0$ 是有序的且 $x_0<x_1<x_2<\cdots$, 又令 F 表示 X 的分布函数,就有 $F(x_k)=\sum_{i=0}^{k}p_i$, 以及

$$若\quad F(x_{j-1})\leqslant U<F(x_j),\quad 则\quad X=x_j.$$

换言之,在产生随机变量 U 后,我们根据 U 的取值区间 $[F(x_{j-1}),F(x_j))$ 确定

X 的值(或者等价地通过找 $F(U)$ 的逆).因此,上述方法称为生成 X 的离散逆变换方法.

按上述方法产生一个随机变量所花的时间与要找的区间数成比例.正因如此,有时需要按 p_j 的降序来考虑 X 的可能值 x_j.

【例 4.1】 模拟具有如下概率分布的随机变量 X:

$$p_1 = 0.10,\quad p_2 = 0.05,\quad p_3 = 0.40,\quad p_4 = 0.45,\quad \text{其中}\quad p_j = P\{X = j\}.$$

其算法如下:

产生一个随机数 U,

若 $U < 0.10$,则令 $X = 1$ 并停止;

若 $U < 0.15$,则令 $X = 2$ 并停止;

若 $U < 0.55$,则令 $X = 3$ 并停止;

其他,令 $X = 4$.

若要产生 n 个这样的随机变量,其 R 程序为

```
>X=rep(0,n) # 或 X=numeric(n)
>for(i in 1:n){
    u=runif(1)
    if (u<0.1) X[i]=1
    else if (u<0.15) X[i]=2
    else if (u<0.55) X[i]=3
    else X[i]=4
    }
```

然而一个更有效的算法为

产生一个随机数 U,

若 $U < 0.45$,则令 $X = 4$ 并停止;

若 $U < 0.85$,则令 $X = 3$ 并停止;

若 $U < 0.95$,则令 $X = 1$ 并停止;

其他,令 $X = 2$.

当然也可以用 R 的内置函数 sample( )来产生此随机变量:

```
>X=1:4
>p=c(0.10,0.05,0.40,0.45)
>sample(X,5,p=p,replace=TRUE)#产生 5 个可以重复的随机变量 X,
```

replace=TRUE 表示抽样可重复,默认值是 FALSE,表示不重复抽样.

若要产生具有离散均匀分布的随机变量 X 的值,即 $P\{X = j\} = \frac{1}{n}, j = 1,$

$2,\cdots,n$，运用算法

$$X=j,\quad 若\quad \frac{j-1}{n}\leqslant U<\frac{j}{n},$$

就可得到 X 的值.然而，当 $j-1\leqslant nU<j$ 时，$X=j$，也就是 $X=\mathrm{Int}(nU)+1$，其中 $\mathrm{Int}(x)$ 有时写为 $[x]$，即不大于 x 的整数部分.其 R 程序为

```
>U=runif(1);X=floor(n*U)+1
```

或者用函数 sample()来产生

```
>X=sample(1:n,1)
```

【例 4.2】 (随机排列/置换)假设我们想要产生 $1,2,\cdots,n$ 的一个排列，则有 $n!$ 个等可能的顺序.我们给出产生该随机排列的两种方法.

方法 I 首先随机地选择数字 $1,2,\cdots,n$ 中的一个数并将此数放在第 n 个位置，接着从剩下的 $n-1$ 个数中随机地选择一个并将之放在第 $n-1$ 个位置，再接着从剩下的 $n-2$ 个数中随机地选择一个并将之放在第 $n-2$ 个位置，等等.

方法 II 以任何一个初始顺序 $P_1,P_2,\cdots,P_n$ 开始，从位置 $1,2,\cdots,n$ 中随机地挑选一个然后与位置 n 中的数互换.随后，我们随机地选择位置 $1,2,\cdots,n-1$ 中的一个数并与位置 $n-1$ 中的数互换，等等.

方法 II 的算法：

Step1：令 $P_1,P_2,\cdots,P_n$ 是 $1,2,\cdots,n$ 的任意一个排列(例如：选择 $P_j=j,j=1,2,\cdots,n$).

Step 2：令 $k=n$.

Step 3：产生一个随机数 U，并令 $I=\mathrm{Int}(kU)+1$.

Step 4：互换 P_I 和 P_k.

Step 5：令 $k\leftarrow k-1$，如果 $k>1$ 就回到 Step 3.

Step 6：$P_1,P_2,\cdots,P_n$ 就是所要的随机排列.

其 R 程序为

```
perm=function(n){
    X=1:n;k=n
    while(k>1){
        u=runif(1);I=floor(k*u)+1;V=X[k]
        X[k]=X[I];X[I]=V;k=k-1
    }
    X
}
```

上述算法的一个重要性质是从整数 1,2,…,n 中可以产生有 r 个元素的随机子集.即按照这个算法直到位置 $n,n-1,\cdots,n-r+1$ 都填满数字为止.在这些位置的元素就构成了随机子集(在做这件事情时,我们假设 $r\leqslant\frac{n}{2}$;如果 $r>\frac{n}{2}$,我们也可以找一个含有 $n-r$ 个元素的子集,并令不在此子集中的元素构成 r 个元素的随机子集).当然用函数 sample(1:n)也很容易实现。

【例 4.3】 (几何随机变量)假设 X 是一个具有参数 p 的几何随机变量,即

$$P\{X=i\}=pq^{i-1},\quad i\geqslant 1,\text{其中}q=1-p.$$

易知

$$\sum_{i=1}^{j-1}P\{X=i\}=1-P\{X>j-1\}=1-q^{j-1},\quad j\geqslant 1,$$

产生一个随机数 U, 若 $1-q^{j-1}\leqslant U<1-q^{j}$, 或者等价地, $q^{j}\leqslant 1-U<q^{j-1}$, 则令 $X=j$. 实际上,

$$X=\min\{j:q^{j}<1-U\}=\mathrm{Int}\left(\frac{\log(1-U)}{\log q}\right)+1.$$

注意到 $1-U$ 也是服从(0,1)上的均匀分布,得到

$$X\equiv\mathrm{Int}\left(\frac{\log(U)}{\log q}\right)+1$$

即为具有参数 p 的几何随机变量.

产生 n 个参数为 p 的几何随机变量的 R 程序:

```
>U=runif(n);  X=floor(log(U)/log(1-p))+1
```

【例 4.4】 (Poisson 随机变量(Ⅰ))Poisson 随机变量的概率函数为

$$p_i=P\{X=i\}=\mathrm{e}^{-\lambda}\frac{\lambda^{i}}{i!},\quad i=0,1,\cdots.$$

用逆变换产生此随机变量的方法的关键是递归式:

$$p_{i+1}=\frac{\lambda}{i+1}p_i,\quad i\geqslant 0.\tag{4.1.1}$$

利用上述递归方法计算 Poisson 分布的概率程序如下:

```
p=numeric(k)
p[1]=exp(-lambda)
for( n in 2:r){
        p[n]=exp( - lambda)
        for(j in 0: (n - 2) ) {
```

```
            p[n]=p[n] * lambda/(j+1)
        }
    p[n]
}
```

而产生带有均值 λ 的 Poisson 随机变量的逆变换算法如下(i 为 $p=p_i$ 的指标, $p_i=P\{X=i\}$, $F=F(i)=P\{X\leqslant i\}$):

Step1:产生一个随机数 U.

Step2: $i=0, p=e^{-\lambda}, F=p$.

Step3:如果 $U<F$, 令 $X=i$ 并停止.

Step4: $p\leftarrow\lambda p/(i+1), F\leftarrow F+pr, i\leftarrow i+1$.

Step5:返回 Step3.

产生 n 个参数为 λ 的 Poisson 随机变量的 R 程序:

```
rpois=function(n,lambda){
    for(j in 1:n){ u=runif(1)
    Y=rep(0,n);i=0;p=exp(-lambda);F=p
        while(u>=F){
            p=lambda * p/(i+1);F=F+p;i=i+1
        }
        Y[j]=i
        }
    Y
    }
```

上述算法连续地验证了 Poisson 随机变量的值是否为 0, 是否为 1, 是否为 2, 等等.由此知,需要比较的次数将比产生的 Poisson 的值大 1.因此,平均而言,上述将需要进行 $1+\lambda$ 次查找.然而,当 λ 很小时,这种方法是精细的,但当 λ 很大时,上述算法还可以极大地改进.事实上,一个具有均值 λ 的 Poisson 随机变量是很可能取最接近 λ 的两个整数值中的一个.一个更有效的算法是验证这些值中的一个,而不是从 0 开始一直搜寻下去.例如,令 $I=\text{Int}(\lambda)$, 并用递归式(4.1.1)来确定 $F(I)$. 现在通过产生一个随机数 U 来获得一个带有均值 λ 的 Poisson 随机变量 X, 注意到通过观察是否 $U\leqslant F(I)$ 来判断是否 $X\leqslant I$. 如果 $X\leqslant I$, 就从 I 开始向下查找,否则从 $I+1$ 开始向上查找.

根据此算法需要检索的次数大约比随机变量 X 与其均值 λ 的绝对差大 1.因为对大的 λ 一个 Poisson 随机变量(根据中心极限定理)近似为均值和方

差都为 λ 的正态随机变量,得到

$$\begin{aligned}\text{查找的平均次数} &\approx 1 + E[\,|X-\lambda|\,] \\ &= 1+\sqrt{\lambda}E\left[\frac{|X-\lambda|}{\sqrt{\lambda}}\right] \\ &= 1+\sqrt{\lambda}E[\,|Z|\,] \qquad (\text{其中}\quad Z \sim N(0,1)) \\ &= 1+0.798\sqrt{\lambda}.\end{aligned}$$

其中 $X \sim N(\lambda,\lambda)$ 也就是用算法(4.1.1)平均检索次数的增长速度等同于 $\sqrt{\lambda}$ 而不是 λ 本身.

【例 4.5】（二项随机变量)设参数 (n,p) 的二项随机变量 X 的概率函数为

$$P\{X=i\} = \frac{n!}{i!\ (n-i)!}p^i(1-p)^{n-i}, \quad i=0,1,\cdots,n.$$

则其递归等式:

$$P\{X=i+1\} = \frac{n-i}{i+1}\frac{p}{1-p}P\{X=i\}.$$

令 $pr = P\{X=i\}$, $F = P\{X \leqslant i\}$.

产生此随机变量的算法:

Step 1:产生一个随机数 U.

Step 2: $c=p/(1-p)$, $i=0$, $pr=(1-p)^n$, $F=pr$.

Step 3:如果 $U<F$, 令 $X=i$ 并停止.

Step 4: $pr \leftarrow [c(n-i)/(i+1)]pr$, $F \leftarrow F+pr$, $i \leftarrow i+1$.

Step 5:返回 Step3.

产生 m 个参数为 (n,p) 的二项随机变量的 R 程序:

```
rb=function(m,n,p){
  Y=rep(0,m)
  for(j in 1:m){
      c=p/(1-p);i=0;pr=(1-p)^n;F=pr
      u=runif(1)
      while(u>=F){
         pr=c*(n-i)*pr/(i+1);F=F+pr;i=i+1
     }
      Y[j]=i
  }
  Y
```

}

上述算法验证了是否 $X=0$, 然后是否 $X=1$, 等等.可看出检索的次数比 X 大1.因此,平均而言,产生 X 需要检索 $1+np$ 次,因为一个 $B(n,p)$ 的随机变量表示了 n 次独立试验中成功的次数,其中每次试验成功的概率为 p. 这样的随机变量能够通过 n 减去一个 $B(n,1-p)$ 随机变量得到(为什么?).因此,当 $p>\frac{1}{2}$ 时,我们能够产生一个 $B(n,1-p)$ 随机变量,通过上述方法从 n 中减去 $B(n,p)$ 的随机变量的值.

附注1 产生一个 $B(n,p)$ 随机变量的另一种方法是通过产生 n 个随机数 $U_1,U_2,\cdots,U_n$ 并令 X 为使 $U_i\leqslant p$ 的 U_i 的个数,再将 X 看做 n 次独立试验成功次数而得到.如果将 $U_i<p$ 看做是第 i 次试验成功,并注意到这个事件发生的概率为 p, 就容易看到这样就产生了一个 $B(n,p)$ 随机变量.这种方法要求 n 个随机数并作 n 次比较,而上述逆变换算法仅需要一个随机数,平均要做 $1+np$ 次比较.

附注2 当均值 np 很大时,较好的做法是先确定产生的值是否小于或等于 $I\equiv Int(np)$, 或者是否大于 I. 在前一种情形下,从 I 出发,依次检索 $I-1$, $I-2,\cdots$, 等等;而在后一种情形下,我们从 $I+1$ 出发,依次朝上检索.

【例4.6】 (多项分布)假设一个试验以概率 $p_1,p_2,\cdots,p_r$ 产生结果 $1,2,\cdots,r$ 之一,且 $\sum_{i=1}^{r}p_i=1$. 做 n 次独立试验,用 X_i 表示 n 次试验中出现结果 i 的试验的次数,则随机向量 $(X_1,X_2,\cdots,X_r)$ 服从多项分布,其联合概率函数为

$$P\{X_i=x_i,i=1,2,\cdots,r\}=\frac{n!}{x_1!\ x_2!\ \cdots x_r!}p_1^{\ x_1}p_2^{\ x_2}\cdots p_r^{x_r},\quad \sum_{i=1}^{r}x_i=n.$$

模拟此随机向量的方法依赖于 r 和 n 的大小.

如果 r 相对 n 来说较大,在这些试验中很多结果不会出现,则最好的方法:

Step 1:产生独立的随机变量 $Y_1,Y_2,\cdots,Y_n$ 使得 $P\{Y_j=i\}=p_i,\quad i=1,2,\cdots,r,\quad j=1,2,\cdots,n.$

Step 2: 令 $X_i=j$ 表示对 $Y_j=i,\quad j=1,2,\cdots,n,\quad i=1,2,\cdots,r$ 的计数.

产生 m 组多项分布随机向量的R程序为

```
exam4_6_1=function(m,n,r,p){
        X=matrix(0,nrow=m,ncol=r)
        for(i in 1:m){
```

```
            Y=sample(1:r,n,prob=p,replace=TRUE)
                # replace=TRUE 表示可重复抽样
            for(j in 1:r){
                X[i,j]=length(Y[Y==j])
            }
        }
    X
}
```

如果 n 相对于 r 较大，则 $X_1, X_2, \cdots, X_r$ 能依次模拟得到.其方法为

Step 1：产生服从分布 $B(n,p_1)$ 的随机变量 X_1 的值 x_1.

Step 2：产生服从分布 $B\left(n-x_1,\dfrac{p_2}{1-p_1}\right)$ 的随机变量 X_2 的值 x_2.

Step 3：产生服从分布 $B\left(n-\sum_{i=1}^{r-2}x_i, p_{r-1}\Big/\left(1-\sum_{i=1}^{r-2}p_i\right)\right)$ 的随机变量 X_{r-1} 的值 x_{r-1}.

Step 4：令 $X_r = n - \sum_{i=1}^{r-1}X_i$.

则 $\boldsymbol{X}=(x_1,x_2,\cdots,x_r)$ 就是所要的多项分布的随机向量.此算法的原理如下：

$$P\{X_1=x_1,x_2,\cdots,X_r=x_r\} = P\{X_1\}P\{X_2=x_2 \mid X_1=x_1\}\cdots P\{X_r=x_r \mid X_1=x_1,\cdots,X_{r-1}=x_{r-1}\}.$$

产生 m 组多项分布随机向量的 R 程序为

```
ploy=function(m,n,r,p){
        X=matrix(0,ncol=r,nrow=m)
        for(i in 1:m){
            X[i,1]=rbinom(1,n,p[1])
            for(j in 2:(r-1)){
                X[i,j]=rbinom(1,n-sum(X[i,1:(j-1)]),
    p[j]/(1-sum(p[1:(j-1)])))
            }
            X[i,r]=n-sum(X[i,1:(r-1)])
        }
        X
}
```

2.连续型随机变量情形

设 U 是(0,1)上的均匀随机变量.对任何连续分布函数 F, 定义随机变量 X 为

$$X = F^{-1}(U),$$

则 X 有分布函数 F.

上述论断成立的原因如下:

记 F_X 为 $X = F^{-1}(U)$ 的分布函数.则

$$F_X(x) = P\{X \leqslant x\} = P\{F^{-1}(U) \leqslant x\} = P\{U \leqslant F(x)\} = F(x).$$

【例 4.7】 设连续型随机变量 X 的密度函数为

$$p(x) = \begin{cases} c_i, \ x_i \leqslant x < x_{i+1}, & i = 0,1,2,\cdots,n-1, \\ 0, \text{其他}. \end{cases}$$

其中 $c_i > 0$, $a = x_0 < x_1 < \cdots < x_n = b$ (a,b 可为无穷), $\int_a^b p(x)\mathrm{d}x = 1$.

令 $p_i = \int_a^{x_i} p(x)\mathrm{d}x$, $i = 1,2,\cdots,n$, 则对任意 x, 令 $i = \max\{j:x_j \leqslant x\}$, 有

$$F(x) = p_i + c_i(x - x_i).$$

由 $F(X) = U$ 可解出

$$X = x_i + \frac{U - p_i}{c_i}.$$

此处 i 满足 $p_i \leqslant U < p_{i+1}$. 其算法如下:

Step 1:产生随机数 U.

Step 2:确定 i, 使 $p_i \leqslant U < p_{i+1}$.

Step 3:计算 $x = x_i + (U - p_i)/c_i$.

这个例子的随机变量在第 7 章中进行模拟识别时要用到.

【例 4.8】 (指数随机变量)设 X 是参数为 1 的指数随机变量,则其分布函数为

$$F(x) = 1 - \mathrm{e}^{-x}.$$

令 $x = F^{-1}(u)$, 则 $u = F(x) = 1 - \mathrm{e}^{-x}$, 进而有

$$x = -\log(1 - u).$$

其算法为:生成一个随机数 U 并令 $X = F^{-1}(U) = -\log(1 - U)$,即产生出参数为 1 的指数随机变量.注意到 $1 - U$ 也是 (0,1) 上的均匀分布,故 $-\log(1 - U)$ 和 $-\log U$ 有相同的分布.也就是,一个随机数的负对数服从参数为 1 的指数分布.

又注意到当 X 是均值为 1 的指数随机变量时,对任何常数 c, cX 是均值为

c 的指数随机变量.从而一个参数为 $\lambda\left(均值为\dfrac{1}{\lambda}\right)$ 的指数随机变量能够通过随机数 U 并令

$$X=-\frac{1}{\lambda}\log U$$

得到.

【例 4.9】 (Poisson 随机变量(Ⅱ))在第 1 章中介绍过,当两个相继的事件的间隔时间是独立的且服从参数为 λ 的指数分布时,这些事件出现的个数就构成一个参数为 λ 的 Poisson 过程.那么到时刻 1 出现的事件数 $N(1)$ 服从均值为 λ 的 Poisson 分布.如果我们令 $X_i, i=1,2,\cdots$ 表示相继两个事件的时间间隔,那么第 n 个事件发生的时刻为 $\sum_{i=1}^{n} X_i$, 所以到时刻 1 发生的事件数为

$$N(1)=\max\left\{n: \sum_{i=1}^{n} X_i \leqslant 1\right\}.$$

我们能够通过生成随机数 $U_1, U_2, \cdots, U_n$, 并令

$$\begin{aligned} N &= \max\left\{n: \sum_{i=1}^{n} -\frac{1}{\lambda}\log U_i \leqslant 1\right\} \\ &= \max\left\{n: \sum_{i=1}^{n} \log U_i \geqslant -\lambda\right\} \\ &= \max\{n: \log(U_1U_2\cdots U_n) \geqslant -\lambda\} \\ &= \max\{n: U_1U_2\cdots U_n \geqslant e^{-\lambda}\} \end{aligned}$$

而得到 $N=N(1)$ ——带有均值 λ 的 Poisson 随机变量.或者写为

$$N=\min\{n: U_1U_2\cdots U_n < \mathrm{e}^{-\lambda}\}-1.$$

产生 n 个参数为 λ 的 Poisson 随机变量的 R 程序:

```
pois.ex4_9=function(n,lambda){
    X=0
    for(i in 1:n){
        p=runif(1);N=1
        while(p<=exp(-lambda)){p=p*runif(1);N=N+1}
        X[i]=N-1
    }
    X
}
```

【例 4.10】 (Gamma 随机变量)设 X 为 Gamma (n,λ) 随机变量,则其分

布函数为

$$F(x)=\int_0^x \frac{\lambda e^{-\lambda y}(\lambda y)^{n-1}}{(n-1)!}dy.$$

由于其分布函数无显式的表达式,难以直接利用逆变换法产生 Gamma 随机变量.因为 Gamma(n,λ) 随机变量 X 是 n 个相互独立的具有参数 λ 的指数随机变量和,所以可利用例 4.7 先产生 n 个独立的参数为 λ 的指数随机变量,再产生 X. 其算法如下:

Step1: 产生 n 个随机数 $U_1,U_2,\cdots,U_n$

Step2:令 $X=-\frac{1}{\lambda}\log U_1-\frac{1}{\lambda}\log U_2-\cdots-\frac{1}{\lambda}\log U_n=-\frac{1}{\lambda}\log(U_1U_2\cdots U_n)$.

其产生 m 个 $\Gamma(n,\lambda)$ 随机变量的 R 程序为

```
Gam.ex4_10=function(m,n,lambda){
        X=0
        for(i in 1:m){
              U=runif(n);X[i]=-1/lambda* sum(log(U))
              }
        X
        }
```

4.2 筛选法

筛选法最早由著名的数学家 John von Neumann 提出,由下面的介绍可以看出在模拟连续型随机变量的情形时其优越性更加明显.

假设要模拟一个具有概率函数 $\{p_j,j\geqslant 0\}$ (或者密度函数 $f(x)$)的随机变量 X, 但此概率函数(或密度函数)比较复杂,那么可以通过先模拟一个随机变量 Y 与 X 具有相同的取值,但其概率函数 $\{q_j,j\geqslant 0\}$ (或者密度函数 $g(x)$)相对简单,然后以与 $\frac{p_Y}{q_Y}\left(\text{或}\frac{f(Y)}{g(Y)}\right)$ 成比例的概率接受此模拟值,这样就可以模拟出 X 的值.此方法称为拒绝法或筛选法(Rejection).

特别地,令 c 为一常数,使得

$$\frac{p_j}{q_j}\leqslant c,\quad \text{对所有满足 } p_j>0 \text{ 的 } j,$$

或者

$$\frac{f(y)}{g(y)}\leqslant c,\quad \text{对所有的} y.$$

其算法如下：

Step1：模拟一个具有概率函数 $\{q_j, j \geqslant 0\}$（或者密度函数 $g(x)$）随机变量 Y 的值.

Step2：产生一个随机数 U.

Step3：若 $U < \frac{p_Y}{cq_Y}\left(\text{或者}\frac{f(Y)}{cg(Y)}\right)$，则令 $X = Y$ 并停止；否则回到 Step1.

现在证明筛选法的可行性.

定理 4.1　筛选算法产生的随机变量 X 具有概率函数 $P\{X=j\} = p_j$，$j = 0,1,\cdots$（或密度函数 $f(x)$），且得到随机变量 X 的值的迭代次数是一个均值为 c 的几何随机变量.

证　在此只证离散型情形.先求一次迭代接受 j 的概率.首先注意到

$$P\{Y=j, j\text{被接受}\} = P\{Y=j\}P\{j\text{被接受} \mid Y=j\} = q_j\frac{p_j}{cq_j} = \frac{p_j}{c}.$$

关于 j 求和得到产生的随机变量被接受的概率为

$$P\{\text{被接受}\} = \sum_j \frac{p_j}{c} = \frac{1}{c}.$$

因为每次迭代都是独立的，产生一个具有概率为 $\frac{1}{c}$ 的值，所以所需的迭代次数是均值为 c 的几何随机变量，故

$$\begin{aligned} P\{X=j\} &= \sum_n P\{X=j, j\text{在第} n \text{次迭代时被接受}\} \\ &= \sum_n \left(1-\frac{1}{c}\right)^{n-1} P\{Y=j, j\text{被接受}\} \\ &= \sum_n \left(1-\frac{1}{c}\right)^{n-1} \frac{p_j}{c} = p_j. \end{aligned}$$

【例 4.11】　假设模拟一个从 1,2,…,10 中任取一值的随机变量 X，其概率分布律见表 4-1.

表 4-1　　**X 的分布律**

X	1	2	3	4	5	6	7	8	9	10
p	0.11	0.12	0.09	0.08	0.12	0.10	0.09	0.09	0.10	0.10

直接的方法是前述的逆变换法，另一种方法是此处的筛选法.在此只介绍筛选法的算法，取随机变量 Y，其分布律见表 4-2.

表 4-2 **Y 的分布律**

Y	1	2	3	4	5	6	7	8	9	10
q	0.10	0.10	0.10	0.10	0.10	0.10	0.10	0.10	0.10	0.10

取 $c = \max \frac{p_j}{q_j} = 1.2.$

其算法如下:

Step 1:产生一个随机数 U_1,并令 $Y = \mathrm{Int}(10U_1) + 1$.

Step 2:产生第二个随机数 U_2.

Step 3:若 $U_2 \leqslant \frac{p_Y}{0.12}$,令 $X = Y$ 并停止;否则回到 Step 1.

产生此随机变量 X 的 n 个值的 R 程序为

```
rej.exam4_10=function(n){
    X=rep(0,n);p=c(0.11,0.12,0.09,0.08,0.12,0.1,0.09,0.09,0.1,0.
1)
    for(i in 1:n){
      repeat{
      u1=runif(1);Y[i]=floor(10*u1)+1;u2=runif(1)
      if(u2<=p[Y[i]]/0.12)    break
        }
        X[i]=Y[i]
      }
        X
      }
```

【例 4.12】 设随机变量 X 的密度为

$$f(x) = \frac{1}{2}x^2 e^{-x}, \quad x > 0,$$

试模拟此随机变量 X.

因为很难得到 X 的分布函数的显示表达式,所以用筛选法.随机变量 X 的支撑为 $(0,\infty)$,我们考虑参数为 $\frac{1}{3}$ 的指数分布情形,即考虑密度为 $g(x) = \frac{1}{3}\exp\left\{-\frac{1}{3}x\right\}, x > 0$ 的筛选法.为确定 c 满足 $\frac{f(x)}{g(x)} \leqslant c$,通过计算得到

$$\frac{f(x)}{g(x)} = \frac{3}{2}x^2\exp\left\{-\frac{2}{3}x\right\},$$

易知 $c = \max\left\{\frac{f(x)}{g(x)}: x > 0\right\} = \frac{27}{2e^2}$.

其算法如下：

Step 1：产生随机数 U_1.

Step 2：令 $Y = -3\log(U_1)$.

Step 3：产生随机数 U_2.

Step 4：如果 $U_2 \leqslant \frac{1}{9}Y^2\exp\left\{2 - \frac{2}{3}Y\right\}$，则令 $X = Y$，并停止；否则返回到 Step 1.

其 R 程序为

```
Rej.exam4_12=function(n){
    X=rep(0,n);Y=0
    for(i in 1:n){
        U1=runif(1);Y=-3*log(U1)
        U2=runif(1)
        while(U2>1/9*Y**2*exp(2-2/3*Y)){
            U1=runif(1);Y=-3*log(U1)
            U2=runif(1)
        }
        X[i]=Y
    }
    X
}
```

执行 Step 1 的平均次数为 $c = \frac{27}{2e^2} \approx 1.8$.

【例 4.13】（正态随机变量）设随机变量 Z 为均值为 0、方差为 1 的正态随机变量.因为 $|Z|$ 的概率密度为

$$f(x) = \frac{2}{\sqrt{2\pi}}e^{-\frac{x^2}{2}}, \quad 0 < x < \infty, \tag{4.2.1}$$

因此可用具有均值为 1、密度函数为 g 的指数随机变量 Y 来产生具有密度函数为 f 的随机变量 $X = |Z|$，其中

$$g(y) = e^{-y}, \quad 0 < y < \infty.$$

易知

$$\frac{f(x)}{g(x)} = \sqrt{\frac{2}{\pi}}e^{x-\frac{x^2}{2}},$$

取

$$c = \max \frac{f(x)}{g(x)} = \sqrt{\frac{2e}{\pi}}.$$

由于

$$\frac{f(x)}{cg(x)} = \exp\left\{x - \frac{x^2}{2} - \frac{1}{2}\right\} = \exp\left\{-\frac{(x-1)^2}{2}\right\},$$

当我们模拟了一个具有如(4.2.1)的密度函数的随机变量 X 后，令 Z 等可能为 X 或 $-X$ 就可得到标准正态随机变量 Z.

产生 Z 的算法为

Step 1：产生具有速率为 1 的指数随机变量 Y.

Step 2：产生随机数 U.

Step 3：如果 $U \leqslant \exp\left\{-\frac{(Y-1)^2}{2}\right\}$，则令 $X = Y$. 否则返回到 Step 1.

Step 4：产生随机数 U 并令

$$Z = \begin{cases} Y_1, & 若 \quad U \leqslant \frac{1}{2}, \\ -Y_1, & 若 \quad U > \frac{1}{2}. \end{cases}$$

R 程序为

```
rej.exam 4_12=function(n){
            Y=0;Z=0;X=0
            for(i in 1:n){
              repeat{
                U1=runif(1);U=runif(1);Y=-log(U1)
                if(U<=exp(-(Y-1)^2/2)) break
                }
              X[i]=Y
              U2=runif(1)
              if(U2<=1/2) Z[i]=X[i]
                else Z[i]=-X[i]
              }
              Z
}
```

如果想产生均值为 μ、方差为 σ^2 的正态随机变量 W，只需令 $W = \mu + \sigma Z$.

还可以用极坐标法产生正态随机变量.如例 4.14.

【例 4.14】（Box-Muller 变换产生正态随机变量）设 X 和 Y 是相互独立的

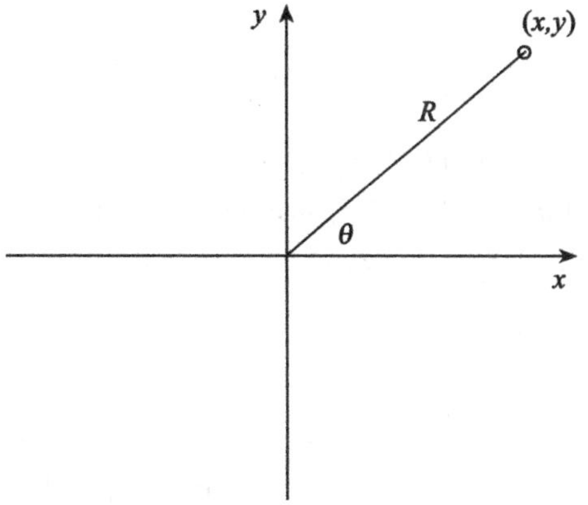

图 4-1　极坐标图

标准正态随机变量.令 R 和 θ 表示向量 (X,Y) 的极坐标.即(图 4-1)其变换为

$$R^2 = X^2 + Y^2, \qquad \tan\theta = \frac{Y}{X}.$$

易知 X 和 Y 的联合密度函数为

$$f(x,y) = \frac{1}{2\pi}e^{\frac{-(x^2+y^2)}{2}}. \tag{4.2.2}$$

为了确定 R^2 和 θ 的联合密度 $f(d,\theta)$，我们做随机变量的变换如下：

$$d = x^2 + y^2, \qquad \theta = \arctan\left(\frac{y}{x}\right).$$

其 Jaccob 行列式为

$$J = \begin{vmatrix} \frac{\partial d}{\partial x} & \frac{\partial d}{\partial y} \\ \frac{\partial \theta}{\partial x} & \frac{\partial \theta}{\partial y} \end{vmatrix} = 2,$$

由(4.2.2)知，R^2 和 θ 的联合密度为

$$f(d,\theta) = \frac{1}{2}\frac{1}{2\pi}e^{\frac{-d}{2}}, \qquad 0 < d < \infty, \quad 0 < \theta < 2\pi. \tag{4.2.3}$$

从而知，R^2 和 θ 是相互独立的且 R^2 为均值为 2 的指数随机变量，θ 是 $(0,2\pi)$ 上的均匀随机变量.

首先通过(4.2.3)产生其极坐标，然后变换到直角坐标就能产生一对独立

的随机变量 X 和 Y. 其算法如下:

Step 1:产生随机数 U_1 和 U_2.

Step 2: $R^2=-2\log(U_1)$, $\theta=2\pi U_2$.

Step 3:令

$$
\begin{aligned}
X &= R\cos\theta = \sqrt{-2\log U_1}\cos(2\pi U_2),\\
Y &= R\sin\theta = \sqrt{-2\log U_1}\sin(2\pi U_2).
\end{aligned}
\tag{4.2.4}
$$

其产生 $2n$ 个独立的标准正态分布随机变量的 R 程序为

```
boxmuller.exam4_14 =function(n){X=0;Y=0
U1=runif(1);U2=runif(1)
for(i in 1:n){
    X[i]=sqrt(-2 * log(U1)) * cos(2 * pi * U2)
    Y[i]=sqrt(-2 * log(U1)) * sin(2 * pi * U2)
}
c(X,Y)
}
```

上述(4.2.4)是著名的 Box-Muller 变换,也称为极坐标法.值得注意的是,使用 Box-Muller 变换(4.2.4) 需要计算正弦和余弦三角函数,这是非常麻烦的.此方法比较粗糙,其改进可参考 Ross 的相关著作.

R 软件为我们提供了一些常用的分布,可以求其概率、分位数以及产生随机数等,见表 4-3.

表 4-3 **常用分布在 R 中的函数**

分布中文名	分布英文名	R 软件中的名称	参数
二项分布	Binomial	binom	size,prob
泊松分布	Poisson	pois	lambda
几何分布	Geometric	geom	prob
超几何分布	Hypergeometric	hyper	m,n,k
均匀分布	Uniform	unif	min,max
指数分布	Exponential	exp	rate
正态分布	Normal	norm	mean,sd
t 分布	Student's t	t	df,ncp

续表

分布中文名	分布英文名	R 软件中的名称	参数
χ^2 分布	Chi-squared	chisq	df, ncp
F 分布	F	f	df1, df2, ncp
柯西分布	Cauchy	cauchy	location, scale
伽马分布	Gamma	gamma	shape, scale
威布尔分布	Weibull	weibull	shape, scale
贝塔分布	Beta	beta	shape1, shape2, ncp

在表 4-3 中所列的分布中，参数 ncp 表示非中心参数，默认为 ncp = 0，表示中心分布.加上不同的前缀表示不同的意义：

d　　表示概率密度函数或分布律；

p　　表示分布函数 $F(x)$；

q　　表示分布函数的反函数 $F^{-1}(u)$，即 u 的下分位数点；

r　　表示产生服从某个分布的随机变量.

例如：设 $X \sim N(1,4)$，其密度函数为 $f(x) = \frac{1}{\sqrt{8\pi}} e^{\frac{-(x-1)^2}{8}}$，则

```
>dnorm(0,mean=1,sd=2)    #求密度函数f(0)的值
>pnorm(5,mean=1,sd=2)    #求概率P{X≤5}
>qnorm(0.8)    #求 φ^(-1)(0.8),即 0.8 分位点
>rnorm(m,1,2)    #表示产生 m 个分布为 N(1,4)的随机变量
```

对于其他分布加上不同的前缀具有相似的含义.到目前为止，我们可以直接利用 R 软件产生常用分布的随机变量.

4.3　合成方法

假设我们已有一个有效的方法来模拟具有概率函数 $\{p_j^{(i)}, j \geqslant 0\}$（或密度函数 $f_i(x)$）的随机变量 $X_i, i = 1,2$ 的值.若 X 的概率函数（或密度函数）如下：

$$P\{X = j\} = \alpha p_j^{(1)} + (1-\alpha) p_j^{(2)} \quad \text{或} \quad f(x) = \alpha f_1(x) + (1-\alpha) f_2(x), \tag{4.3.1}$$

其中 $0 < \alpha < 1$. 那么令随机变量 X 为

$$X = \begin{cases} X_1, 以概率\ \alpha, \\ X_2, 以概率\ 1-\alpha, \end{cases}$$

则 X 的概率函数由(4.3.1)给出.这种模拟随机变量 X 的方法称为**合成法**.

模拟 X 的算法如下:

Step 1:产生随机变量 X_1.

Step 2:产生一随机变量 X_2.

Step 3:产生一个随机数 U. 如果 $U \leqslant \alpha$, 令 $X = X_1$;否则令 $X = X_2$.

【例 4.15】 设随机变量 X 的概率函数 $p_j, j = 5,6,\cdots,14$,见表 4-4.

表 4-4 **X 的分布律**

X	5	6	7	8	9	10	11	12	13	14
p	0.11	0.09	0.11	0.09	0.11	0.09	0.11	0.09	0.11	0.09

模拟 X 的值的一个直接方法是逆变换法,在此用合成法对 X 的值进行模拟.

令 $p_j = 0.55p_j^{(1)} + 0.45p_j^{(2)}, j = 5,6,\cdots,14$, 其中 $p_j^{(i)}, i = 1,2$ 分别为 X_i 的概率函数,见表 4-5、表 4-6.

表 4-5 **X_1 的分布律**

X_1	5	7	9	11	13
p	0.2	0.2	0.2	0.2	0.2

表 4-6 **X_2 的分布律**

X_2	6	8	10	12	14
p	0.2	0.2	0.2	0.2	0.2

则

$$X = \begin{cases} X_1, 以概率\ 0.55, \\ X_2, 以概率\ 0.45. \end{cases}$$

模拟 X 的算法如下:

Step 1:产生一个随机数 U_1.

Step 2:产生一个随机数 U_2.

Step 3: 如果 $U_1 \leqslant 0.55$, 就令 $X = 2\,\mathrm{Int}(5U_2) + 5$; 否则令 $X = 2\,\mathrm{Int}(5U_2) + 6$.

产生随机变量 X 的 n 个值的 R 程序为：

```
comp.exam4_15=function(n){
    X=0
    for(i in 1:n){
        u1=runif(1);u2=runif(1)
        if(u1<0.55){
            X[i]=2*floor(5*u2)+5
        }
        else X[i]=2*floor(5*u2)+6
    }
    X
}
```

【例 4.16】 假设某台仪器出现故障而未能及时发现，或者在某一时刻仪器受到外部环境影响(如电压突然增大)，致使这部分观测值的精度降低而误差增大.在大多数情况下，仪器的观测值服从正态分布 $N(\theta,\sigma_0^2)$，少数情形下仪器的观测值服从 $N(\theta,\sigma^2)(\sigma^2 > \sigma_0^2)$. 如何模拟出此仪器的观测值？

不妨假设此仪器观察值的密度函数为 $f(x)$：

$$f(x)=\alpha f_1(x)+(1-\alpha)f_2(x),$$

其中 $\alpha\in(0,1)$ 由以往记录确定，且

$$f_1(x)=\frac{1}{\sqrt{2\pi}\sigma_0}\exp\left\{-\frac{(x-\theta)^2}{2\sigma_0^2}\right\},$$

$$f_2(x)=\frac{1}{\sqrt{2\pi}\sigma}\exp\left\{-\frac{(x-\theta)^2}{2\sigma^2}\right\}.$$

模拟 X 的算法为

Step 1：产生服从 $N(\theta,\sigma_0^2)$ 的随机变量 X_1.

Step 2：产生服从 $N(\theta,\sigma^2)$ 的随机变量 X_2.

Step 3：产生随机数 U.

Step 4：若 $U<\alpha$，令 $X=X_1$；否则令 $X=X_2$.

模拟此仪器 n 个观测值的 R 程序为

```
comp.exam4_16=function(n,α,θ,σ0,σ){
    X=0
    for(i in 1:n){
        X1=rnorm(1,θ,σ0);X2=rnorm(1,θ,σ)
```

```
            U=runif(1)
            if(U<=α){X[i]=X1
              }else {X[i]=X2}
        }
    X
    }
```

4.4 Poisson 过程模拟

1.齐次 Poisson 过程模拟

假设要模拟速率为 λ 的 Poisson 过程的前 n 个事件发生的时间.已知在 Poisson 过程中两个相继事件之间的时间间隔服从参数为 λ 的指数分布,从而产生这个过程的一种方法是产生出这些间隔时间.如果产生 n 个随机数 U_1, $U_2,\cdots,U_n$ 并令 $X_i=-\frac{1}{\lambda}\log U_i$, 则 X_i 就可看做是 Poisson 过程在第 $i-1$ 与第 i 个事件之间的时间间隔.因为第 j 个事件来到的时刻等于前 j 个事件的时间间隔之和,所以就得到了前 n 个事件来到时间的值为 $S_j=\sum_{i=1}^{j}X_i, j=1,2,\cdots,n.$

现在要模拟 Poisson 过程在时刻 T 前所发生的每个事件的时间,那么我们也能够按上述方法产生相继事件发生的时间间隔且当它们的和超过 T 时就停止的方法进行模拟.令 t 表示时间, I 表示到时刻 t 发生的事件数, $S(I)$ 表示最近发生的事件的时间.则算法如下:

Step 1: $t=0,\quad I=0.$

Step 2:产生随机数 U.

Step 3: $t\leftarrow t-\frac{1}{\lambda}\log U$;若 $t>T$, 则停止.

Step 4: $I\leftarrow I+1, S(I)=t.$

Step 5:返回到 Step 2.

在上述算法中 I 的最后一个值表示到时刻 T 时事件发生的个数,且 $S(1),S(2),\cdots,S(I)$ 是第 I 个事件依次发生的时间.

模拟参数为 lambda 的在时刻 T 前的 Poisson 过程状态的 R 程序为:

```
pois.proc1=function(T,lambda){
    t=0;I=0;S=0
    repeat{
```

```
        U=runif(1)
        t=t-1/lambda * log(U)
        if(t>T) break
        I=I+1
        S[I]=t
    }
    list(S=S,I=I)
}
```

根据第一章的附注 1 可以得到另外一个模拟 Poisson 过程在 T 时刻前各个事件发生的时刻的有效方法. 令 $N(T)$ 表示到时刻 T 所发生的事件总数. 由第一章知其算法如下：

Step 1：产生参数为 λT 的 Poisson 随机变量 $N(T)$ 的值 n.

Step 2：产生 $(0,T)$ 上均匀分布随机变量的 n 个值：$T_1,T_2,\cdots,T_n$.

Step 3：将 $T_1,T_2,\cdots,T_n$ 排序.

附注 3　在此方法中，若 λ 很大就用例 4.4 的方法产生 $N(T)$ 的值，如果 λ 不大就用例 4.9 的方法产生 $N(T)$ 的值.

模拟参数为 λ 的在时刻 T 前的 Poisson 过程状态的 R 程序为：

```
pois.proc2=function(T,lambda){
N=0;S=0
i=0;p=exp(-lambda * T);F=p
u=runif(1)
while(u>=F){
    p=lambda * T * p/(i+1);F=F+p
    i=i+1
}
N=i
U=runif(N)
S=sort(T * U)
list(N=N,S=S)
}
```

也可以利用 R 函数直接产生 $N(T)$，上述程序改写为

```
pois.proc3=function(T,lambda){
    S=0
    N=rpois(1,lambda * T)
```

```
        U=runif(N)
        S=sort(T*U)
        list(N=N,S=S)
    }
```

【例 4.17】 假设某银行的营业时间为早上 8:00 到下午 5:00 共 9 个小时,顾客按照参数为 $\lambda=3$ 人/小时的 Poisson 过程来到银行.试用模拟的方法得出银行在某一天来到的顾客数和每位顾客到达的时间。

解 可以调用上述的任何一个程序,如调用第一个:

```
>pois.proc1(9,3)
$ S
[1] 0.0192087 0.2367797 0.9466212 1.0905208 1.7701686 1.7952087 1.8244874
[8] 2.1662139 2.6953013 2.7672339 3.7728436 3.7805311 3.7821376 4.3271704
[15] 4.4634007 4.6937963 5.1886387 5.8120959 6.2018235 6.2235077 6.8783518
[22] 7.1107778 7.2659268 7.4430771 7.5904169 8.0473991 8.1961518 8.2614421
[29] 8.8433114
$ I
[1] 29
```

2.非齐次 Poisson 过程模拟

假设我们要模拟具有强度函数 $\lambda(t)$ 的非齐次 Poisson 过程在时刻 T 前各个事件发生的时刻.可用稀释法或随机抽样法来实现.也就是,首先选择一个 λ 使得 $\lambda(t)\leqslant\lambda, t\leqslant T$, 产生出参数为 λ 的 Poisson 过程在时刻 T 前的事件数,然后以概率 $\frac{\lambda(t)}{\lambda}$ 对所产生的事件个数进行计数,则被计数事件的过程是一个具有强度函数 $\lambda(t), 0\leqslant t\leqslant T$ 的非齐次 Poisson 过程.由此我们能够得到模拟非齐次 Poisson 过程在时刻 T 前各个状态的算法:

Step 1: $t=0, I=0$.

Step 2:产生一个随机数 U.

Step 3:令 $t=t-\frac{1}{\lambda}\log U$;如果 $t>T$, 则停止.

Step 4:产生一个随机数 U.

Step 5：如果 $U \leqslant \dfrac{\lambda(t)}{\lambda}$，令 $I \leftarrow I+1, S(I)=t$.

Step 6：返回到 Step 2.

模拟非齐次 Poisson 过程在时刻 T 前各个状态的 R 程序：

```
nonpois.thin1 = function( lambdat, lambda, T) {
    t=0;I=0;S=0
    repeat{
        U=runif(1)
        t=t-1/lambda * log(U)
        if(t>T) break
        U1=runif(1)
        if(U1<=lambdat(t)/lambda) {
            I=I+1;S[I]=t
        }
    }
  list(I=I,S=S)
}
```

在上述步骤中，$\lambda(t)$ 是强度函数，λ 满足 $\lambda(t) \leqslant \lambda$. 那么 I 最后的值表示到时刻 t 事件发生的个数，$S(1), S(2), \cdots, S(I)$ 是事件发生的时间.

如果 $\lambda(t)$ 在 $(0,T)$ 整个区间上都接近 λ，Step 5 就很容易实现，则此算法就很有效.在实际中，$\lambda(t)$ 在 $(0,T)$ 上不一定都接近于 λ，利用 $\lambda(t)$ 的连续性将 $(0,T)$ 分为若干个子区间，然后在每个子区间上用这个算法.也就是，确定合适的 k，令 $0=t_0<t_1<t_2<\cdots<t_k<t_{k+1}=T$，$\lambda_1, \lambda_2, \cdots, \lambda_{k+1}$ 使得

$$\lambda(s) \leqslant \lambda_i, \quad 若 \quad t_{i-1} \leqslant s < t_i, \quad i=1, \cdots, k+1. \tag{4.4.1}$$

首先注意到事实：

如果在 $t \in (t_{i-1}, t_i)$ 时产生一个具有速率 λ_i 的指数随机变量 X，使得 $t+X>t_i$，那么我们可以证明 $\dfrac{\lambda_i[X-(t_i-t)]}{\lambda_{i+1}}$ 是速率为 λ_{i+1} 的指数随机变量.

在区间 $(0, t_1]$ 上产生参数为 λ_1 的齐次 Poisson 过程各个事件的时间，并以概率 $\dfrac{\lambda(s)}{\lambda_1}$ 接受.利用上述事实及指数分布的无记忆性，可以产生参数为 λ_i 的 Poisson 过程在 $(t_{i-1}, t_i], i=2, \cdots, k+1$ 上的各个事件的时间.

令 t 表示当前的时间，J 表示当前的区间(即当 $t_{j-1} \leqslant t < t_j$ 时，$J=j$)，I 表

示事件发生的次数以及 $S(1), S(2), \cdots, S(I)$ 发生的时间，则产生非齐次 Poisson 过程在时刻 T 前状态的算法为

Step 1: $t=0$, $J=1$, $I=0$.

Step 2: 产生一个随机数 U，并令 $X=-\frac{1}{\lambda_j}\log U$.

Step 3: 如果 $t+X>t_j$，跳到 Step 8.

Step 4: $t \leftarrow t+X$.

Step 5: 产生一个随机数 U.

Step 6: 如果 $\frac{U \leqslant \lambda(t)}{\lambda_J}$, 令 $I \leftarrow I+1$, $S(I)=t$.

Step 7: 返回到 Step 2.

Step 8: 如果 $J=k+1$，则停止.

Step 9: $X=\frac{(X-t_J+t)\lambda_J}{\lambda_{J+1}}$, $t=t_J, J \leftarrow J+1$.

Step 10: 返回到 Step 3.

其 R 程序为

```
nonpois.thin2=function(laf,T,k,n){
    lamax=function(k,n,a){ lab=0
        b=seq(0,a,by=a/k)
        for(i in 1:k){
        # 如果 by=1/k,则有 a*k 个区间,不止 k 个区间!
        lab[i]=max(laf(seq(b[i],b[i+1],by=(b[i+1]-b[i])/n)))
        }
        lab
    }
    la=lamax(k,n,T)
    a=seq(0,T,T/k)
    t=0;I=0;S=0;J=1
    U=runif(1);X=-1/la[J]*log(U)
    repeat{
        while(t+X<=a[J+1]){
            t=t+X;U1=runif(1)
            if(U1<=laf(t)/la[J]){
                I=I+1;S[I]=t
```

```
            }
            U=runif(1);X=-1/la[J] * log(U)
        }
        J=J+1
        if(J==k+1) break
        X=(X-a[J]+t) * la[J-1]/la[J]
        t=a[J]
    }
list(I=I,S=S)
}
```

再注意到如下事实：

如果在时刻 s 发生的事件与 s 前发生的事件是独立的，到下一个事件发生的时间有分布 F_s 如下：

$$
\begin{aligned}
F_s(x) &= P\{\text{从时刻 } s \text{ 到下一个事件发生的时间不超过 } x \mid \text{在时刻 } s \text{ 有事件发生}\} \\
&= P\{\text{下一个事件在时刻 } x+s \text{ 之前发生} \mid \text{在时刻 } s \text{ 有事件发生}\} \\
&= P\{\text{事件在时刻 } s \text{ 和 } x+s \text{ 之间发生} \mid \text{在时刻 } s \text{ 有事件发生}\} \\
&= P\{\text{事件在时刻 } s \text{ 和 } x+s \text{ 之间发生}\} \qquad \text{由独立增量性} \\
&= 1 - P\{\text{没有事件在时刻 } s \text{ 和 } x+s \text{ 之间发生}\} \\
&= 1 - \exp\left(-\int_s^{s+x} \lambda(y)\,\mathrm{d}y\right) \\
&= 1 - \exp\left(-\int_0^{x} \lambda(s+y)\,\mathrm{d}y\right).
\end{aligned} \tag{4.4.2}
$$

由 (4.4.2) 从分布 F_0 产生随机变量 S_1，再从分布 F_{s_1} 产生 X_2，令 $S_2 = s_1 + X_2$，等等，就可得到各个事件发生的时间 $S_1, S_2, \cdots$. 这又是一种模拟强度为 $\lambda(t)$ 的非齐次 Poisson 过程在时刻 T 前的各个状态的方法.

【例 4.18】 模拟强度函数为 $\lambda(t)=\dfrac{1}{t+5}, t\geqslant 0$ 的 Poisson 过程在前 10 个时间单位的各个状态.

由于

$$\int_0^x \lambda(s+y)\,\mathrm{d}y = \int_0^x \frac{1}{s+y+5}\mathrm{d}y = \log\left(\frac{s+x+5}{s+5}\right).$$

由(4.4.2)知，

$$F_S(x) = 1 - \frac{s+5}{s+x+5} = \frac{x}{s+x+5}.$$

令 $u = F_S(x)$，则有

$$u = \frac{x}{s + x + 5},$$

即

$$x = \frac{u(s + 5)}{1 - u}.$$

其算法如下：

Step 1：产生随机数 U，令 $S_1 = \frac{5U}{1 - U}$，$i = 1$.

Step 2：若 $S_i > T$，则停止，输出 $S_1, S_2, \cdots, S_{i-1}$ 及 $i - 1$.

Step 3：否则产生随机数 U，令 $i \leftarrow i + 1$ 且 $S_i = S_{i-1} + \frac{(S_{i-1} + 5)U}{1 - U}$，返回 Step 2.

其 R 程序为

```
exam.4.18=function(T){
    U=runif(1)
    S=5*U/(1-U)
    i=1
    repeat{
        if(S[i]>T)break
        i=i+1
        U=runif(1)
        S[i]=S[i-1]+U*(S[i-1]+5)/(1-U)
    }
    list(S=S[1:i-1],I=i-1)
}
```

调用函数 *exam*.4.18(10) 得到结果如下：

```
$ S
[1] 3.378451    4.997666
$ I
[1] 2
```

4.5 Markov 链的模拟

在 1.4 节中已介绍了 Markov 链的概念及相关性质.本节我们将介绍如何模拟一个不可约的已知状态和转移阵的 Markov 链.设不可约 Markov 链 $X =$

$\{X_n, n=0,1,\cdots\}$ 的状态空间为$\mathbb{S}$，转移概率矩阵 $\boldsymbol{P}=(p_{i,j})_{m\times m}$. 其算法为

Step 1：任意给定初始值 $X_0 = x_0$, $x_0 \in \mathbb{S}$.

Step 2：从给定 $X_n = x_n$ 的条件分布 $P\{X_{n+1}=x \mid X_n = x_n\}$ 中产生 X_{n+1} 的值 x_{n+1}. 从而就得到了此 Markov 链的一个实现 $x_0, x_1, \cdots, x_N$.

【例 4.19】 模拟一个具有状态空间 $\mathbb{S}=(-\infty,\infty)$ 且转移核

$$P_{i,j}=\frac{1}{\sqrt{2\pi}}\mathrm{e}^{-\frac{(x_j-0.5x_i)^2}{2}}$$

的 Markov 链.

根据转移核知 $X_{n+1} \mid X_n = x_n \sim N(0.5x_n, 1)$，进而有

$$P_{0,2}\{x \mid X_0 = x_0\} = \int p_{1,2}\{x \mid X_1 = x_1\} p_{0,1}\{x_1 \mid X_0 = x_0\}\mathrm{d}x_1 = N\left(\frac{x_0}{4},\frac{5}{4}\right),$$

$$P_{0,3}\{x \mid X_0 = x_0\} = \int p_{2,3}\{x \mid X_2 = x_2\} p_{0,2}\{x_2 \mid X_0 = x_0\}\mathrm{d}x_2 = N(\frac{x_0}{8},\frac{21}{16}),$$

$$\begin{aligned}P_{0,n}\{x \mid X_0 = x_0\} &= \int p_{n-1,n}\{x \mid X_{n-1} = x_{n-1}\} p_{0,n-1}\{x_{n-1} \mid X_0 = x_0\}\mathrm{d}x_{n-1}\\ &= N\left(\frac{x_0}{2^n},\frac{4^n-1}{3\cdot 4^{n-1}}\right)\end{aligned}$$

可以看出，条件密度函数收敛到 $N\left(0,\frac{4}{3}\right)$，表明此 Markov 链是平稳的，其平稳分布为 $N\left(0,\frac{4}{3}\right)$.

下面我们给出模拟此 Markov 链的步骤：首先确定初始值 $X_0=0$，然后从 $N(0.5x_n,1)$ 中产生 X_{n+1}，即可得到此链的一个实现.其 R 程序为

```
exam4.19=function(x0,m){
    X=x0
    for(i in 2:m){
        X[i]=rnorm(1,0.5*X[i-1],1)
    }
    X
}
```

运行 exam4.19(0,1000)就可得到此 Markov 链的一个实现.

为了判断初始值对 Markov 链的将来状态的影响，我们分别取由初始值 $-5,0,5$ 产生的 Markov 链的三条实现，作出图 4-2.由图 4-2 可看出，尽管此 Markov 链的初始值有很大差别，但经过一段时间后，其实现趋向于一致.

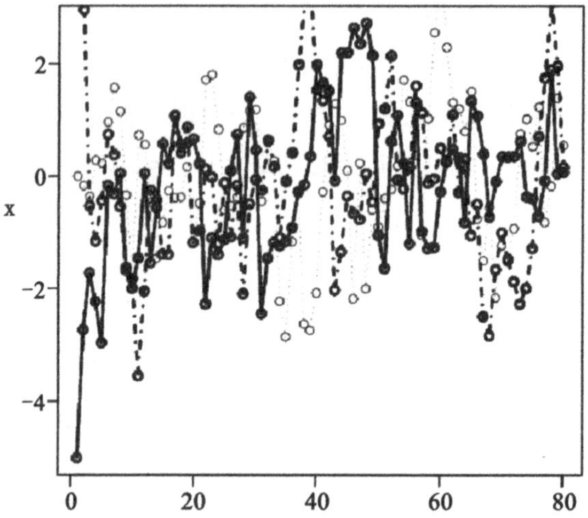

图 4-2　不同初始值的 Markov 链的实现

练　习　4

1.用逆变换法编写产生下述随机变量的程序：

X	0	1
p	0.4	0.6

模拟 $n = 10000$ 次，并确定随机变量的值为 0 的比例。

2.用逆变换方法生成如下密度函数的随机变量，要求写出 R 程序：

(1) $f(x) = \dfrac{x-2}{8}, \quad 2 < x \leqslant 6$;

(2) $f(x) = \dfrac{5}{2}\exp\left[-\dfrac{5}{2}(x-2)\right], x \geqslant 2$;

(3) $f(x) = 4x(1-x^2), 0 < x < 1$;

(4) Logistic 分布 $f(x) = \dfrac{\exp(-x)}{(1+\exp(-x))^2}, \quad -\infty < x < \infty$;

(5) Cauchy 分布 $f(x) = \dfrac{1}{\pi(1+x^2)}$;

(6) $f(x) = \dfrac{e^x}{e-1}, \quad 0 \leqslant x \leqslant 1$.

3.用逆变换方法生成如下概率函数的随机变量，要求写出 R 程序：

(1) $P\{X=i\}=\frac{1}{i+1}$,　$i=0,1,2,\cdots,n$;

(2)

X	1	2	3	4	5
p	0.1	0.2	0.4	0.2	0.1

4.给出产生具有以下分布函数的随机变量的算法及程序：

$$F(x)=1-\exp(-\alpha x^{\beta}),\quad 0<x<\infty.$$

具有上述分布的随机变量称为 Weibull 随机变量.

5.用筛选法来模拟如下密度函数的随机变量，$f(x)$ 是需要模拟的随机变量的密度函数，$g(x)$ 是其对应的筛选函数。

(1) $f(x)=x(1-x)$,　$0<x<1$,　$g(x)$ 为常值函数；

(2) $f(x)=\exp\left(-\frac{1}{2}x^2\right)$, $g(x)\propto(1+x^2)^{-1}$;

(3) $f(x)=\exp\frac{-\frac{1}{2}x^2}{1+x^2}$, $g(x)\propto e^{-0.5x^2}$;

(4) $f(x)=\exp\left(-\frac{1}{2}x^2\right)$,　$x\geqslant\theta$,　$g(x)\propto x\exp\left[-\frac{1}{2}(x^2-\theta^2)\right]$.

6.编写例 4.4 中用向上和向下搜寻法产生 Poisson 随机变量的程序，并在 λ 较大时，比较它们的运算效率.

7.令 X 是一个均值为 1 的指数随机变量.给出一个有效算法来模拟一个随机变量，其分布函数为给定 $X<0.05$ 条件下的 X 的条件分布.也就是它的密度函数为

$$f(x)=\frac{e^{-x}}{1-e^{-0.05}},\quad 0<x<0.05.$$

产生 100 个这样的随机数并用它们来估计 $E[X\mid X<0.05]$.

8.给出模拟一个具有概率函数 P_j,　$j=5,6,\cdots,14$ 的随机变量的方法，其中

$$p_j=\begin{cases}0.11,\text{当}\,j\,\text{是奇数且}\,5\leqslant j\leqslant 13,\\ 0.09,\text{当}\,j\,\text{是偶数且}\,6\leqslant j\leqslant 14.\end{cases}$$

9.假设随机变量 X 分别依概率 0.06,0.06,0.06,0.06,0.06,0.15,0.13,0.14,0.15,0.13 取值 1,2,…,10. 用合成方法产生 X 的值.

10.给出产生具有下述密度函数的随机变量的两种算法：

$$f(x)=xe^{-x},\qquad 0\leqslant x<\infty,$$

并比较其有效性.

11.假设要通过具有速率 λ 的指数筛选法来产生密度函数如下的随机变量 X：

$$f(x)=\frac{1}{2}x^2e^{-x},\qquad x>0,$$

那么确定 λ 的值使得用来产生 X 的此算法的迭代步数的期望值最小.

12.给出产生具有下述密度函数的随机变量的一种算法：

$$f(x)=30(x^2-2x^3+x^4),\qquad 0\leqslant x\leqslant 1.$$

讨论此算法的有效性.

13.一个意外伤亡保险公司有 1000 个客户，每个客户独立地在下个月以概率 0.05 索赔.假设索赔量是独立的具有均值 \$ 800 指数随机变量.用模拟方法估计这些索赔量的和超过 \$ 50000 的概率.

14.为了完成一项工作，一个工人必须要依次经过 k 个阶段.完成阶段 i 的时间是具有速率 $\lambda_i, i=1,2,\cdots,k$ 的指数随机变量，那么在完成阶段 i 后，此工人以概率 $\alpha_i, i=1,2,\cdots,k-1$ 进入到下一个阶段.也就是，在完成阶段 i 后，此工人以概率 $1-\alpha_i$ 停止工作.如果我们令 X 表示此工人用在工作中的时间量，那么 X 就称为 Cox 随机变量.写一个产生此随机变量的算法.

15.公共汽车按照每小时 5 辆的 Poisson 过程到达一个运动会场所.每辆公共汽车等可能地包含或者 20，或者 21，…，或者 40 个运动爱好者，在不同的公共汽车中运动爱好者的人数是独立的.写一个算法来模拟到时刻 $t=1$ 时这些运动爱好者的到达人数.

16.(1)写一个用稀释法产生具有如下强度函数的 Poisson 过程的前 10 个时间单元的程序：

$$\lambda(t)=3+\frac{4}{t+1};$$

(2)对上述例子给出一个改进了的稀释法的算法.

17.假设 Poisson 过程的强度函数为

$$\lambda(t)=\begin{cases}\dfrac{t}{5}, & 0<t<5,\\ 1+5(t-5), & 5<t<10.\end{cases}$$

模拟此 Poisson 过程在 10 个单位时间前发生的各个事件的时间.

18.模拟一个具有状态空间 $\mathbb{S}=(-\infty,\infty)$ 且转移核

$$P_{i,j}=x_ie^{-x_ix_j}$$

的 Markov 链.

第5章 估计精度与有效模拟次数

在统计学中，通过对实际问题进行观测得到若干值后，就要对我们所感兴趣的未知参数 θ 进行估计，但往往达不到指定的精度，这时就需要再进行大量的抽样.为了避免大量抽样带来的困难，这时就需要进行计算机模拟.通过模拟可以确定在一定的信度下要达到指定的精度所需要抽样的容量.下面就对这些内容进行介绍.

5.1 总体均值和总体方差

假设 $X_1, X_2, \cdots, X_n$ 是独立同分布的随机变量.令 θ 和 σ^2 分别表示其均值和方差，即，$\theta = E[X_i]$ 以及 $\sigma^2 = \mathrm{Var}(X_i)$. 令 $\overline{X} = \sum_{i=1}^{n} \frac{X_i}{n}$ 表示这 n 个数据的算术平均值，也称为样本均值.当总体均值 θ 未知时，我们经常用样本均值对之进行估计.易知 $E\overline{X} = \theta$ 及 $E[(\overline{X} - \theta)^2] = \frac{\sigma^2}{n}$. 当 $\frac{\sigma}{\sqrt{n}}$ 很小时，它表明 $\overline{X}$ 是 θ 的一个好估计.

由于总体方差 σ^2 通常是未知的，所以很难直接用 $\frac{\sigma^2}{n}$ 的值作为衡量 n 个数据的样本均值估计总体均值的误差标准，从而需要估计 σ^2. 我们往往用样本方差

$$S^2 = \frac{1}{n-1} \sum_{i=1}^{n} (X_i - \overline{X})^2$$

估计 σ^2，而且易知 $ES^2 = \sigma^2$. 有时用样本标准差 S 作为总体标准差 σ 的估计，或者用样本标准误差 $\frac{S}{\sqrt{n}}$ 作为总体标准误差 $\frac{\sigma}{\sqrt{n}}$ 的估计.

假设已经拥有若干个 X_i 的值，如果我们的目标是估计 $\theta = E[X_i]$，并且要保证在给定的置信度 $1-\alpha$ 下达到指定的精度，那么我们将要产生多少新数据呢？解决此问题的方法是，首先选择一个合适的正数 d，例如，如果 d 是估计

量 $\overline{X}$ 的标准差,我们能够以 95%的可靠性确定 $\overline{X}$ 与 θ 的差不超过 $1.96d$. 我们将继续产生新的数据,直到产生了 n 个数据的值使得其样本标准误差 $\frac{S}{\sqrt{n}} \leqslant d$.

确定何时中止产生新数据的算法如下:

Step 1:选择一个合适的值 d 作为估计量的标准误差.

Step 2:至少产生 100 个数据.

Step 3:继续产生新的数据,当达到 k 个数据且 $\frac{S}{\sqrt{k}} < d$ 时停止,其中 S 是根据这 k 个数据确定的样本标准差.

Step 4: θ 的估计量为 $\overline{X} = \sum_{i=1}^{k} \frac{X_i}{k}$.

【例 5.1】 连续产生标准正态随机变量直到 n 个为止,其中 $n \geqslant 100$ 且满足 $\frac{S}{\sqrt{n}} < 0.01$, 其中 S 是此 n 个数据值的样本标准差.问 n 为多少?

我们编写程序如下:

```
exam5.1=function(d){
    X=rnorm(100);k=100
    while(sd(X)/sqrt(length(X))>=d){
        k=k+1
        X[k]=rnorm(1)
    }
    k-1
}
```

并调用 exam5.1(0.01),就可得到 $n = 9956$.

因为上述算法对每次产生的新数据都需要重新验算 $\frac{S}{\sqrt{k}} < d$, 这样就会影响运算速度,我们对此算法进行改进.

考虑序列 $X_1, X_2, \cdots$, 并令

$$\overline{X}_j = \sum_{i=1}^{j} \frac{X_i}{j}$$

以及

$$S_j^2 = \sum_{i=1}^{j} \frac{(X_i - \overline{X}_j)^2}{j-1}, \qquad j \geqslant 2$$

分别表示前 j 个数据的样本均值和样本方差.下述递归方法用来连续地计算样

本均值和样本方差的流动值.

令 $S_1^{\ 2}=0, \overline{X}_0=0$.

$$\overline{X}_{j+1}=\overline{X}_j+\frac{X_{j+1}-\overline{X}_j}{j+1}, \tag{5.1.1}$$

$$S_{j+1}^2=\left(1-\frac{1}{j}\right)S_j^{\ 2}+(j+1)(\overline{X}_{j+1}-\overline{X}_j)^2. \tag{5.1.2}$$

【例 5.2】 (续例 5.1)用改进了的算法对例 5.1 进行编程:

```
exam5.2=function(d){
    X=rnorm(100);k=100
    ss=0;xbar=X[1]
    #下面的 for 循环产生前 100 个均值和方差
    for(j  in  1:(k-1)){
        xbar[j+1]=xbar[j]+(X[j+1]-xbar[j])/(j+1)
        ss[j+1]=(1-1/j) * ss[j]+(j+1) * (xbar[j+1]-xbar[j])^2
    }
        #下面的 repeat 循环通过递归来产生 100 个数据以后的均
值和方差
    repeat{
            k=k+1
            X[k]=rnorm(1)
            xbar[k]=xbar[k-1]+(X[k]-xbar[k-1])/k
            ss[k]=(1-1/(k-1)) * ss[k-1]+k * (xbar[k]-
            xbar[k-1])^2
            if(sqrt(ss[k])/sqrt(length(X))<d)break
        }
    list(xbar=mean(X),N=k,Var=ss[k])
}
```

通过运行下述程序测算,

```
>system.time(exam5.1(0.01))
用户系统流逝
3.78 0.00 3.86
> system.time(exam5.2(0.01))
用户系统流逝
2.67 0.00 2.70
```

对同样的精度 $d=0.01$，例 5.2 比例 5.1 快将近 30%.

如果随机变量的方差是其期望的函数,例如 Bernoulli(或 0-1)随机变量,模拟时对上述算法就需要修正.即,假设产生随机变量 X 使得

$$X_i=\begin{cases}1, & \text{以概率} p,\\ 0, & \text{以概率} 1-p,\end{cases}$$

并假设我们对估计 p 感兴趣.因为 $\mathrm{Var}(X_i)=p(1-p)$，所以不必利用样本方差估计 $\mathrm{Var}(X_i)$. 很自然地,方差 $\mathrm{Var}(X_i)$ 的估计为 $\overline{X}_n(1-\overline{X}_n)$. 对此,我们用下述方法确定何时停止.

Step 1:选择一个合适的 d 作为估计量的标准误差.

Step 2:连续地产生新的数据,直到产生 k 个数据使得 $\left[\dfrac{\overline{X}_k(1-\overline{X}_k)}{k}\right]^{\frac{1}{2}}<d$ 时就停止.

Step 3:计算 p 的估计量 $\overline{X}_k$.

【例 5.3】 假设抛一枚硬币,出现"数字"的概率为 p, 当抛了 10 次时,出现"数字"6 次.问至少还需要抛多少次才能使得 p 的估计的精度达到 0.01?

令 $X_i=1$ 表示抛第 i 次硬币时出现的是"数字"，$X_i=0$ 表示抛第 i 次硬币时出现的是"花".显然 $P\{X_i=1\}=p$. 其 R 程序为

```
exam5.3=function(d){
    X=rep(1,6)
    X[7:10]=0
    X[11:100]=sample(c(0,1),90,prob=c(0.4,0.6),replace=
TRUE)
    k=100
    while(sqrt(mean(X)*(1-mean(X))/k)>d){
        k=k+1
        X[k]=sample(c(0,1),1,prob=c(0.4,0.6))
    }
    list(N=k-1-10,X=X)
}
```

运行程序 exam5.3(0.01)得到至少还需抛 2371 次才能达到精度 0.01.

5.2 总体均值的区间估计

假设 $X_1,X_2,\cdots,X_n$ 是来自于一个总体均值为 θ、方差为 σ^2 的简单随机样

本.尽管样本均值 $\overline{X}$ 是 θ 的一个有效点估计,但我们不能认为 $\overline{X}$ 就是 θ. 通常合理的考虑是根据 $\overline{X}$ 构造一个合适的区间来覆盖 θ.

为了得到这样一个区间,需要估计量 $\overline{X}$ 的（近似）分布.由中心极限定理知,对充分大的 n, 有

$$\sqrt{n}\,\frac{(\overline{X}-\theta)}{\sigma} \stackrel{.}{\sim} N(0,1),$$

其中 $\stackrel{.}{\sim} N(0,1)$ 意指“近似服从标准正态分布”.另外,如果用 S 来替换未知的标准差 σ, 那么样本均值仍然服从渐近正态分布.当 n 充分大时,

$$\sqrt{n}\,\frac{(\overline{X}-\theta)}{S} \stackrel{.}{\sim} N(0,1). \tag{5.2.1}$$

由 (5.2.1) 知, θ 的置信度为 $1-\alpha$ 的置信区间为 $\bar{x} \pm z_{\frac{\alpha}{2}}\frac{s}{\sqrt{n}}$.

现考虑在一个模拟过程中,要产生新的数据,问什么时候停止产生新的数据? 解决此问题的方法是首先选择 α 和 l, 并继续产生数据直到 θ 的置信度为 $1-\alpha$ 的置信区间长度 $2z_{\frac{\alpha}{2}}\frac{S}{\sqrt{n}}$ 不超过 l. 其算法如下:

Step 1:至少产生 100 个数据.

Step 2:连续地产生数据,直到产生的数据的个数 k 使得 $2z_{\frac{\alpha}{2}}\frac{S}{\sqrt{k}}<l$, 其中 S 是由这 k 个数产生的样本标准差.

Step 3:如果 $\bar{x}$ 和 s 是 $\overline{X}$ 和 S 的观察值,则 θ 的置信度为 $1-\alpha$ 的区间估计为 $\bar{x} \pm z_{\frac{\alpha}{2}}\frac{s}{\sqrt{k}}$.

【例 5.4】 在用平均值法估计 π 时,即估计积分 $\int_0^1\sqrt{1-x^2}\,\mathrm{d}x$, 构造一个长度小于 0.01 的区间使此区间以 95% 的可靠性包含 π,问至少需要模拟多少次?

编写程序如下:

```
exam5.4=function(alpha,l){
    ssM=0;x=runif(100);k=100   #   ssM 是 M 的样本方差
    M=sqrt(1-x^2);Mbar=M[1]
    for(i in 1:(k-1)){
      Mbar[i+1]=Mbar[i]+(M[i+1]-Mbar[i])/(i+1)
```

```
        ssM[i+1]=(1-1/i)*ssM[i]+(i+1)*(Mbar[i+1]-Mbar[i])^2
      }
      repeat{
      k=k+1
      x[k]=runif(1)
      M[k]=sqrt(1-x[k]^2)
      Mbar[k]=Mbar[k-1]+(M[k]-Mbar[k-1])/k
      ssM[k]=(1-1/(k-1))*ssM[k-1]+k*(Mbar[k]-Mbar[k-1])^2
      if(8*qnorm(1-alpha/2)*sqrt(ssM[k])/sqrt(k)<l)break
    }
    list(low=4*(mean(M)-qnorm(1-alpha/2)*sqrt(ssM[k])/sqrt(k)),
      upp=4*(mean(M)+qnorm(1-alpha/2)*sqrt(ssM[k])/sqrt
(k)),N=k,Pi=4*mean(M))
    }
```

5.3 Bootstrap 方法

假设某总体 X 的分布函数 $F(x)$ 未知,其观察值是 $X_i = x_i$, $i = 1,2,\cdots,n$. 一般通过经验分布函数 F_e 估计分布函数 F, 其中

$$F_e(x) = \frac{1}{n}\#\{i:X_i \leqslant x, i = 1,2,\cdots,n\},\#\text{ 表示对 } i \text{ 的计数.}$$

注:符号"#"在公式中,表示计数,在程序中,表示对该语句的注释.以后不再赘述.

我们也可以将 F_e 看做是一个离散随机变量 X_e 的分布函数,即表 5-1.

表 5-1

X_e	x_1	x_2	$\cdots$	x_n
p	$\frac{1}{n}$	$\frac{1}{n}$	$\cdots$	$\frac{1}{n}$

如果 x_i 有相同的值,我们将对应的概率合并,例如, $x_1 = 0, x_2 = x_3 = 2$, 那么 $P\{X_e = 0\} = \frac{1}{3}, P\{X_e = 2\} = \frac{2}{3}$.

假设我们对分布函数 F 的参数 $\theta(F)$ 感兴趣.例如, $\theta(F)$ 可能是 F 的均

值,或者中位数,或者任何其他参数.又假设用来估计 $\theta(F)$ 的统计量 $g(X_1, X_2,\cdots,X_n)$ 已经给出,为了判断 $g(X_1, X_2,\cdots, X_n)$ 的精度,我们要估计其均方误差.即

$$\mathrm{MSE}(F) \equiv E_F[(g(X_1,X_2,\cdots,X_n) - \theta(F))^2]$$

特别,当 $\theta(F) = E[X]$, 且 $g(X_1,X_2,\cdots,X_n) = \overline{X}$ 时立刻得到 MSE 的一个估计量为 $\frac{S^2}{n}$. 而一般情形下, $\theta(F)$ 为 X 的中位数时,其均方误差的形式不明显,那么我们用 Bootstrap 方法对此均方误差 MSE 进行估计.

我们知道,如果分布函数 F 是已知的,在理论上就能够计算出 θ 的估计量的均方误差.若分布函数 F 未知,由 Glivenko-Cantelli 定理知,当 n 充分大时, F_e 以概率 1 一致收敛到 F.

又若 θ 是分布函数 F 的一个连续函数,则

$$\mathrm{MSE}(F_e) = E_{F_e}[(g(X_1,X_2,\cdots,X_n) - \theta(F_e))^2] \tag{5.3.1}$$

近似地等于 $\mathrm{MSE}(F)$. 在 (5.3.1) 中 X_i 被看做是具有分布函数 F_e 的相互独立的随机变量. $\mathrm{MSE}(F_e)$ 被称为 $\mathrm{MSE}(F)$ 的 Bootstrap 估计.

当用样本均值来估计总体均值时,其均方误差为 $E[(\overline{X} - \theta)^2] = \frac{\sigma^2}{n}$. 因为 σ^2 未知,我们很自然地用样本方差 s^2 对之进行估计,也就是,样本均方误差 $\mathrm{MSE}(F)$ 的估计为 $\frac{s^2}{n}$.

如果用 Bootstrap 法,我们对样本均方误差就用下式来估计:

$$\mathrm{MSE}(F_e) = E_{F_e}\left[\left(\sum_{i=1}^{n}\frac{X_i}{n} - \bar{x}\right)^2\right].$$

其中 $X_1,X_2,\cdots,X_n$ 是相互独立的服从分布 F_e 的随机变量.因为

$$E_{F_e}\left[\sum_{i=1}^{n}\frac{X_i}{n}\right] = E_{F_e}[X] = \bar{x},$$

又因为

$$\mathrm{Var}_{F_e}(X) = E_{F_e}[(X - E_{F_e}[X])^2] = E_{F_e}[(X - \bar{x})^2] = \frac{1}{n}\left[\sum_{i=1}^{n}(x_i - \bar{x})^2\right],$$

所以

$$\mathrm{MSE}(F_e) = \mathrm{Var}_{F_e}\left(\sum_{i=1}^{n}\frac{X_i}{n}\right) = \frac{\mathrm{Var}_{F_e}(X)}{n} = \frac{\sum_{i=1}^{n}(x_i - \bar{x})^2}{n^2}.$$

由此知,当用样本均值估计总体均值时,Bootstrap 法是没必要的.但为了看出 Bootstrap 方法的有效性,现给出一个实例进行验证:假设有 100 个数据来自标

准正态分布 X，现利用这些数据用 Bootstrap 法估计随机变量的期望 $\theta = EX$. 由理论分析知，$\overline{X}$ 是 θ 的估计，且 $E\overline{X} = 0$，$\overline{X}$ 的标准误差为 $sd(\overline{X}) = \sqrt{\mathrm{Var}(\overline{X})} = \frac{1}{\sqrt{100}} = 0.1$. 首先利用 R 生产这些数据.

```
>gauss=rnorm(100)
```

再进行 Bootstrap 抽样

```
>boot=0
>for(i in 1:1500){
    boot[i]=mean(sample(gauss,replace=TRUE))
}
```

现在计算出其均值和标准误差：

```
>mean(boot);sd(boot)
```

也可采取直接计算方法：

```
>mean(gauss);sd(gauss)/sqrt(100)
```

现把它们的结果列入表 5-2.

表 5-2

使用方法	均值的估计	均值的标准误差	0.025 分位数	0.975 分位数
理论值	0	0.1	-0.196	0.196
直接法	-0.0284	0.0945	-0.190	0.150
Bootstrap 法	-0.0282	0.0935	-0.209	0.155

但是 Bootstrap 法不是为了提高估计量的精度，而是一般用来对估计量的方差进行估计.若我们所感兴趣的参数 $\theta(F)$ 是分布 F 的方差，则其估计量为

$$\theta(F_e) = \mathrm{Var}_{F_e}(X) = \sum_{i=1}^{n} \frac{(x_i - \bar{x})^2}{n}.$$

我们首先考虑

$$\mathrm{MSE}(F_e) = E_{F_e}[(g(X_1, X_2, \cdots, X_n) - \theta(F_e))^2].$$

而

$$\mathrm{MSE}(F_e) = \sum_{i_n} \cdots \sum_{i_1} \frac{[g(x_{i_1}, x_{i_2}, \cdots, x_{i_n}) - \theta(F_e)]^2}{n^n},$$

其中，每个 i_j 取遍 1 到 n，所以 $\mathrm{MSE}(F_e)$ 通常要求计算 n^n 个和式，当 n 很大时，这是一个天文数字.

要克服上述问题，首先产生 n 个相互独立且具有分布函数 F_e 的随机变量 $X_1^1, X_2^1, \cdots, X_n^1$，令

$$Y_1 = [g(X_1^1, X_2^1, \cdots, X_n^1) - \theta(F_e)]^2.$$

接着产生第二组随机变量 $X_1^2, X_2^2, \cdots, X_n^2$，并计算

$$Y_2 = [g(X_1^2, X_2^2, \cdots, X_n^2) - \theta(F_e)]^2.$$

等等，直到收集到变量 $Y_1, Y_2, \cdots, Y_B$. 因为这些 Y_i 是相互独立的，有均值 $\mathrm{MSE}(F_e)$，所以我们能够用其平均值 $\sum_{i=1}^{B} \frac{Y_i}{B}$ 作为 $\mathrm{MSE}(F_e)$ 的估计量.

【例5.5】 如果已知某随机变量 X 的15个观测值如下：

5,4, 9, 6, 21, 17, 11, 20, 7, 10, 21, 15, 13, 16, 8.

试用 Bootstrap 法估计 $\mathrm{Var}(X)$ 及 $\mathrm{Var}(S^2)$，其中 S^2 为样本方差.

我们用如下 R 程序就可得到其估计：

X 表示已知观测样本，pr 为 X 对应的经验概率分布，fboot 是统计量表达式，B 为重复抽样次数.

```
boot=function(X,pr,fboot,B){
    Tboot=0
    for(i in 1:B){
        Y=sample(X,length(X),prob=pr,replace=TRUE)
        Tboot[i]=fboot(Y)
    }
    Tboot
}
X=c(4 , 5 , 6 , 7 ,8 , 9 ,10 ,11 ,13, 15, 16 ,17, 20, 21)
pr=c(1/15,1/15,1/15,1/15,1/15,1/15,1/15,1/15,1/15,1/15,1/15,
1/15,1/15,2/15)
```

调用程序

```
>T=boot(X,pr,var,100)
>mean(T)
>var(T)
```

得到 $\mathrm{Var}(X)$ 及 $\mathrm{Var}(S^2)$ 的估计值分别为32.925和53.957.

练 习 5

1.连续产生指数分布 $E(1)$ 的值直到 n 个为止，其中 $n \geqslant 100$ 满足 $\frac{S}{\sqrt{n}} <$

0.01，S 为此 n 个数据的样本标准差.问：

(1) n 至少为多少？

(2)样本均值和样本方差各为多少？它们与理论值有何差别？

2.根据产生的随机数估计 $\int_0^1 \exp(x^2)\,dx$. 要求至少产生 100 个随机数，直到估计量的标准差小于 0.01 为止.

3.证明：如果我们增加随机数直到其和超过 1，则期望增加的数等于 e.也就是，如果

$$N = \min\left\{n: \sum_{i=1}^{n} U_i > 1\right\},$$

则 $E[N] = e$.

(1)用上述方法估计 e，并模拟 1000 次.

(2)估计(1)中给出的估计量的方差，并给出 e 的置信系数为 0.95 的区间估计.

4.考虑一个随机数序列并令 M 表示首次小于前面的数的下标.也就是

$$M = \min\{n: U_1 \leqslant U_2 \leqslant \cdots \leqslant U_{n-1} > U_n\}.$$

(1)论证 $P\{M > n\} = \dfrac{1}{n!},\quad n \geqslant 0$；

(2)用等式 $E[M] = \sum_{n=1}^{\infty} P\{M > n\}$ 证明 $E[M] = e$；

(3)用(2)来估计 e，做 1000 次模拟；

(4)估计 (3) 中的估计量的方差，并给出 e 的置信系数为 0.95 的区间估计.

5.在用随机投点法估计 π 时，做多少次模拟才能获得一个长度小于 0.1 的区间，使之以 95%的可靠性包含 π？

6.为了估计 $E[X]$，$X_1, X_2, \cdots, X_{16}$ 已经被模拟出，其数据如下：

10，11，10.5，11.5，14，8，13，6，15，10，11.5，10.5，12，8，16，5.

再根据这些数据，如果我们要使 $E[X]$ 的估计量的标准差小于 0.1，大概还需要运行多少次？

7.为了估计 θ，产生了 20 个相互独立的具有均值 θ 的随机数，其值如下：

102，112，131，107，114，95，133，145，139，117，

93，111，124，122，136，141，119，122，151，143.

如果要确定 θ 的置信系数为 0.99 长度为 1 的 θ 的最终估计量，另外还需要产生多少个随机数？

8.令 $X_1, X_2, \cdots, X_n$ 是相互独立同分布的随机变量，有未知均值 μ. 对给定

的常数 $a < b$, 我们对估计 $p = P\left\{a < \sum_{i=1}^{n} \frac{X_i}{n} - \mu < b\right\}$ 感兴趣.

(1)解释如何用 Bootstrap 法估计 p;

(2)如果 $n = 10$, 且 X_i 的值为 56,101,78,67,93,87,64,72,89,69,求 p 的估计值,取 $a = -5, b = 5$.

9.如果 $n = 3, X_1 = 1, X_2 = 3, X_3 = 2$, 令 $S^2 = \sum_{i=1}^{n} \frac{(X_i - \overline{X})^2}{n-1}$ 为样本方差,则 $\mathrm{Var}(S^2)$ 的 Bootstrap 估计是什么?

10.如果从某分布中抽取出的样本观测值如下:16,17,20,26,22,25,23,25,18,17,22,23,19,20,19,21,12,18,17,14,共有 20 个数据,则 $\mathrm{Var}(S^2)$ 的 Bootstrap 估计是什么?

第6章 模拟精度改进技术

在前面介绍的对随机变量 X 的期望 $\theta = EX$ 的模拟过程中，我们是连续地产生 n 个独立同分布的随机变量 $X_1, X_2, \cdots, X_n$，$\overline{X}$ 与 θ 的偏差为 $\overline{X}$ 的标准误差 $\frac{S}{\sqrt{n}}$，是否可以改进模拟方法，使其标准误差更小呢？本章各节内容就是对这个问题的具体回答.

6.1 对偶变量法

假设我们对估计 $\theta = E[X]$ 感兴趣，又假设产生了同分布且具有均值 θ 的随机变量 X_1 和 X_2，则

$$\mathrm{Var}\left(\frac{X_1 + X_2}{2}\right) = \frac{1}{4}[\mathrm{Var}(X_1) + \mathrm{Var}(X_2) + 2\mathrm{Cov}(X_1, X_2)].$$

若 X_1 和 X_2 是负相关的，则 $\mathrm{Var}\left(\frac{X_1 + X_2}{2}\right) \leqslant \frac{1}{4}[\mathrm{Var}(X_1) + \mathrm{Var}(X_2)]$，即，在某种意义上说，方差减小了，也就是，估计的精度得到提高，而仍然有 $E\frac{X_1 + X_2}{2} = \theta$. 下面的定理将会告诉我们如何改进模拟方法来提高估计的精度.

定理 6.1 如果 $X_1, X_2, \cdots, X_n$ 相互独立，则对任何 n 元增函数 f 和 g，

$$E[f(\boldsymbol{X})g(\boldsymbol{X})] \geqslant E[f(\boldsymbol{X})]E[g(\boldsymbol{X})], \tag{6.1.1}$$

其中 $\boldsymbol{X} = (X_1, X_2, \cdots, X_n)$.

证 用归纳法证明.当 $n = 1$ 时，令 f 和 g 为单变量增函数.则对任意的 x 和 y，因为若 $x \geqslant y (x \leqslant y)$ 则这两个因式都是非负的（非正的），故

$$[f(x) - f(y)][g(x) - g(y)] \geqslant 0.$$

从而，对任意的随机变量 X 和 Y，

$$[f(X) - f(Y)][g(X) - g(Y)] \geqslant 0,$$

蕴涵着

$$E[f(X)-f(Y)][g(X)-g(Y)]\geqslant 0.$$

上式等价于

$$E[f(X)g(X)]+E[f(Y)g(Y)]\geqslant E[f(X)g(Y)]+E[f(Y)g(X)].$$

如果假设 X 和 Y 是独立同分布的,那么在此情形下,就有

$$E[f(X)g(X)]=E[f(Y)g(Y)],$$

$$E[f(X)g(Y)]=E[f(Y)g(X)]=E[f(X)]E[g(X)],$$

我们获得了 $n=1$ 的结果.

假设(6.1.1)对 $n-1$ 时成立,现在假设 $X_1,X_2,\cdots,X_n$ 是相互独立的,f 和 g 是增函数.则

$$\begin{aligned}E[f(\boldsymbol{X})g(\boldsymbol{X})\mid X_n=x_n]&=E[f(X_1,X_2,\cdots,X_{n-1},x_n)g(X_1,X_2,\cdots,X_{n-1},x_n)\mid X_n=x_n]\\&=E[f(X_1,X_2,\cdots,X_{n-1},x_n)g(X_1,X_2,\cdots,X_{n-1},x_n)]\ (\text{由独立性})\\&\geqslant E[f(X_1,X_2,\cdots,X_{n-1},x_n)]E[g(X_1,X_2,\cdots,X_{n-1},x_n)](\text{由归纳假设})\\&=E[f(\boldsymbol{X})\mid X_n=x_n]E[g(\boldsymbol{X})\mid X_n=x_n].\end{aligned}$$

从而

$$E[f(\boldsymbol{X})g(\boldsymbol{X})\mid X_n]\geqslant E[f(\boldsymbol{X})\mid X_n]E[g(\boldsymbol{X})\mid X_n],$$

对上式两边取期望得到

$$E[f(\boldsymbol{X})g(\boldsymbol{X})]\geqslant E[E[f(\boldsymbol{X})\mid X_n]E[g(\boldsymbol{X})\mid X_n]]\geqslant E[f(\boldsymbol{X})]E[g(\boldsymbol{X})].$$

上述最后一个不等式成立是因为 $E[f(\boldsymbol{X})\mid X_n]$ 和 $E[g(\boldsymbol{X})\mid X_n]$ 都是 X_n 的单调增函数,因此由 $n=1$ 的结果有

$$\begin{aligned}E[E[f(\boldsymbol{X})\mid X_n]E[g(\boldsymbol{X})\mid X_n]]&\geqslant E[E[f(\boldsymbol{X})\mid X_n]]E[E[g(\boldsymbol{X})\mid X_n]]\\&=E[f(\boldsymbol{X})]E[g(\boldsymbol{X})].\end{aligned}$$

推论 6.1　如果 $h(x_1,x_2,\cdots,x_n)$ 是其每个自变量的单调函数,则对独立随机数的集合 $U_1,U_2,\cdots,U_n$,有

$$\mathrm{Cov}[h(U_1,U_2,\cdots,U_n),h(1-U_1,1-U_2,\cdots,1-U_n)]\leqslant 0.$$

证　不失一般性,假设 h 是其前 r 个自变量的增函数,是后 $n-r$ 个自变量的减函数.从而,令

$$f(x_1,x_2,\cdots,x_n)=h(x_1,x_2,\cdots,x_r,1-x_{r+1},1-x_{r+2},\cdots,1-x_n),$$

$$g(x_1,x_2,\cdots,x_n)=-h(1-x_1,1-x_2,\cdots,1-x_r,x_{r+1},\cdots,x_n),$$

已知 f 和 g 都是增函数.因此,根据上述定理

$$\mathrm{Cov}[f(U_1,U_2,\cdots,U_n),g(U_1,U_2,\cdots,U_n)]\geqslant 0,$$

或者等价地,

$$\mathrm{Cov}[h(U_1,U_2,\cdots,U_r,1-U_{r+1},\cdots,1-U_n),$$

$$h(1-U_1,1-U_2,\cdots,1-U_r,U_{r+1},\cdots,U_n)] \leqslant 0.$$

此结果成立是因为随机向量 $h(U_1,U_2,\cdots,U_n)$, $h(1-U_1,1-U_2,\cdots,1-U_n)$ 有与下述随机向量相同的联合分布：

$$h(U_1,U_2,\cdots,U_r,1-U_{r+1},\cdots,1-U_n),$$
$$h(1-U_1,1-U_2,\cdots,1-U_r,U_{r+1},\cdots,U_n).$$

□

如何产生 X_1 和 X_2 是负相关的呢？根据上述定理，我们按下述方法来进行：假设 X_1 是 m 个随机数的函数，即假设 $X_1=h(U_1,U_2,\cdots,U_m)$，其中 U_1, $U_2,\cdots,U_m$ 是 m 个相互独立的随机数. 令随机变量 $X_2=h(1-U_1,1-U_2,\cdots,1-U_m)$. 易知 U 与 $1-U$ 同分布，且 $\mathrm{Cov}(U,1-U)=-\frac{1}{12}$. 如果 h 是每个坐标的单调函数，那么 X_2 与 X_1 是同分布且负相关的. 称此随机变量 X_2 为 X_1 的**对偶变量(antithetic variable)**. 据此，我们可以看到此方法有两大好处：不仅使最终的估计量有更小的方差，而且也节省了产生第二组随机数的时间.

【例 6.1】 假设要估计 $\theta=\int_0^1 \mathrm{e}^x \mathrm{d}x=\mathrm{e}-1$，如果是独立地产生 2 个随机数 U_1,U_2，则估计的方差为

$$\mathrm{Var}\left(\frac{\mathrm{e}^{U_1}+\mathrm{e}^{U_2}}{2}\right)=\frac{\mathrm{Var}(\mathrm{e}^{U_1})}{2}=0.1210.$$

其标准差为 $\sqrt{0.1210}=0.34785$.

因为函数 $h(u)=\mathrm{e}^u$ 在 $(0,1)$ 上显然是一个单调递增函数，用对偶变量法产生的 U 和 $1-U$ 的方差为

$$\mathrm{Var}\left(\frac{\mathrm{e}^{U}+\mathrm{e}^{1-U}}{2}\right)=\frac{\mathrm{Var}(\mathrm{e}^{U})}{2}+\frac{\mathrm{Cov}(\mathrm{e}^{U},\mathrm{e}^{1-U})}{2}=0.0039,$$

标准差为 $\sqrt{0.0039}=0.06245$. 精度提高了 82%.

【例 6.2】 令 $X_i, i=1,2,\cdots,5$ 是均值为 1 的独立的指数随机变量，模拟估计

$$\theta=P\left\{\sum_{i=1}^{5} iX_i \geqslant 21.6\right\}.$$

如果直接产生 $2n$ 组指数随机向量 $(X_1^i,X_2^i,\cdots,X_5^i)$, $i=1,2,\cdots,2n$，令

$$I_i=\begin{cases}1, 若 \sum_{j=1}^{5} jX_j^i \geqslant 21.6,\\ 0, 否则.\end{cases}$$

通常用 $\bar{I}_1=\sum_{i=1}^{2n}\frac{I_i}{2n}$ 对 θ 进行估计. 而 $EI_i=\theta$, $\mathrm{Var}(I_i)=\theta(1-\theta)$, $\mathrm{Var}(\bar{I}_1)=$

$\frac{\theta(1-\theta)}{2n}$ 为 $\bar{I}_1$ 的方差.若用对偶变量法对 θ 进行估计,我们按如下方式产生 $2n$ 组随机数:

$U_1^k, U_2^k, \cdots, U_5^k, k=1,2,\cdots,2n$, 其中 $U_i^{2k}=1-U_i^{2k-1}, i=1,2,\cdots,5.$

令 $X_i^k=-\log(U_i^k)$.

$$I_i=\begin{cases}1, 若 \sum_{j=1}^{5} jX_j^i \geqslant 21.6,\\ 0, 否则.\end{cases}$$

易知 $E\sum_{i=1}^{2n}\frac{I_i}{2n}=\theta$, 我们仍然用 $\bar{I}_2=\sum_{i=1}^{2n}\frac{I_i}{2n}$ 对 θ 进行估计.容易看到 I_i 是其坐标的单调递增函数, $\bar{I}_2$ 的方差小于 $\bar{I}_1$ 的方差.我们用下述程序进行验证.第一个程序为直接法,第二个为对偶变量法.

```
exam6.2_1=function(n){
    X=matrix(0,nrow=n,ncol=5)
    k=0
    for(i in 1:n){
        for(j in 1:5){
            U=runif(1)
            X[i,j]=-log(U)*j
        }
        if(sum(X[i,])>21.6){
            k=k+1
        }
    }
    list(th=k/n,va=k/n*(1-k/n)/n)
    }
exam6.2 _2=function(n){
    X=matrix(0,nrow=2*n,ncol=5)
        k=0;I=0;r=0
        q=seq(1,2*n,2)
        for(i in q){
            for(j in 1:5){
                U=runif(1)
                X[i,j]=-log(U)*j
```

```
                X[i+1,j]=-log(1-U)*j
            }
        }
        for(m in 1:(2*n)){
            if(sum(X[m,])>21.6){
                I[m]=1;k=k+1
            }else I[m]=0
        }
        for(i in q){
            if(I[i]*I[i+1]==1){
                r=r+1
            }
        }
    list(th=k/(2*n),va=k/(2*n)*(1-k/n)/(2*n)+r/(2*n^2))
    }
```

运行 exam6.2_1(20000)得到 θ 的估计为 0.17265，方差为 7.142099e-06；运行 exam6.2_2(10000)得到 θ 的估计为 0.17215，方差为 5.838938e-06.

如果运用正态随机变量 $Y \sim N(\mu,\sigma^2)$ 模拟估计 $E[h(Y_1,Y_2,\cdots,Y_n)]$（h 是其坐标的单调函数）时，我们也可以用对偶变量法减少方差.

首先产生均值为 μ 方差为 σ^2 的正态随机变量 Y，然后取对偶变量 $2\mu - Y$，易知 $2\mu - Y$ 也具有均值 μ 和方差 σ^2. 显然它和 Y 是负相关的.

6.2 条件期望法

假设我们要模拟估计随机变量 X 的期望 $\theta = EX$. 如果给定某个变量 Y 且其概率分布已知，当给定 Y 时，X 在给定 Y 时的条件分布可以确定，那我们就先从 Y 中抽样得到 $Y_1,Y_2,\cdots,Y_n$，然后计算出 $E[X \mid Y=y_i]$ 的值，再用 $\overline{X}_Y = \frac{1}{n}\sum_{i=1}^{n} E[X \mid Y=y_i]$ 对 θ 进行估计.由 1.2.1 节知，$\overline{X}_Y$ 为 θ 的无偏估计，且其方差为

$$\mathrm{Var}(\overline{X}_Y) = \frac{1}{n}\mathrm{Var}(E[X \mid Y]) = \frac{1}{n}\mathrm{Var}(X) - \frac{1}{n}E[\mathrm{Var}(X \mid Y)].$$

由此知，条件抽样比直接独立地抽取 n 个 X 对 θ 的估计要精确.称此条件抽样方法为**条件期望方差缩减法(conditional expectation)**.

【例 6.3】　用条件期望方差缩减法模拟估计 π.在例 3.3 中我们采用了在一个以原点为中心面积为 4 的正方形内随机地选择落在此区域中的半径为 1 的圆盘内的点来估计 π.令 $V_i = 2U_i - 1$，其中 $U_i, i = 1,2$ 是随机数，令

$$I = \begin{cases} 1, & 若 {V_1}^2 + {V_2}^2 \leqslant 1, \\ 0, & 否则. \end{cases}$$

在例 3.3 中知 $E[I] = \frac{\pi}{4}$. 而

$$\begin{aligned} E[I \mid V_1 = v] &= P\{{V_1}^2 + {V_2}^2 \leqslant 1 \mid V_1 = v\} \\ &= P\{v^2 + {V_2}^2 \leqslant 1 \mid V_1 = v\} \\ &= P\{{V_2}^2 \leqslant 1 - v^2\} \qquad (根据 V_1 和 V_2 相互独立) \\ &= P\{-\sqrt{1-v^2} \leqslant V_2 \leqslant \sqrt{1-v^2}\} \\ &= \int_{-\sqrt{1-v^2}}^{\sqrt{1-v^2}} \frac{1}{2}\mathrm{d}x \qquad (因为 V_2 服从(-1,1) 上的均匀分布) \\ &= \sqrt{1-v^2}. \end{aligned}$$

即

$$E[I \mid V_1] = \sqrt{1 - {V_1}^2},$$

从而

$$\begin{aligned} \mathrm{Var}(E[I \mid V_1]) &= \mathrm{Var}(\sqrt{1-{V_1}^2}) = E(1 - {V_1}^2) - (E(\sqrt{1-{V_1}^2}))^2 \\ &= \frac{2}{3} - \left(\frac{\pi}{4}\right)^2 = 0.0498, \end{aligned}$$

易知

$$\mathrm{Var}(I) = \frac{\pi}{4}\left(1 - \frac{\pi}{4}\right) = 0.1686,$$

从而证明了条件期望方差缩减法使独立抽样法的方差减少了 70.44%，而且还可看到对每次模拟仅仅需要一个随机数而不是两个.进一步还可以看到

$$E\sqrt{1-{V_1}^2}) = \int_{-1}^{1} \sqrt{1-x^2} \cdot \frac{1}{2}\mathrm{d}x = \int_0^1 \sqrt{1-x^2}\,\mathrm{d}x = E(\sqrt{1-U^2})$$

其中 U 为随机数.因为函数 $\sqrt{1-u^2}$ 显然在区间 $0 < u < 1$ 上是 u 的单调下降函数，所以可用对偶变量方法对上述模拟再作进一步改进.

【例 6.4】　在保险中，令 X_i 表示第 i 个客户的索赔量，N 表示到某个特定时刻 t 保险公司被索赔的次数.令 $S = \sum_{i=1}^{N} X_i$ 是到 t 时保险公司付给的整个索赔

量.通常假定 $X_i, i=1,2,\cdots$ 是独立同分布的.如果在给定随机变量 $\Lambda=\lambda$ 的条件下, N 的条件分布是具有均值 λ 的 Poisson 过程,称 N 是一个合成的 Poisson 随机变量.如果 Λ 有概率密度函数 $g(\lambda)$, 易知

$$P\{N=n\}=\int_0^{\infty}\frac{e^{-\lambda}\lambda^n}{n!}g(\lambda)\mathrm{d}\lambda.$$

Λ 的分布函数就称为合成分布函数.

为了保证保险公司不致破产,要对下面的破产率进行估计:

$$p=P\left\{\sum_{i=1}^{N}X_i>c\right\},$$

其中 $c>0$ 为某个索赔底限.粗糙的模拟方法是

Step 1:产生 N 的值,记为 $N=n$.

Step 2:产生 $X_1,X_2,\cdots,X_n$ 的值,令

$$I=\begin{cases}1, & 若\sum_{i=1}^{N}X_i>c,\\0, & 否则.\end{cases}$$

Step 3:产生若干 I 的值,然后计算其平均值即为 p 的估计量.

令 $M=\min\left(n:\sum_{i=1}^{N}X_i>c\right)$. 注意到 $I=1\Leftrightarrow N\geqslant M$, 而 $E[I\mid M=m]=P\{N\geqslant M\mid M=m\}=P\{N\geqslant m\}$, 故我们可通过条件期望法对上述估计量进行改进,其算法为

Step 1:产生 X_i 的值,直到产生的值的和超过常数 c 时停止.

Step 2:令 M 为 Step 1 中 X_i 的个数.

Step 3:用 $P\{N\geqslant m\}$ 作为此模拟的 p 的估计量.

【例 6.5】 (例 6.4 的应用)假设在一周内,一个保险公司的意外保险索赔次数依赖于环境因素 U. 如果因素的值 $U=u$, 那么索赔次数将服从均值为 $\frac{15}{0.5+u}$ 的 Poisson 分布.假设 U 服从$(0,1)$上的均匀分布,令 p 表示在一周时间内至少有 20 次索赔的概率.用条件期望法产生一个有效的模拟估计量.

令

$$I=\begin{cases}1, & 若\quad N\geqslant 20,\\0, & 否则.\end{cases}$$

根据 $P\{N=n\}=\int_0^1\frac{1}{n!}\exp\left\{-\frac{15}{0.5+x}\right\}\left(\frac{15}{0.5+x}\right)^n\mathrm{d}x$ 可算出 $p=P\{I=1\}=0.2897$, 其方差 $\mathrm{Var}(I)=p(1-p)=0.20578$.

计算 $q=P\{N=n\}$ 的程序为

```
    h=0
    for(n in 1:19){
        g=function(x)exp(-15/(0.5+x))*(15/(0.5+x))^n/prod(1:n)
        h[n+1]=integrate(g,0,1)$value
    }
        g0=function(x)exp(-15/(0.5+x))
        h[1]=integrate(g0,0,1)$value
        h[21]=1-sum(h[1:20])
```

得到 $P\{N \geqslant 20\} = 0.2897083$.

条件期望法:先产生随机数 U, 在 $U = u$ 的条件下,产生一个 Poisson 随机变量,对此进行 n 次模拟,求出 $N \geqslant 20$ 的频率.其 R 程序为

```
exam6.4=function(n){
    k=0;N=0
    for(i in 1:n){
        u=runif(1)
        N[i]=rpois(1,15/(0.5+u))
        if(N[i]>=20){
        k=k+1
        }
    }
    k/n
    }
```

我们运行 exam6.4(20000),得到 p 的估计值为 0.28525,标准误差为 0.00319.

6.3 分层抽样法

假设某随机变量 S 依赖于随机变量 X, X 以一定的概率 $p_i, i=1,2,\cdots,l$ 取值 $x_1,x_2,\cdots,x_l$. 如果我们要估计随机变量 S 的均值 $\theta=ES$, 直接的方法是从 S 中抽取 n 个简单随机样本 $S_1,S_2,\cdots,S_n$, 用样本平均值 $\bar{S}$ 来估计 θ, 其估计的标准误差为 $\sqrt{\dfrac{\mathrm{Var}(S)}{n}}$.

因为 $ES = \sum_{i=1}^{l} E[S \mid X = x_i]P\{X = x_i\} = \sum_{i=1}^{l} E[S \mid X = x_i]p_i$, 我们可以从

$S \mid X = x_i, i = 1,2,\cdots,l$ 中抽取样本 $S_i^j, j = 1,2,\cdots,k_i$，令 $\bar{S}_i^* = \frac{1}{k_i}\sum_{j=1}^{k_i} S_i^j$，以及 $\bar{S}^* = \sum_{i=1}^{l} p_i \bar{S}_i^*$，$n = \sum_{i=1}^{l} k_i$，用 $\bar{S}^*$ 作为 θ 的估计，此估计也是 θ 的无偏估计，且其标准误差

$$\sqrt{\mathrm{Var}(\bar{S}^*)} = \sqrt{\sum_{i=1}^{l} \frac{p_i^2 \mathrm{Var}(S \mid X = x_i)}{k_i}}$$

比上述直接的方法的要小.此方法称为**分层抽样法(stratified sampling)**.

现在的问题是给定总样本数 n，每层抽多少能够使估计的标准差最小.记

$$Q = \sum_{i=1}^{l} \frac{p_i^2 \mathrm{Var}(S \mid X = x_i)}{k_i} + \lambda \left(n - \sum_{j=1}^{l} k_j\right).$$

由微积分知识，我们解如下方程：

$$\begin{cases} \dfrac{\partial Q}{\partial k_i} = 0, \quad i = 1,\cdots,l, \\ \dfrac{\partial Q}{\partial \lambda} = 0 \end{cases}$$

就可确定 $k_i, i = 1,2,\cdots,l$ 的值.

【例 6.6】 （续例 6.1）我们将抽样区间 [0,1] 划分为两个小区间：[0,0.5)，[0.5,1]. 假设以概率 0.5 选择从 $U(0,0.5)$ 中抽取 k_1 个独立的随机变量 $U_{1,j}$，$j=1,2,\cdots,k_1$，以概率 0.5 选择从 $U(0.5,1)$ 中抽取 k_2 个独立的随机变量 $U_{2,j}$，$j=1,2,\cdots,k_2$. 如果要求和例 6.1 从区间 [0,1] 中抽取的随机数的个数 n 相同，那么如何用分层抽样法对例 6.1 中的 θ 进行模拟？

易知

$$E\mathrm{e}^{U_{1,1}} = \int_0^{0.5} 2\mathrm{e}^x \mathrm{d}x = 2(\sqrt{\mathrm{e}} - 1),$$

$$E\mathrm{e}^{U_{2,1}} = \int_{0.5}^{1} 2\mathrm{e}^x \mathrm{d}x = 2(\mathrm{e} - \sqrt{\mathrm{e}}),$$

$$\mathrm{Var}(U_{1,1}) = \int_0^{0.5} 2\mathrm{e}^{2x} \mathrm{d}x - 4(\sqrt{\mathrm{e}} - 1)^2 = \mathrm{e} - 1 - 4(\sqrt{\mathrm{e}} - 1)^2 = 0.03492,$$

$$\mathrm{Var}(U_{2,1}) = \int_{0.5}^{1} 2\mathrm{e}^{2x} \mathrm{d}x - 4(\mathrm{e} - \sqrt{\mathrm{e}})^2 = 0.09493.$$

记 $\sigma_i = \sqrt{\mathrm{Var}(U_{i,1})}, i = 1,2$，$\bar{S} = \frac{1}{k_1} p_1 \sum_{j=1}^{k_1} \mathrm{e}^{U_{1,j}} + \frac{1}{k_2} p_2 \sum_{j=1}^{k_2} \mathrm{e}^{U_{2,j}}$，则

$$\mathrm{Var}(\bar{S}) = \frac{0.5^2 \sigma_1^2}{k_1} + \frac{0.5^2 \sigma_2^2}{k_2}.$$

对上式求导，知 $\frac{k_1}{n}=\frac{\sigma_1}{\sigma_1+\sigma_2}=0.37753$ 时，$\mathrm{Var}(\bar{S})$ 达到最小，且为 $\frac{0.06125}{n}$. 与例 6.1 的结果比较得

$$\frac{0.0078}{n}<\frac{0.06125}{n}<\frac{0.242}{n}.$$

由此表明对偶变量法优于分层抽样法，分层抽样法优于独立抽样法.

【例 6.7】 在电脑游戏机中，一个玩家将 1 美元插入机器中，然后机器随机地发给该玩家 5 张牌. 允许玩家将其中的几张牌与余下的 47 张牌更换一次. 玩家获得的盈利依赖于其最后的牌型. 下面是一个典型的盈利表.

手中牌型	盈利
同花大顺	800
同花顺	50
四条	25
葫芦	8
同花	5
顺	4
三条	3
两对	2
J 以上的一对	1
其他	0

表中不同牌型互不相容.

考虑某种策略，例如，如果最初的牌是"顺子"或更好的牌就不再换牌，如果低于此牌型，通常保留手中的对子或三条. 在此策略下，令 X 表示玩家在某一手中的盈利，且假设我们对估计 $\theta=E[X]$ 感兴趣. 让我们以最初发给玩家的牌型为条件开始估计，而不是直接用 X 作为一个估计量. 令 R 代表"同花大顺"，S 代表"同花顺"，4 代表"四条"，"full"表示"葫芦"，flush 表示"同花"，staight 表示"顺"，3 代表"三条"，2 代表"两对"，1 代表"J 以上的一对"，0 代表"一小对"，"other"表示"其他"的牌. 我们有

$$\begin{aligned}E[X]=\;&E[X\mid R]P\{R\}+E[X\mid S]P\{S\}+E[X\mid 4]P\{4\}+E[X\mid \text{full}]P\{\text{full}\}\\&+E[X\mid \text{flush}]P\{\text{flush}\}+E[X\mid \text{straight}]P\{\text{straight}\}+E[X\mid 3]P\{3\}\\&+E[X\mid 2]P\{2\}+E[X\mid 1]P\{1\}+E[X\mid 0]P\{0\}+E[X\mid \text{other}]P\{\text{other}\}.\end{aligned}$$

再令 $C=\binom{52}{5}^{-1}$，我们有

$$P\{R\}=4C=1.539\times10^{-6},$$

$$P\{S\}=4\cdot9\cdot C=1.3851\times10^{-4},$$

$$P\{4\}=13\cdot48\cdot C=2.40096\times10^{-4},$$

$$P\{\text{full}\}=13\cdot12\binom{3}{4}\binom{2}{4}C=1.440576\times10^{-3},$$

$$P\{\text{fush}\}=4\left(\binom{13}{5}-10\right)C=1.965402\times10^{-3},$$

$$P\{\text{straight}\} = 10(4^5 - 4)C = 3.924647 \times 10^{-3},$$

$$P\{3\} = 13\binom{12}{2}4^3C = 2.1128451 \times 10^{-2},$$

$$P\{2\} = \binom{13}{2}44\binom{4}{2}\binom{4}{2}C = 4.7539016 \times 10^{-2},$$

$$P\{1\} = 4\binom{4}{2}\binom{12}{3}4^3C = 0.130021239,$$

$$P\{0\} = 9\binom{4}{2}\binom{12}{3}4^3C = 0.292547788,$$

$$P\{\text{other}\} = 1 - P\{R\} - P\{S\} - P\{\text{full}\} - P\{\text{flush}\} - P\{\text{straight}\} - \sum_{i=0}^{4} P\{i\} = 0.5010527.$$

因此得出

$$E[X] = 0.0512903 + \sum_{i=0}^{3} E[X \mid i]P\{i\} + E[X \mid \text{other}] \cdot 0.5010527.$$

注意到 2 张新牌来自余下的 47 张牌，这 47 张牌包含了与手中的 3 张相同的牌中的一张，两类牌型中的 3 张以及其他的 10 种牌型中的 4 张，那么 $E[X \mid 3]$ 能够通过分析得到。令 F 是最后一手牌，我们有

$$P\{F = 4 \mid \text{发 3 张牌}\} = \frac{46}{\binom{47}{2}} = 0.042553191,$$

$$P\{F = \text{full} \mid \text{发 3 张牌}\} = \frac{2 \cdot 3 + 10 \cdot 6}{\binom{47}{2}} = 0.061054579,$$

$$P\{F = 3 \mid \text{发 3 张牌}\} = 1 - 0.061054579 - 0.042553191 = 0.89639223.$$

因此，

$$\begin{aligned} E[X \mid 3] &= 25(0.042553191) + 8(0.061054579) + 3(0.89639223) \\ &= 4.241443097. \end{aligned}$$

类似地，我们可以分析得到 $E[X \mid i], i = 0,1,2$（推导留做练习）。

在进行模拟时，我们将产生一手牌。如果包含至少一对或者更好的牌，则应放弃，模拟过程重新开始。当我们得到一手牌不包含一对或者更好的牌，我们应当采取任何策略去放弃和接受新牌。若 X_0 是此手牌的盈利，则 X_0 是 $E[X \mid \text{other}]$ 的估计量，且依赖于这次模拟的 $\theta = E[X]$ 的估计是

$$\hat{\theta} = 0.0512903 + 0.02112845(4.241443097) + 0.047539016E[X \mid 2] +$$

$$0.130021239E[X\mid 1]+0.292547788E[X\mid 0]+0.5010527X_0.$$

估计量的方差为

$$\mathrm{Var}(\hat{\theta})=(0.5010527)^2\mathrm{Var}(X_0).$$

注:(1)我们曾经假定采取的策略无论是否有对子总是坚持不换牌.然而,对于盈利来说这不是一个最优的策略.例如,如果一个人所发的牌为 2,10,J,Q,K,都是黑桃,较好的就是放弃 2 再抽取另外一张牌,而不再坚持同色(为什么).如果发的牌是 10,J,Q,K,都是黑桃,另外一张是红心 10,更好的策略是扔掉红心 10,再抽一张牌比保持一对 10 的策略要好.

(2)我们通过拆散"other"类型的牌,"other"类型的牌包含了同色的 4 张牌,以及不是这种类型的牌来进一步利用分层抽样法.没有对子但是有 4 张同色的牌的一手牌的概率是能够通过分析计算得到的,然后利用模拟来估计在这两种"other"情形下盈利的条件期望.

6.4　重要抽样法

令 $\boldsymbol{X}=(X_1,X_2,\cdots,X_n)$ 表示具有联合密度函数(或联合概率函数) $f(\boldsymbol{x})=f(x_1,x_2,\cdots,x_n)$ 的随机向量,又假设我们对估计

$$\theta=E[h(\boldsymbol{X})]=\int h(\boldsymbol{x})f(\boldsymbol{x})\mathrm{d}\boldsymbol{x}$$

感兴趣,上式是一个对所有的 $\boldsymbol{x}$ 取值的 n 重积分(如果 X_i 是离散的,那么积分就意味着 n 重求和).

如果模拟具有密度函数为 $f(\boldsymbol{x})$ 的随机向量是困难的,或者 $h(\boldsymbol{X})$ 的方差很大,那么就不能直接用产生 n 组随机向量 $\boldsymbol{X}_i$ 来估计 θ. 对此问题,我们将用下面的方法解决.

如果 $g(\boldsymbol{x})$ 是另一个概率密度,且当 $g(\boldsymbol{x})=0$ 时, $\boldsymbol{X}=\boldsymbol{0}$, 那么能够表达 θ 为

$$\theta=\int\frac{h(\boldsymbol{x})f(\boldsymbol{x})}{g(\boldsymbol{x})}g(\boldsymbol{x})\mathrm{d}\boldsymbol{x}=E_g\left[\frac{h(\boldsymbol{x})f(\boldsymbol{x})}{g(\boldsymbol{x})}\right],\tag{6.4.1}$$

式中 E_g 指 $\dfrac{h(\boldsymbol{X})f(\boldsymbol{X})}{g(\boldsymbol{X})}$ 关于联合密度 $g(\boldsymbol{x})$ 求期望.

由方程(6.4.1)知,通过连续地产生具有密度函数 $g(\boldsymbol{x})$ 的随机向量 $\boldsymbol{X}$ 的 n 组值 $\boldsymbol{X}_i$, 然后用 $\hat{\theta}=\dfrac{1}{n}\sum\limits_{i=1}^{n}\dfrac{h(\boldsymbol{X}_i)f(\boldsymbol{X}_i)}{g(\boldsymbol{X}_i)}$ 作为估计量来估计 θ. 如果密度函数 $g(\boldsymbol{x})$ 能够被选择使得随机变量 $\dfrac{h(\boldsymbol{X})f(\boldsymbol{X})}{g(\boldsymbol{X})}$ 有一个小的方差,那么此方法称为

重要抽样法(importance sampling),它能够产生出 θ 的一个有效估计.

现在问题是如何选择 $g(\boldsymbol{x})$ 使得重要抽样法的方差最小.考虑

$$\mathrm{Var}(\hat{\theta}) = \frac{1}{n}\left(E\left[\frac{h(\boldsymbol{X}_i)f(\boldsymbol{X}_i)}{g(\boldsymbol{X}_i)}\right]^2 - \theta^2\right).$$

从理论上看,若 $f(\boldsymbol{X}) \geqslant 0$ 取 $g(\boldsymbol{X}) = \dfrac{h(\boldsymbol{X})f(\boldsymbol{X})}{\theta}$, 则 $\mathrm{Var}(\hat{\theta}) = 0$. 因为 θ 是未知的,这个结果是无用的.但它也给我们一个启示,应该选取与 $f(\boldsymbol{X})$ 形状接近的 $g(\boldsymbol{X})$ 可以减小方差.这就是重要抽样法的基本思想.

令 $M(t) = E_f[\mathrm{e}^{tX}] = \int \mathrm{e}^{tx} f(x)\mathrm{d}x$ 为密度函数 f 的矩母函数.我们称密度函数 $f_t(x) = \dfrac{\mathrm{e}^{tx}f(x)}{M(t)}$ 为 f 的翘密度函数.

设随机变量 X 的分布函数为 $F(x)$, 随机变量 Y 的分布函数为 $G(y)$, 若对任意的实数 x, 有 $F(x) \leqslant G(x)$, 则称随机变量 X 随机的不小于 Y, 记为 $X \geqslant Y$. 易知,当 $t > 0$ 时,具有密度函数 f_t 的随机变量比具有密度 f 的随机变量大,而当 $t < 0$ 时,则相反.

例如, X 服从标准正态分布 $N(0,1)$, 可以得到其翘密度 $f_t(x) = \dfrac{1}{\sqrt{2\pi}}\mathrm{e}^{\frac{-(x-t)^2}{2}}$. 令 Y 的密度函数为 $f_t(y)$, 我们容易验证,当 $t > 0$ 时,对任意的实数 x, 有 $1 - F(x) = \int_x^{+\infty} \dfrac{1}{\sqrt{2\pi}}\mathrm{e}^{\frac{-x^2}{2}}\mathrm{d}x \leqslant \int_x^{\infty} \dfrac{1}{\sqrt{2\pi}}\mathrm{e}^{\frac{-(x-t)^2}{2}}\mathrm{d}x = 1 - G(x)$, 即 $X \leqslant Y$. 从此例也可看出,在某些情形下,翘密度 f_t 和 f 具有相同的表达形式.所以我们根据矩母函数构造 $g(x)$.

一般来说,对于一个小概率事件,在计算机上是很难直接模拟的,我们用重要抽样法先模拟一个较大概率的事件,再转化为所要模拟的小概率事件.

【例 6.8】 假设 $X_i, i = 1,2,\cdots,20$, 相互独立,其概率函数为 $p(x) = p^x(1-p)^{1-x}$, 其中 $x = 0$ 或 1, $p = 0.4$. 令 $S = \sum_{i=1}^{20} X_i$. 试估计 $\theta = P\{S \geqslant 16\}$.

令

$$I\{S \geqslant 16\} = \begin{cases} 1, 若 S \geqslant 16, \\ 0, 否则, \end{cases}$$

以及 $p(x)$ 的翘密度函数为 $p_t(x) = \dfrac{\mathrm{e}^{tx}}{0.6 + 0.4e^t}$, 则 $\theta = E_p[I\{S \geqslant 16\}] = E_{p_t}\left[I\{S \geqslant 16\}\dfrac{0.4^X 0.6^{1-X}}{f_t(X)}\right]$. 我们得到 θ 的重要抽样估计量为

$$\hat{\theta} = I\{S \geqslant 16\} \prod_{i=1}^{20} \frac{f(X_i)}{f_t(X_i)} = I\{S \geqslant 16\} \mathrm{e}^{-tS}(0.6 + 0.4\mathrm{e}^t)^{20} 0.4^S 0.6^{20-S}.$$

易知 $\hat{\theta} \leqslant \mathrm{e}^{-16t}(0.6 + 0.4\mathrm{e}^t)^{20} 0.6^{20}\left(\frac{2}{3}\right)^{16}$，令 $h(t) = \mathrm{e}^{-16t}(0.6 + 0.4\mathrm{e}^t)^{20}$. 当 $t > 0$ 时,我们得到使 $h(t)$ 取最小值的 $t^* = \log 6$. 则 θ 的重要抽样估计量为

$$\hat{\theta} = I\{S \geqslant 16\}\left(\frac{1}{6}\right)^S \cdot 3^{20}. \tag{6.4.2}$$

易知

$$\hat{\theta} \leqslant \left(\frac{1}{6}\right)^{16} 3^{20} = \frac{81}{2^{16}} = 0.001236.$$

因为 $\hat{\theta}$ 很小,直接由二项分布 $B(20,0.4)$ 很难产生事件 $\{S > 16\}$，所以我们注意到翘密度

$$f_{t^*}(x) = \frac{0.4\mathrm{e}^{xt^*}}{0.6 + 0.4\mathrm{e}^{t^*}} = \frac{0.4 \cdot 6^x}{0.6 + 0.4 \cdot 6} = \frac{0.4 \cdot 6^x}{3},$$

而 $f_{t^*}(1) = 0.8$ 且 $B(20,0.8)$ 的均值为 16,由此知从这个二项分布中很容易产生事件 $\{S > 16\}$，然后将这里的 S 代入(6.4.2)中就达到了目的.

其 R 程序为

```
exam6.7=function(n){
    th0=function(S) { 3^20/6^S}
    th=0
        for(i in 1:n){
            RB=rbinom(1,20,0.8)
            if(RB>=16) th[i]=th0(RB)    else    th[i]=0
        }
    list(mean=mean(th),var=var(th))
    }
```

运行 exam6.7(10000)得到 $\hat{\theta} = 0.0003229011$，其方差为 2.455389e-07.

【例 6.9】　令 $\boldsymbol{X} = (X_1, X_2, \cdots, X_{100})$ 是 $(1,2,\cdots,100)$ 的一个随机置换(排列).记 $\theta = P\left\{\sum_{j=1}^{100} jX_j > 290000\right\}$. 试估计 θ.

首先来判断 θ 是否很小.如果不太小,我们可以直接模拟出 n 次排列,将满足条件 $\sum_{j=1}^{100} jX_j > 290$ 的排列的个数 m 除 n 就得到 θ 的估计.如果 θ 是很小,这样进行的模拟不太稳定,估计的效果不好.因此,我们首先计算 $\sum_{j=1}^{100} jX_j$ 的均

值和标准差.事实上,容易看到

$$EX_j = 1 \times \frac{1}{100} + \cdots + 100 \times \frac{1}{100} = \frac{101}{2},$$

$$EX_j^2 = 1^2 \times \frac{1}{100} + \cdots + 100^2 \times \frac{1}{100} = \frac{101 \times 67}{2},$$

$$\mathrm{Var}[X_j] = EX_j^2 - (EX_j)^2 = \frac{3333}{4},$$

$$E[X_jX_k] = \frac{1}{100 \times 99}\sum_{j \neq k} jk = \frac{101 \times 151}{6},$$

$$\mathrm{Cov}(X_j, X_k) = E[X_jX_k] - (EX_j)^2 = -\frac{101}{12}.$$

则

$$E\left[\sum_{j=1}^{100} jX_j\right] = \sum_{j=1}^{100} jEX_j = \frac{101}{2}\sum_{j=1}^{100} j = 255025,$$

$$\begin{aligned}\mathrm{Var}\left(\sum_{j=1}^{100} jX_j\right) &= \sum_{j=1}^{100} j^2 \mathrm{Var}[X_j] + 2\sum_{1 \leqslant j \leqslant K \leqslant 100} \mathrm{Cov}(jX_j, kX_k) \\ &= 25 \times 67 \times 101 \times \frac{3333}{2} - 25 \times 101^2 \times \frac{1661}{2} \\ &= 70131875\end{aligned}$$

$$SD\left(\sum_{j=1}^{100} jX_j\right) = \sqrt{70131875} = 8374.478.$$

从而,如果假设 $\sum_{j=1}^{100} jX_j$ 近似地服从正态分布,用 Z 表示标准的正态随机变量,那么我们有

$$\theta \approx P\left\{Z > \frac{290000 - 255025}{8374.478}\right\} = P\{Z > 4.1764\} = 0.00001481.$$

显然 θ 是一个小概率,因此我们用重要抽样法模拟估计 θ.

为了利用重要抽样法,我们需要产生一个置换 $\boldsymbol{X}$ 使得 $\sum_{j=1}^{100} jX_j > 290000$ 有一个较大的概率出现.事实上,当 j 大、X_j 也较大时,$\sum_{j=1}^{100} jX_j$ 就大;反之,$\sum_{j=1}^{100} jX_j$ 就较小.产生上述符合事实的 $\boldsymbol{X}$ 的一个方法是

Step1:首先产生独立的具有均值 λ_j 的指数随机变量 Y_j, $j = 1,2,\cdots,100$,其中 $\lambda_j > 0$, $j = 1,2,\cdots,100$ 为单调上升序列.

Step2:对于 $j = 1,2,\cdots,100$, 令 X_j 是第 j 个最大值的指标.即, $Y_{X_1} > Y_{X_2} > \cdots > Y_{X_{100}}$.

因为对于大的 j, Y_j 将趋于 Y 中一个较小的值,从而得到当 j 大时, X_j 趋于取大的值,因此 $\sum_{j=1}^{100} jX_j$ 比当 $\boldsymbol{X}$ 为均匀分布置换时趋于更大.

现在,我们来计算 $E\left[\sum_{j=1}^{100} jX_j\right]$. 令 $R(j)$ 表示 $Y_j, j=1,2,\cdots,100$, 的秩,这里秩 1 表示最大的,秩 2 表示第 2 大的,等等,秩 100 表示最小的.注意到因为 X_j 是 Y 中的第 j 个最大的,则有 $R(X_j)=j$. 从而

$$\sum_{j=1}^{100} jX_j = \sum_{j=1}^{100} R(X_j)X_j = \sum_{j=1}^{100} jR(j),$$

其中最后一个等式成立是因为 $X_1, X_2, \cdots, X_{100}$ 是 $1,2,\cdots,100$ 的一个置换.因此,我们看到

$$E\left[\sum_{j=1}^{100} jX_j\right] = \sum_{j=1}^{100} jE[R(j)].$$

为了计算 $E[R(j)]$, 令

$$I(i,j) = \begin{cases} 1, 若 Y_j < Y_i, \\ 0, 否则, \end{cases}$$

并注意到

$$R(j) = 1 + \sum_{i:i\neq j} I(i,j).$$

上述方程表明 Y_j 的秩是 1 加上使 $Y_i > Y_j$ 的 Y_i 的个数.因此,对之取期望并用到下述事实:

$$P\{Y_j < Y_i\} = \frac{\lambda_j}{\lambda_i + \lambda_j},$$

我们得到

$$E[R_j] = 1 + \sum_{i:i\neq j} \frac{\lambda_j}{\lambda_i + \lambda_j},$$

由此有

$$E\left[\sum_{j=1}^{100} jX_j\right] = \sum_{j=1}^{100} j\left(1 + \sum_{i:i\neq j} \frac{\lambda_j}{\lambda_i + \lambda_j}\right).$$

如果令 $\lambda_j = j^{0.7}, j=1,2,\cdots,100$, 那么由计算得到 $E\left[\sum_{j=1}^{100} jX_j\right] = 290293.6$. 所以当 $\boldsymbol{X}$ 是由这些参数生成时,将有

$$P\left\{\sum_{j=1}^{100} jX_j > 290,000\right\} \approx 0.5.$$

这是一个较大的概率.从而,我们假设模拟估计量首先通过产生独立的速率分

别为 $j^{0.7}$ 的指数随机变量 Y_j，然后令 X_j 为第 j 大的指标，$j=1,2,\cdots,100$，而得到.令

$$I=\begin{cases}1,若\sum_{j=1}^{100} jX_j > 290000,\\0,否则.\end{cases}$$

那么结果是 $\boldsymbol{X}$ 为 $Y_{X_{100}}$ 是最小的 Y，$Y_{X_{99}}$ 是第 2 小的……一个排列.当 $\boldsymbol{X}$ 等可能地为排列中的一个时，那么此结果的概率为 $\frac{1}{100}!$，当模拟按这样进行时，其概率为

$$\frac{(X_{100})^{0.7}}{\sum_{j=1}^{100}(X_j)^{0.7}}\frac{(X_{99})^{0.7}}{\sum_{j=1}^{99}(X_j)^{0.7}}\cdots\frac{(X_2)^{0.7}}{\sum_{j=1}^{2}(X_j)^{0.7}}\frac{(X_1)^{0.7}}{(X_1)^{0.7}}.$$

因此，由 1 次模拟得到的重要抽样估计量为

$$\hat{\theta}=\frac{I}{(100)!}\frac{\prod_{n=1}^{100}\left(\sum_{j=1}^{n}(X_j)^{0.7}\right)}{\left(\prod_{n=1}^{100}n\right)^{0.7}}=\frac{I\prod_{n=1}^{100}\left(\sum_{j=1}^{n}(X_j)^{0.7}\right)}{\left(\prod_{n=1}^{100}n\right)^{1.7}}.$$

模拟算法为

Step 1：计算 $C=1.7\sum_{n=1}^{100}\log(n)$ 和 $a(j)=-j^{-0.7}$，$j=1,2,\cdots,100$，的值.

Step 2：分别对 $j=1,2,\cdots,100$，产生随机数 U_j，令 $Y_j=a(j)\log(U)$.

Step 3：产生 X_j，$j=1,2,\cdots,100$，其中 X_j 是使得 Y_{X_j} 为 Y_j，$j=1,2,\cdots,100$，中的第 j 大的数.

Step 4：如果 $\sum_{j=1}^{100} jX_j \leqslant 290000$，则令 $\hat{\theta}=0$ 并停止.

Step 5：否则，置 $S=P=0$，对 n 从 1 到 100，令 $S=S+(X_n)^{0.7}$，$P=P+\log(S)$；令 $\hat{\theta}=e^{P-C}$.

重复运行 Step 2 至 Step 5 r 次，计算 $\hat{\theta}$ 的平均值。

其 R 程序为

```
C=1.7 * sum(log(1:100));theta=0
for(r in 1:50000){
    Y=0;U=0
    for(j in 1:100){
        U[j]=runif(1)
```

```
        Y[j]=-j^(-0.7) * log(U[j])
    }
    X=0
    for(i in 1:100){
        X[i]=order(Y)[100-i+1]
    }
    m=1:100
    if(sum(m * X)<=290000) theta[r]=0
    else{
        S=0;P=0
        for(n in 1:100){
        S=S+X[n]^(0.7)
            P=P+log(S)
            }
        theta[r]=exp(P-C)
        }
    }
```

50000 次模拟的样本产生的估计量 $\hat{\theta} = 4.580375 \times 10^{-6}$，其样本方差为 2.956643×10^{-8}. 因为对粗略模拟估计量 I 的方差为 $\mathrm{Var}(I) = \theta(1-\theta) \approx 3.77 \times 10^{-6}$，我们看到

$$\frac{\mathrm{Var}(I)}{\mathrm{Var}(\hat{\theta})} \approx 127.5.$$

练　习　6

1.试利用对偶变量法对 $\theta = \int_0^1 e^{x^2} dx$ 进行估计，并与独立抽样方法得到的方差进行比较。

2.如何通过对偶变量法得到 $\theta = \int_0^1 \int_0^1 e^{(x+y)^2} dx dy$ 的一个模拟估计量？利用对偶变量法是否比独立地产生随机数更有效？并给出其估计.

3.(1)若 Z 是一个标准正态随机变量，利用对偶变量法设计一个算法估计 $\theta = E[Z^3 e^Z]$，并编写程序.

(2)利用上述方法做模拟得到区间长度不会超过 0.1 的置信区间，你能确

信此区间以 95% 的置信度包含 θ 的值吗?

4.设 X 是一个具有均值 1 的指数随机变量.

(1)给出一个与 X 负相关且也是均值为 1 的指数随机变量;

(2)用对偶变量法估计 $\theta=\int_0^{\infty}x^{0.9}\mathrm{e}^{-x}\mathrm{d}x$;

(3)用重要抽样法估计(2)中的积分;

(4)比较上述(2),(3)的效率.

5.令 X 和 Y 是相互独立的其分布函数分别为 F 和 G, 其均值分别为 μ_X 和 μ_Y 的随机变量.对一给定的值 t, 我们感兴趣的是估计 $\theta=P\{X+Y\leqslant t\}$.

(1)给出一个粗糙模拟方法估计 θ ;

(2)用条件期望法获得一个改进的估计量.

6.假设 Y 是一个均值为 1、方差为 1 的正态随机变量,又假设在 $Y=y$ 的条件下, X 是一个均值为 y 、方差为 4 的正态随机变量.我们用模拟来有效地估计 $\theta=P\{X>1\}$.

(1)解释此粗糙的模拟估计量;

(2)说明这个条件期望如何被用来获得一个改进的估计量;

(3)说明(2)中的估计量如何通过利用对偶变量法进一步地改进.

写一个模拟程序并用它来找出估计量的方差:

(4)粗糙模拟估计量;

(5)条件期望估计量;

(6)用条件期望和对偶变量法的复合估计量;

(7) θ 的精确值是多少?

7.令 X 和 Y 是相互独立的指数随机变量, X 具有均值 1, Y 具有均值 2.试用条件期望法模拟估计 $P\{X+Y>4\}$.

8.令 X 和 Y 是独立的 $b(n,p)$ 随机变量,令 $\theta=E[\mathrm{e}^{XY}]$.

(1)给出模拟 θ 的粗糙估计量;

(2)用对偶变量法进行改进;

(3)用条件期望法改进粗糙估计量.

9.考虑一个有 20 个独立部件的系统,其中部件 i 是以概率 $0.5+\frac{i}{50}$, $i=1,2,\cdots,20$,失效.令 X 表示失效的部件数.

(1)用模拟来有效估计 $P\{X\leqslant 5\}$;

(2)估计 $P\{X=5\mid X\leqslant 5\}$.

10.试利用分层抽样法估计 $\theta=E(W_1+W_2)^{\frac{5}{4}}$, 其中 W_1,W_2 是独立同分布

的 Weibull(威布尔)分布,其密度函数为

$$f(x)=\frac{3}{2}x^{\frac{1}{2}}\exp(-x^{\frac{3}{2}}),\quad x>0.$$

11.假设随机变量 $X\sim N(2,4)$,给出估计 EX^4 的方法并用对偶变量法进行改进,编写程序进行计算并与其精确值进行比较.

12.考虑积分

$$\theta=\int_5^{+\infty}x^2\mathrm{e}^{-x}\mathrm{d}x$$

(1) 给出估计 θ 的几种有效方法.

(2) 编写相关的程序估计 θ,比较这几种方法的效率.

13.在例 6.6 中,推导并计算 $E[x\mid i],i=0,1,2$.

14.假设随机变量 $X_i,i=1,2,\cdots,n$ 服从正态分布 $N(\mu,\sigma^2)$.

(1) 证:其翘密度也是正态分布 $N(\mu+\sigma^2t,\sigma^2)$.

(2) 利用重要抽样法给出 $\theta=P\left\{\sum_{i=1}^{n}\mathrm{e}^{X_i}>a\right\}$ 的估计量.

第 7 章 统计模型识别方法

在本章中我们考虑一些用于统计模型识别中的模拟程序,分别考虑单样本、两样本的检验及非齐次 Poisson 过程假设模型的模拟验证。

7.1 单样本的拟合优度检验

人们对所遇见的现象进行分析时经常会提出一些假设,这个假设就是某个特定的概率分布.然后根据观测数据对这个假设作统计上的检验,也就是判断这个特定的概率分布假设与观测数据是否一致.这种检验称为**拟合优度检验**.

进行拟合优度检验的一种方法是,先划分随机量的可能值为有限个数的区域.对指定的概率分布,当所假定的分布所有的参数被指定时,可以计算出随机量在这些区域上取值的概率.(我们将观测到的样本数 n 按每个区域上的概率进行分配,称为理论上的个数).然后将之与样本值落在每个区域的个数进行比较.

在下一节中,当某一个参数没有被指定时,我们也考虑这样的检验.首先考虑一个离散的假设分布情形,其次考虑连续的假设分布情形.

1.离散数据的拟合优度的 χ^2 检验

假设随机变量 Y 以概率 $\{p_i, i=1,2,\cdots,k\}$ 取值 $1,2,\cdots,k$, 但 p_i 未知.从 Y 中得到 n 个独立的观测值 $Y_1, Y_2, \cdots, Y_n$. 我们要对假设: $\{p_i, i=1,2,\cdots,k\}$ 进行检验.将被检验的假设记为 H_0, 称为零假设,即

$$H_0: P\{Y=i\} = p_i, \qquad i=1,2,\cdots,k.$$

要检验上述假设,令 $N_i, i=1,2,\cdots,k$, 表示这些 Y_j 等于 i 的个数.如果 H_0 为真时,则 N_i 服从参数 n 和 p_i 的二项分布,且有 $E[N_i]=np_i$. 而 $(N_i-np_i)^2$ 表明 p_i 与 $P\{Y=i\}$ 接近的程度.当 $(N_i-np_i)^2$ 相对于 np_i 来说大时,表明 H_0 不正确.从而,考虑统计量

$$Q=\sum_{i=1}^{k}\frac{(N_i-np_i)^2}{np_i},$$

当 Q 的值小时,表明 H_0 是真的,反之 H_0 不真.根据实际数据计算出检验统计量 Q 的值为 t. 当 H_0 为真时,其 p 值为

$$p\text{ 值}=P_{H_0}\{Q\geqslant t\}.$$

若 p 值小于某个给定的检验水平 α(通常为 0.05 或者是更保守的取 0.01)出现时,表明 Q 超出了我们能够容忍出现误差的程度,所以有理由拒绝零假设,因此说明数据和模型不一致;否则,就接受零假设,说明数据和模型是一致的.

在观测到检验统计量 Q 的值 t 后,剩下来就是确定概率 p 值 $=P_{H_0}\{Q\geqslant t\}$. 当 H_0 为真时,对充分大的 n, Q 近似服从自由度为 $k-1$ 的 χ^2 分布.从而

$$p\text{ 值}\approx P\{\chi_{k-1}^2\geqslant t\},\tag{7.1.1}$$

其中 χ_{k-1}^2 是一个具有自由度 $k-1$ 的 χ^2 随机变量.称此检验法为 Pearson **拟合优度 χ^2 检验法**,或简称为拟合优度 χ^2 检验法.若利用 Pearson 拟合优度 χ^2 检验法得到的 p 值接近于检验水平 α, 这样就很难判断是接受还是拒绝原假设,因为这时的 p 值是用 χ^2 分布近似的,这时有必要对 p 值做进一步的验证,即求出它的精确 p 值,这就要借助于模拟计算.

【例 7.1】 为确定某一骰子是否均匀,将其抛掷 100 次,出现各点的次数如表 7-1 所示.

表 7-1

点	1	2	3	4	5	6
次数	20	7	23	17	12	21

用 X 表示抛掷骰子出现的点数.设 H_0:骰子是均匀的,即 $P\{X=i\}=\dfrac{1}{6}$, $i=1,2,\cdots,6$. 在 H_0 下,出现个点的理论次数为: $nP\{X=i\}=16.667$. 且

$$\begin{aligned}Q=&\frac{(20-16.667)^2}{16.667}+\frac{(7-16.667)^2}{16.667}+\frac{(23-16.667)^2}{16.667}\\&+\frac{(17-16.667)^2}{16.667}+\frac{(12-16.667)^2}{16.667}+\frac{(21-16.667)^2}{16.667}\\=&11.12\end{aligned}$$

其 p 值为 0.049056, 与 0.05 很接近,难以判断是否接受 H_0, 需要进一步抽样验证.下面用计算机模拟验证:

Step 1:在 H_0 下,产生 n 个相互独立的随机变量 $Y_1^{(1)},Y_2^{(1)},\cdots,Y_n^{(1)}$, 即

$P\{Y_j^{(1)}=i\}=p_i, i=1,2,\cdots,k, j=1,2,\cdots,n.$

Step 2：记 $N_i^{(1)}=\#\{j:Y_j^{(1)}=i\}$，令 $Q^{(1)}=\sum_{i=1}^{k}\frac{(N_i^{(1)}-np_i)^2}{np_i}$.

其中#表示计数.

Step 3：重复 Step 1 和 Step 2，得到 m 组相互独立的数据集 $Y_1^{(k)}, Y_2^{(k)}, \cdots, Y_n^{(k)}$ 和 $Q^{(k)}$.

Step 4：l 的个数：$\frac{\#\{l:Q^{(l)}\geq t\}}{m}$.

其中#表示计数.

从而，由大数定律，$Q_i \geq t$ 的比率是非常接近于当 H_0 为真时 $Q\geq t$ 的概率.

其R程序为

```
exam7.1.1=function(m){
    Q=0;N=rep(0,6)
    for(i in 1:m){
        Y=sample(1:6,100,replace=TRUE)
        N=c(length(Y[Y==1]),length(Y[Y==2]),length(Y
    [Y==3]),
        length(Y[Y==4]),length(Y[Y==5]),length(Y[Y==
    6]))
        Q[i]=sum((N-100/6)^2*6/100)
    }
    length(Q[Q>=11.11978])/m
    }
```

运行 exam7.1.1(200000)得到 p 值为 0.049005，据此不接受 H_0.

2.对连续数据的 Kolmogrov-Smirnov 检验

假设连续型随机变量 Y 具有分布函数 F，从中得到相互独立的观测值 $Y_1, Y_2, \cdots, Y_n$. 我们要对 Y 是否具有分布函数 F 进行检验，设零假设

$$H_0:\quad Y\text{具有分布函数}F,$$

其中 F 是一个给定的连续分布函数.

由离散情形的检验方法可提出如下的检验 H_0 的方法：

Step 1：将 Y 的可能取值集合划分为 k 个不相交的区间，记为

$$(y_0,y_1),(y_1,y_2),\cdots,(y_{k-1},y_k),\quad \text{其中}\quad y_0=-\infty, y_k=+\infty.$$

Step 2：将观测值 Y_j 离散化为 $Y_j^d, j=1,2,\cdots,n$，即

$$Y_j^d = i,\quad 若 Y_j 位于区间(y_{i-1}, y_i).$$

零假设蕴涵着

$$P\{Y_j^d = i\} = F(y_i) - F(y_{i-1}),\quad i = 1,2,\cdots,k.$$

Step 3：运用χ^2 检验对之进行拟合优度检验.

然而，有另外一种检验 Y 是否服从连续分布函数 F 的检验方法，这个方法比离散方法更有效.其方法为：根据观测值 Y_1, Y_2, ⋯, Y_n, 得到经验分布函数 F_e：

$$F_e(x) = \frac{\#\{i: Y_i \leqslant x\}}{n},$$

其中#表示计数.即，$F_e(x)$ 是观测值不大于 x 的 Y_i 个数所占的比例.因为 $F_e(x)$ 是观测值不大于 x 的概率的自然估计量，所以，如果零假设 F 为真，那么 $F_e(x)$ 应该接近 $F(x)$. 由此，对于任意的 x, 检验 H_0 的统计量很自然地为

$$D = \max_x |F_e(x) - F(x)|,$$

其中最大值是对整个 $x \in (-\infty, \infty)$ 而言.统计量 D 称为 **Kolmogrov-Smirnov 检验统计量**.

对于给定的数据集 $Y_j = y_j$, $j = 1,2,\cdots,n$, 将之从小到大排序并记为 $y_{(1)}, y_{(2)}, \cdots, y_{(n)}$. 例如，若 $n = 3, y_1 = 1, y_2 = 3, y_3 = 0$, 那么 $y_{(1)} = 0, y_{(2)} = 1, y_{(3)} = 3$. 因此 $F_e(x)$ 又可以写为

$$F_e(x) = \begin{cases} 0, 若 x < y_{(1)}; \\ \dfrac{1}{n}, 若 y_{(1)} \leqslant x < y_{(2)}; \\ \vdots \\ \dfrac{j}{n}, 若 y_{(j)} \leqslant x < y_{(j+1)}; \\ \vdots \\ 1, 若 x \geqslant y_{(n)}. \end{cases}$$

我们看到 $F_e(x)$ 在区间 $(y_{(j-1)}, y_{(j)})$ 是常数，而在点 $y_{(1)}, y_{(2)}, \cdots, y_{(n)}$ 上有 $\dfrac{1}{n}$ 的跳跃.因为 $F(x)$ 是 x 的单调增函数，且以 1 为其界，从而 $F_e(x) - F(x)$ 的最大值是非负的而且在点 $y_{(1)}, y_{(2)}, \cdots, y_{(n)}$ 中的某一个达到.也就是，

$$\max_x |F_e(x) - F(x)| = \max_{j=1,\cdots,n}\left\{\frac{j}{n} - F(y_{(j)})\right\}. \qquad (7.1.2)$$

类似地，$F(x) - F_e(x)$ 的最大值也是非负的，在某个跳跃点 $y_{(j)}$ 之前立刻发生，所以

$$\max_x \{F(x) - F_e(x)\} = \max_{j=1,\cdots,n}\left\{F(y_{(j)}) - \frac{j-1}{n}\right\}. \qquad (7.1.3)$$

那么由(7.1.2)和(7.1.3)看到,

$$\begin{aligned} D &= \max_x |F(x) - F_e(x)| \\ &= \max\{\max\{F_e(x) - F(x)\}, \max_x\{F(x) - F_e(x)\}\} \\ &= \max_{j=1,\cdots,n}\left\{\frac{j}{n} - F(y_{(j)}), F(y_{(j)}) - \frac{j-1}{n}\right\}. \end{aligned} \qquad (7.1.4)$$

(7.1.4)可以被用来计算 D 的值.

如果将观测值 Y_j 代入 (7.1.4) 中得到 $D = d$. 若 d 的值大,则表明 F 与数据是不一致的;若 d 的值小,则表明 F 与数据是一致的;对于此数据集, p 值为

$$p\text{ 值} = P_F\{D \geqslant d\},$$

这里我们记 P_F 表示在假设 H_0 正确时计算得到的概率值.

上述 p 值能够通过一个模拟近似得到,这个模拟按下述命题更容易进行,此命题表明 $P_F\{D \geqslant d\}$ 不依赖于分布 F. 此结果使我们能够通过做一个具有任意选择的连续分布 F 的模拟来估计 p 值[因此允许我们用均匀分布 $U(0,1)$].

命题 对任何连续的分布 F, $P_F\{D \geqslant d\}$ 都是相同的.

证 因为 F 是增函数,所以 $Y \leqslant x$ 等价于 $F(Y) \leqslant F(x)$. 若 Y 有连续分布 F, 那么随机变量 $F(Y)$ 服从(0,1)上的均匀分布.从而有

$$\begin{aligned} P_F\{D \geqslant d\} &= P_F\left\{\max_x \left|\frac{\#\{i: Y_i \leqslant x\}}{n} - F(x)\right| \geqslant d\right\} \\ &= P_F\left\{\max_x \left|\frac{\#\{i: F(Y_i) \leqslant F(x)\}}{n} - F(x)\right| \geqslant d\right\} \\ &= P\left\{\max_x \left|\frac{\#\{i: U_i \leqslant F(x)\}}{n} - F(x)\right| \geqslant d\right\}, \end{aligned}$$

其中 $U_1, U_2, \cdots, U_n$ 是独立的(0,1)上的均匀随机变量.令 $y = F(x)$, 并注意到 x 在从 $-\infty$ 到 $+\infty$ 取值时, $F(x)$ 的取值为0到1,我们有

$$P_F\{D \geqslant d\} = P\left\{\max_{0\leqslant y\leqslant 1} \left|\frac{\#\{i: U_i \leqslant y\}}{n} - y\right| \geqslant d\right\},$$

上述表明当 H_0 为真时, D 的分布不依赖于分布 F.

由上述命题知,在 D 的值由数据确定之后,即 $D = d$, 则 p 值能够通过均匀分布 $U(0,1)$ 模拟得到.具体来说,先产生 n 个随机数 $U_1, U_2, \cdots, U_n$, 然后验证下述不等式是否有效:

$$\max_{0\leqslant y\leqslant 1} \left|\frac{\#\{i: U_i \leqslant y\}}{n} - y\right| \geqslant d. \qquad (7.1.5)$$

这样重复许多次,此不等式有效次数的比例是 p 值的估计量.注意到不等式(7.1.5)的左边可通过对随机数排序,然后用等式

$$\max\left|\frac{\#\{i:U_i\leqslant y\}}{n}-y\right|=\max_{j=1,2,\cdots,n}\left\{\frac{j}{n}-F(y_{(j)}),F(y_{(j)})-\frac{j-1}{n}\right\}$$

而计算得到,式中 $U_{(j)}$ 是 $U_1,U_2,\cdots,U_n$ 中的第 j 个最小的值.例如,如果 $n=3$, $U_1=0.6,U_2=0.5,U_3=0.4$, 则 $U_{(1)}=0.4,U_{(2)}=0.5,U_{(3)}=0.6$, 且对此数据集, D 的值为

$$D=\max\left\{\frac{1}{3}-0.4,\frac{2}{3}-0.5,1-0.6,0.4,0.5-\frac{1}{3},0.6-\frac{2}{3}\right\}=0.4.$$

【例 7.2】 假定我们要检验假设:给定的总体分布为均值为 100 的指数分布,也就是 $F(x)=1-e^{-\frac{x}{100}}$. 如果来自此总体容量为 10 的样本如下:

71,198,139,145,21,31,47,122,146,109.

问这些数据是否来自均值为 100 的指数分布?

为了回答上述问题,我们首先利用(7.1.4)来计算 Kolmogorov-Smirnov 检验量 D. 计算 D 值的 R 程序为

```
X=c(71,198,139,145,21,31,47,122,146,109)
Y=sort(X);M=0
for(i in 1:10){
    M[i]=max(i/10-pexp(Y[i],1/100),pexp(Y[i],1/100)-(i-
1)/10)
}
d=max(M )   #  d为D的值
```

经过计算得 $D=0.2637835$.

也可直接调用 R 的内置函数 ks.test(X,"pexp",1/100)得到

```
            One-sample Kolmogorov-Smirnov test
data: X
D = 0.2638, p-value = 0.4173
alternative hypothesis: two-sided
```

我们也可以通过模拟得到 p 值:

```
exam7.2=function(n,d){
D=0;M=0
for(i in 1:n){
    U=runif(10)
    V=sort(U)
```

```
    for(j in 1:10){
        M[j]=max(j/10-V[j],V[j]-(j-1)/10)}
    D[i]=max(M)
  }
  length(D[D>=d])/n
  }
```

运行 exam7.2(5000,d)得到 p 值为 0.4208.因为 p 值很大,所以应该接受原假设.

7.2 含未知参数单样本的拟合优度检验

上节介绍的对随机变量的分布进行拟合优度的检验,都不含有未知参数.本节将对含有未完全指定参数的概率分布的拟合优度检验进行介绍.

1.离散数据情形

如果要拟合的离散型随机变量 Y 的分布依赖于 r 个参数 $\theta_1,\theta_2,\cdots,\theta_r$, 那么我们提出零假设

$$H_0:Y\text{ 的分布为}F(y;\theta_1,\theta_2,\cdots,\theta_r).$$

解决此问题的步骤是:

Step 1:先通过观测得到样本 $Y_1,Y_2,\cdots,Y_n$.

Step 2:根据样本 $Y_1,Y_2,\cdots,Y_n$, 利用极大似然法得到 $\theta_1,\theta_2,\cdots,\theta_r$ 的极大似然估计.

Step 3:再运用上节所介绍的拟合优度 χ^2 检验法对假设 H_0:Y 的分布为$F(y;\hat{\theta}_1,\hat{\theta}_2,\cdots,\hat{\theta}_r)$ 进行检验.

【例 7.3】 根据下列数据

$$6,7,3,4,7,3,7,2,6,3,7,8,2,1,3,5,8,7$$

检验它们是否来自一个参数为 $(8,p)$ 的二项分布.

假设以上数据来自总体 X, 且 X 的分布为 $B(8,p)$. 即

$$H_0:\ X\text{ 服从二项分布}B(8,p).$$

根据所作假设有似然函数:

$$L(p)=p^{\sum_i^n x_i}(1-p)^{nm-\sum_i^n x_i}=p^{n\bar{x}}(1-p)^{n(m-\bar{x})},$$

其中 $\bar{x}=\dfrac{1}{n}\sum_i^n x_i$. 解以下似然方程

$$\frac{\mathrm{dlog}L(p)}{\mathrm{d}p}=\frac{n\bar{x}}{p}-\frac{n(m-\bar{x})}{1-p}=0,$$

得到 p 的极大似然估计为 $\hat{p}=\frac{1}{m}\bar{x}$. 此例中 $m=8, \bar{x}=4.944444, \hat{p}=0.6180555$.

根据下述程序可计算出检验的 p 值.

```
x=c(6,7,3,4,7,3,7,2,6,3,7,8,2,1,3,5,8,7)
n=18
N=c(0,1,2,4,1,1,2,5,2)  #  样本中取值0~8的频数
p=0
p[1]=pbinom(0,8,0.6180555)
for(i in 2:9){
    p[i]=pbinom(i-1,8, 0.6180555)-pbinom(i-2,8, 0.6180555)
}
Q=sum((N-n*p)^2/(n*p))=31.49933
```

p 值≈1-pchisq(Q,8)=0.0001144661,从而有理由拒绝 H_0, 即 X 不服从二项分布.

现在用模拟来验证上述检验的 p 值,其步骤如下:

(ⅰ)指定模型.假设数据值 $X_1,X_2,\cdots,X_n$ 来自于由未知参数 $\theta_1,\theta_2,\cdots,\theta_m$ 确定的分布,且当此假设为真时, X_i 的可能取值是 $0,1,\cdots,k$.

(ⅱ)参数估计.用数据来估计未知参数.令 $\hat{\theta}_j$ 表示 $\theta_j, j=1,2,\cdots,m$, 的估计值.

(ⅲ)估计 $p_i=P\{X=i\}$. 将(ⅱ)中的 $\hat{\theta}_j$ 代入所假定的分布,估计出 $\{X=i\}$ 的理论概率.

(ⅳ)计算统计量 Q 的值. $Q=\sum_{i=1}^{k}\frac{(N_i-n\hat{p}_i)^2}{n\hat{p}_i}$, 其中 N_i 是数据值等于 i, $i=0,1,\cdots,k$, 的个数, t 表示检验统计量 Q 的值.

(ⅴ)模拟.现做一系列的模拟来估计检验的 p 值.当零假设为真且 θ_j 等于其在(ⅱ)步所确定的估计量 $\hat{\theta}_j, j=1,2,\cdots,m$, 时,总体分布得到确定,然后用总体的分布来进行模拟.

模拟一个样本容量为 n, 来自于上述的总体分布,并令 $\hat{\theta}_j(sim)$ 表示 θ_j, $j=1,2,\cdots,m$, 的基于模拟数据的估计量.现在确定如下统计量的值:

$$Q_{(sim)}=\sum_{i=1}^{k}\frac{(N_i-n\hat{p}_i(\mathrm{sim}))^2}{n\hat{p}_i(\mathrm{sim})},$$

其中 N_i 是模拟数据等于 $i, i=0,1,\cdots,k$, 的个数,当 θ_j 等于 $\hat{\theta}_j(\text{sim}), j=1,2,\cdots,m$, 时, $\hat{p}_i(\text{sim})$ 是 p_i 的估计量.

重复模拟多次. p 值的估计量等于 $Q_{(\text{sim})} \geqslant t$ 的比例.

现在我们根据上述步骤对例 7.3 中的 p 值进行验证,其 R 程序为

```
exam7.3.2=function(m,t){
    Q=0;N=rep(0,9)
    for(i in 1:m){
        p=0.6180555
        Y=rbinom(18,8,p)
        p=mean(Y)/8
        N=table(cut(Y,br=(-1):8))
        q=0
        q[1]=pbinom(0,8, p)
        for(j in 2:9){
            q[j]=pbinom(j-1,8, p)-pbinom(j-2,8, p)
        }
        Q[i]=sum((N[]-18*q)^2/(18*q))
    }
    length(Q[Q>=t])/m
}
```

运行 exam7.3.2(10000,31.49933)得到 p 值为 0.0107, 仍然拒绝 H_0, 即 X 不服从二项分布.

2.连续数据情形

如果要拟合的离散型随机变量 Y 的分布依赖于 r 个参数 $\theta_1,\theta_2,\cdots,\theta_r$, 那么我们提出零假设

$$H_0: Y\text{ 的分布为}F(y;\theta_1,\theta_2,\cdots,\theta_r).$$

解决此问题的步骤是

Step 1:先通过观测得到样本 $Y_1,Y_2,\cdots,Y_n$.

Step 2:根据样本 $Y_1,Y_2,\cdots,Y_n$, 利用极大似然法得到 $\theta=(\theta_1,\theta_2,\cdots,\theta_r)$ 的极大似然估计 $\hat{\theta}=(\hat{\theta}_1,\hat{\theta}_2,\cdots,\hat{\theta}_r)$.

Step 3:再运用上节所介绍的拟合优度 Kolmogrov-Smirnov 检验法对假设 H_0: Y 的分布为$F(y;\hat{\theta}_1,\hat{\theta}_2,\cdots,\hat{\theta}_r)$ 进行检验.

注意, 在此处运用 Kolmogrov-Smirnov 检验法时, $D=\max_x|F_e(x)-$

$F_{\hat{\theta}}(x)|$，其中 $F_e(x)$ 为由观测值得到的经验分布函数，$F_{\hat{\theta}}(x)$ 由将 $\hat{\theta}$ 代入分布函数 $F(x;\theta)$ 而得到.

【例 7.4】 某班有 70 名学生,其成绩如下:

61,74,61,66,82,67,60,71,68,65,74,66,80,88,86,70,88,89,68,60,
67,85,81,87,71,71,78,93,90,88,72,80,89,80,93,90,90,86,95,87,
92,57,63,76,68,62,85,66,64,49,78,60,69,65,83,89,89,86,93,76,
93,90,62,79,76,69,74,76,87,67.

试检验此班的学生的成绩 X 服从正态分布 $N(\mu,\sigma^2)$.

我们假设 $H_0:X$ 服从 $N(\mu,\sigma^2)$. 在 H_0 下,得到似然函数为

$$L(\mu,\sigma^2)=\sigma^{-n}\exp\left\{-\frac{\sum_{i=1}^{n}(x_i-\mu)^2}{2\sigma^2}\right\}.$$

解如下似然方程:

$$\frac{\partial\log L(\mu,\sigma^2)}{\partial\mu}=-\frac{\sum_{i=1}^{n}(x_i-\mu)}{\sigma^2}=0,$$

$$\frac{\partial\log L(\mu,\sigma^2)}{\partial\sigma^2}=-\frac{n}{2\sigma^2}+\frac{\sum_{i=1}^{n}(x_i-\mu)^2}{2\sigma^4}=0,$$

得到 $\hat{\mu}=\overline{X},\hat{\sigma}^2=\frac{1}{n}\sum_{i=1}^{n}(X_i-\overline{X})^2$. 因为 $\frac{1}{n}\sum_{i=1}^{n}(X_i-\overline{X})^2$ 不是 σ^2 的无偏估计,将之修正为样本方差 $S^2=\frac{1}{n-1}\sum_{i=1}^{n}(X_i-\overline{X})^2$. 将观测数据代入上式,得到估计值为 $\hat{\mu}=76.57143$, $\hat{\sigma}^2=128.5383$. 计算 D 的值的 R 程序为

```
A=table(cut(X,br=c(40,59,69,79,89,100)))
mu=mean(X);sigma=sd(X)
br=c(40,59,69,79,89,100)
N=A[ ]
M=0
M[1]=max(sum(N[1])/length(X)-pnorm(59,mu,sigma))
for(j in 2:5){
M[j]=max(sum(N[1:j])/length(X)-pnorm(59,mu,sigma),
pnorm(59,mu,sigma)-sum(N[1:(j-1)])/length(X))
}
```

```
d=max(M)
```

得到 $d=0.9394117$.

现在可通过模拟来求出 p 值,程序如下:

```
exam7.4pvalu=function(m){
    d=0
    for(i in 1:m){
        X=rnorm(70,76.57143,11.33747)
        X=rnorm(70,mean(X),sd(X))
        A=table(cut(X,br=c(0,59,69,79,89,100)))
        N=A[];M=0
        M[1]=max(sum(N[1])/length(X)-pnorm(59,mu,sigma))
        for(j in 2:5){
        M[j]=max(sum(N[1:j])/length(X)-pnorm(59,mu,sigma),
        pnorm(59,mu,sigma)-sum(N[1:(j-1)])/length(X))
        }
    d[i]=max(M)
    }
length(d[d>=0.9394117])/m
}
```

运行 exam7.4pvalu(10000)得到 p 值为 0.2891. 当然也可直接调用内置 R 函数得到:

```
ks.test(X,"pnorm",76.57143,11.33747)
            One-sample Kolmogorov-Smirnov test
    data: X
    D = 0.1285, p-value = 0.1978
    alternative hypothesis: two-sided
```

也可用 Pearsonχ^2 检验,程序如下:

```
A=table(cut(X,br=c(0,64,69,79,89,100)))
br=c(0,64,69,79,89,100)
q=0
p=pnorm(br[-1],76.57143,11.33747)
q=c(p[1],p[2]-p[1],p[3]-p[2],p[4]-p[3],1-p[4])
chisq.test(A,p=q)
```

运行上述程序得到:

Chi-squared test for given probabilities

data: A

X-squared = 6.0523, df = 4, p-value = 0.1953

根据上述的 p 值都大于 0.05,应该接受 H_0, 即认为此班的学生成绩服从正态分布.

一般来说,Kolmogorov-Smirnov 检验不需将样本分组,少了任意性,所以 Kolmogorov-Smirnov 检验比 Pearsonχ^2 检验更有效.

7.3　两样本问题

假定有两个独立的观测样本 $X_1,X_2,\cdots,X_n$ 和 $Y_1,Y_2,\cdots,Y_m$. 我们要检验这两个样本是否服从同一分布.于是我们提出零假设:

$$H_0: \text{这 } n+m \text{ 个随机变量是独立同分布的.}$$

这个统计假设检验问题被称为两样本问题.

为了检验 H_0, 将这 $n+m$ 个值 $X_1,X_2,\cdots,X_n,Y_1,Y_2,\cdots,Y_m$ 进行排序,并暂时假定所有的 $n+m$ 个值是不同的,从而次序是唯一的.对 $i=1,2,\cdots,n$, 令 R_i 表示 X_i 在这 $n+m$ 个值中的秩,也就是,如果 X_i 是在 $n+m$ 个值中第 j 小的值,则 $R_i=j$. 统计量 $R=\sum_{i=1}^{n} R_i$ 为第一个数据集的秩的和,这个量被用来作为我们的检验统计量.(这两个数据集中的任何一个都可以看做"第一个"数据集.)

如果 R 非常大,表明第一个数据集趋向于比第二个数据集大,或者 R 非常小,表明第一个数据集趋向于比第二个数据集小,则拒绝零假设;否则接受零假设.当 R 的观测值为 r 时,如果 $P_{H_0}\{R\leqslant r\}$ 或者 $P_{H_0}\{R\geqslant r\}$ 非常小,我们拒绝零假设,否则接受零假设.此检验被称为两样本的秩和检验,或者称为 Wilcoxon 两样本检验以及 Mann-Whitney 两样本检验.事实上,检验数据导致 $R=r$ 的 p 值也可写为

$$p\text{ 值}=2\min(P_{H_0}\{R\leqslant r\},P_{H_0}\{R\geqslant r\}). \tag{7.3.1}$$

这是因为当 R 太小或者太大时我们都拒绝 H_0, 所以 p 值是这两个情形的概率的最小值的 2 倍.例如,假设 $r_*(r^*)$ 使得在假设 H_0 下获得一个不大于(不小于) $r_*(r^*)$ 的概率为 0.05.因为在 H_0 下每个事件发生的概率是 0.05,所以当结果是 r_* (或者是 r^*)时, p 值为 0.1.

根据(7.3.1),当所有的数据不同时,令

$$P_{n,m}(r)=P_{H_0}\{R\leqslant r\}.$$

为了计算 $P_{n,m}(r)$, 我们将得到一个递归方程.

如果最大的值确实被包含在第一个数据集,此数据集的秩和等于 $n+m$ (最大值的秩)加上其他的 $n-1$ 个来自于此数据集的秩和,若第一个数据集中剩下的 $n-1$ 个元素的秩和不大于 $r-n-m$ 时,则此数据集的秩和是不大于 r, 这个情形以概率 $P_{n-1,m}(r-n-m)$ 发生.根据类似的讨论,我们能够证明如果这个最大值包含在第二个数据集,则第一个数据集的秩和以概率 $P_{n,m-1}(r)$ 小于或等于 r. 最后,因为最大的值可能为 $n+m$ 个值中的任何一个,所以这个最大值以概率 $\frac{n}{n+m}$ 为第一个数据集的成员.综上所述,得到下述递归方程:

$$P_{n,m}(r)=\frac{n}{n+m}P_{n-1,m}(r-n-m)+\frac{m}{n+m}P_{n,m-1}(r). \qquad (7.3.2)$$

上式可由如下边界条件确定:

$$P_{1,0}(k)=\begin{cases}0, & k\leqslant 0,\\ 1, & k>0,\end{cases} \quad 或者 \quad P_{0,1}(k)=\begin{cases}0, & k<0,\\ 1, & k\geqslant 0.\end{cases}$$

(7.3.2)能够递归的解得到 $P_{n,m}(r)=P_{H_0}\{R\leqslant r\}$ 以及 $P_{n,m}(r-1)=1-P_{H_0}\{R\geqslant r\}$.

【例 7.5】 测定两个马铃薯品种的淀粉含量(%)各 5 次,品种 A 和品种 B 观察值如下:

A: 12.6, 12.4, 11.9, 12.7, 13.0;

B: 13.4, 13.1, 13.5, 12.7, 13.6.

试在显著性水平为 $\alpha=0.05$ 时检验两品种的淀粉含量有无显著区别.

首先提出零假设 H_0:两品种的淀粉含量的分布相同.将马铃薯品种 A 和品种 B 的观测值进行排序,见表 7-2.

表 7-2

观测值	11.9	12.4	12.6	12.7	12.7	13.0	13.1	13.4	13.5	13.6
秩	1	2	3	4.5	4.5	6	7	8	9	10

通过用下述程序先求出 A 的观测数据的秩和:

```
X=c(12.6, 12.4, 11.9, 12.7, 13.0)
Y=c(13.4,13.1,13.5,12.7,13.6)
Z=c(X,Y)
sum(rank(Z)[1:5])
```

得到 $r=16.5$. 再用下述程序得到 p 值:

```
exam7.5p=function(n,m,r){
```

```
p=function(n,m,r){
    if(n==1& m==0){ if(r<=0) P=0 else P=1
        }
else if(n==0& m==1){ if(r<0){ P=0 } else P=1
}
else if(n<0 || m<0){ P=0 }
else
P=n/(n+m) * Recall(n-1,m,r-n-m)+m/(n+m) * Recall(n,m-1,r)
return(P)
}
pvalue=2 * min(p(n,m,r),1-p(n,m,r-1))
pvalue
}
```

运行程序 exam7.5p(5,5,16.5)得到 p 值为 0.03174603.据此,拒绝 H_0,即认为这两种马铃薯品种是不同的.

运用递归式(7.3.2)计算 p 值所需要的计算量随着样本容量的增加而变得巨大.例如,取 $n = m = 20$,即使我们选择的检验量是比较小的秩和,但是可能要计算 $20 \times 20 \times 410 = 164000$ 个 $P_{n,m}(r)$ 的值.因此,对于大样本来说,运用递归式(7.3.7)是不可能的.在大样本情形下我们能够用中心极限定理得到 R 的近似分布,也可用模拟算出 p 值.

为了得到 R 的近似分布,考虑在 H_0 下,这 $n + m$ 个 $X_1,X_2,\cdots,X_n$ 和 $Y_1,Y_2,\cdots,Y_m$ 的值中,每个值的秩服从 $1,2,\cdots,n + m$ 的均匀分布.从而

$$E_{H_0}[R] = \sum_{i=1}^{n} E_{H_0}[R_i] = n \times \frac{n + m + 1}{2},$$

$$\mathrm{Var}_{H_0}(R_i) = \frac{(n + m)(n + m + 1)}{12}.$$

$$\begin{aligned}E_{H_0}[R_iR_j] &= E_{H_0}[R_iE_{H_0}[R_j \mid R_i]] \\ &= \sum_{r=1}^{n+m} \frac{1}{n + m}\sum_{k\neq r} \frac{1}{n + m - 1}k\left(\sum_{i=1}^{n+m}1 - k\right) \\ &= \frac{(n + m + 1)[3(n + m) + 2]}{12},\end{aligned}$$

$$\mathrm{Cov}_{H_0}(R_i,R_j) = E_{H_0}[R_iR_j] - E_{H_0}[R_i]E_{H_0}[R_j] = -\frac{n + m + 1}{12},$$

$$\mathrm{Var}_{H_0}(R) = \sum_{i=1}^{n} \mathrm{Var}_{H_0}(R_i) + \sum_{i\neq j} \mathrm{Cov}_{H_0}(R_i,R_j) = nm \cdot \frac{n + m + 1}{12}.$$

所以在 H_0 下,当 n 和 m 充分大时,由中心极限定理知 R 近似服从正态分布.即,当 H_0 为真时,有

$$\frac{R - n(n+m+1)/2}{\sqrt{nm(n+m+1)/12}} \mathrel{\dot\sim} N(0,1).$$

因为对标准正态随机变量 W,当 $r \leqslant E[W]$ 时,$P\{W \leqslant r\}$ 和 $P\{W \geqslant r\}$ 的最小值是前者,否则是后者,从而当 n 和 m 不太小时(两个都大于 7 是足够的),我们能够得到 $R = r$ 的 p 值为

$$p\text{ 值} \approx \begin{cases} 2P\{Z < r^*\}, & \text{若} \quad r \leqslant n \cdot \dfrac{n+m+1}{2}, \\ 2P\{Z > r^*\}, & \text{否则}, \end{cases} \tag{7.3.3}$$

其中

$$r^* = \frac{r - n \cdot \dfrac{n+m+1}{2}}{\sqrt{\dfrac{nm(n+m+1)}{12}}},$$

Z 为标准正态随机变量.

【例 7.6】 用大白鼠做不同饲料喂养所增体重的比较试验,先将大白鼠按性别、月龄、体重等配为 10 对,再把每对中的两只大白鼠随机分配到高蛋白组或低蛋白组,喂养 8 周得到增重(单位:g)的观测值如表 7-3 所示.试检验两组大白鼠的增重是否有显著的差异.

表 7-3　**大白鼠体重增重(单位:g)观测值**

高蛋白组体重 X_i	135	120	131	130	139	138	136	137	134	130
低蛋白组体重 Y_i	124	124	131	118	132	132	136	127	127	117

首先提出零假设:H_0:高蛋白组与低蛋白组大白鼠体重增重无显著区别.将 $X_i, Y_j, i, j = 1, 2, \cdots, 10$ 混合,设 R 为 $X_1, X_2, \cdots, X_{10}$ 在 X_i, Y_j 混合后秩的和,得到 X_i 在混合后中的秩如表 7-4 所示.

表 7-4　**高蛋白饲养的大白鼠体重增重观测值的秩**

观测值 x_i	135	120	131	130	139	138	136	137	134	130
秩 R_i	15	3	10.5	8.5	20	19	16.5	18	14	8.5

从上表可计算出高蛋白组观测值的秩和 $r = 133$. 易知,$E[R] = 105$,

$\mathrm{Var}(R) = 175$. 令 $Z = \dfrac{R - 105}{\sqrt{175}}, r^* = \dfrac{r - 105}{\sqrt{175}} = 2.116601$, 则 $p = 2P\{Z > r^*\} = 0.03429373$. 据此,有理由拒绝 H_0, 即认为高蛋白组与低蛋白组分别饲养的大白鼠的体重的增重有显著差别.

我们用递归式(7.3.2)得到精确的 p 值为 0.03546299, 与 0.03429373 非常接近,这表明当 n,m 充分大时,用近似正态分布进行检验的效果也非常好,而且也很容易计算.

下面我们用模拟方法来计算上述 p 值.

Step 1:将 $X_1, X_2, \cdots, X_n$ 和 $Y_1, Y_2, \cdots, Y_m$ 混合后记为 $Z_i, i = 1,2,\cdots,n+m$, 并将 Z 排序,得到其对应秩.

Step 2:令 $Z_i, i = 1,2,\cdots,n + m$,对应的秩为 $R_i, i = 1,2,\cdots,n + m$.

Step 3:对 $X_i, i = 1,2,\cdots,n$,所对应的秩求和,记为 r.

Step 4:从 $R_i, i = 1,2,\cdots,n + m$,中随机抽取 n 个数,令其和为 R.

Step 5:重复 Step 4 k 次. 令 $p_1 = \dfrac{\#\{R \leqslant r\}}{k}$, $p_2 = \dfrac{\#\{R \geqslant r\}}{k}$, 则 $p = 2 * \min\{p_1, p_2\}$.

其 R 程序如下:

```
exam7.6sim=function(k,X,Y){
    Z=c(X,Y);R=0
    n=length(X);m=length(Y)
    rk=rank(Z);r=sum(rk[1:n])
    for(i in 1:k){
        rksamp=sample(rk)
        R[i]=sum(rksamp[1:n])
    }
    if(r<0.5*n*(n+m+1))
        p=2*length(R[R<=r])/k
    else p=2*length(R[R>=r])/k
p
}
```

运行 exam7.6sim(100000,X,Y)得到 p 值为 0.03362.

上述分析假定所有的 $n + m$ 个数据是不同的.当这些数据中某些有相同的值时,我们取等于这个值的若干数据的秩的平均.例如,如果第一个数据集是 1,4,5, 第二个数据集是 2,4,7, 那么第一个数据集的秩和是 $1 + 3.5 + 5 = 9.5$.

两样本问题的推广是多样本问题,对于下面的 m 个数据集

$$\begin{array}{cccc} X_{1,1} & X_{1,2} & \cdots & X_{1,n_1}, \\ X_{2,1} & X_{2,2} & \cdots & X_{2,n_2}, \\ \vdots & \vdots & & \vdots \\ X_{m,1} & X_{m,2} & \cdots & X_{m,n_m}, \end{array}$$

我们感兴趣的是检验零假设 H_0:所有 $n = \sum_{i=1}^{m} n_i$ 个随机变量独立同分布.对两样本秩检验的推广称为多样本的秩检验(通常称为 Kruskal-Wallis 检验).其步骤为:首先计算出所有 n 个数据的秩,然后令 $R_i, i = 1,2,\cdots,m$,表示来自于第 i 个数据集的所有 n_i 个数据的秩和.在零假设 H_0 下,假定所有的数据是不同的,则每个数据的秩等可能地取 $1,2,\cdots,n$ 中的任何一个.我们有

$$E[R_i] = n_i \times \frac{n+1}{2}.$$

由上式知,多样本秩和检验统计量为

$$R = \frac{12}{n(n+1)} \sum_{i=1}^{m} \frac{\left[R_i - n_i \frac{n+1}{2}\right]^2}{n_i}.$$

易知 R 小表明 H_0 是合适的, R 大表明 H_0 不合适,则拒绝 H_0. 如果 R 的观测值为 $R = r$, 则其 p 值为

$$p \text{ 值} = P_{H_0}\{R \geqslant r\}.$$

对充分大的 $n_1, n_2, \cdots, n_m$ 来说, R 近似服从一个自由度为 $m-1$ 的χ^2 分布.据此, p 值可由下式近似得到

$$p \text{ 值} \approx P\{\chi^2_{m-1} \geqslant r\}.$$

【例 7.7】 用 3 种不同的药剂处理水稻种子,发芽后观测到苗高(单位:cm)的观测值如表 7-5 所示.检验 3 种药剂对水稻种子的效果是否有差异?

表 7-5 **苗高的观测值**

处理	苗　　高
1	21,24,27,20
2	20,18,19,15
3	22,25,27,22

首先提出零假设 H_0:3 种药剂对水稻种子的效果无差异.将各组样本数据混合后由小到大排列,确定各个数据的秩 R_{ij}, 并计算各组的秩次和 R_i, 如有

相同的数据可同取平均的秩，结果如表 7-6 所示.

表 7-6　**各观测值的秩**

处理	苗高(秩)	秩和
1	21(6),24(9),27(11.5),20(4.5)	31
2	20(4.5),18(2),19(3),15(1)	10.5
3	22(7.5),25(10),27(11.5),22(7.5)	36.5

计算秩和统计量 R 的观测值

$$r=\frac{12}{n(n+1)}\sum_{i=1}^{m}\frac{\left[R_i-n_i\frac{n+1}{2}\right]^2}{n_i}=7.221154,$$

得到 p 值为 0.02703624. 据此，有理由拒绝 H_0，即认为这 3 种药剂对水稻种子的效果有显著差异.

例 7.7 的样本容量 $n=12$ 并非充分大，而我们用近似分布计算 p 值可能会比较粗糙. 下面我们用模拟来估计 p 值. 其步骤为

Step 1：令 $X_i, i=1,2,\cdots,m$，表示第 i 组观测值向量，将其混合后排序.

Step 2：令 R_{ij} 表示第 i 组数据第 j 个值的秩，令 R_i 表示第 i 组数据秩的和.

Step 3：计算 $r=\frac{12}{n(n+1)}\sum_{i=1}^{m}\frac{\left[R_i-n_i\frac{n+1}{2}\right]^2}{n_i}$.

Step 4：从 $R_{ij}, i=1,2,\cdots,m, j=1,2,\cdots,n_i$，中抽取 $n=\sum_{i=1}^{m}n_i$ 个值 $y_1, y_2,\cdots,y_n$. 令 $R_1=y_1+y_2+\cdots+y_{n_1}$，$R_2=y_{n_1+1}+y_{n_2+2}+\cdots+y_{n_1+n_2}$，$\cdots$，$R_m=y_{n_1+\cdots+n_{m-1}+1}+\cdots+y_n$.

Step 5：令 $R=\frac{12}{n(n+1)}\sum_{i=1}^{m}\frac{\left[R_i-n_i\frac{n+1}{2}\right]^2}{n_i}$.

Step 6：重复 Step 4 和 Step 5 k 次，计算 $p=\frac{\#\{R\geqslant r\}}{k}$.

其 R 程序为

```
exam7.7sim=function(k,X1,X2,X3){
    Z=c(X1,X2,X3);R=0;n=0;r=0
    n[1]=length(X1);n[2]=length(X2)
```

```
    n[3]=length(X3);m=3;nsum=sum(n)
    rk=rank(Z);
    r[1]=sum(rk[1:n[1]])
    for(i in 2:m){ r[i]=sum(rk[(sum(n[1:(i-1)])+1):(sum(n
[1:i]))])}
    rsum=12/(nsum*(nsum+1))*sum((r-n*(nsum+1)/2)^2/n)
    for(i in 1:k){
        rksamp=sample(rk)
        r[1]=sum(rksamp[1:n[1]])
        for(j in 2:m){ r[j]=sum(rksamp[(sum(n[1:(j-1)])+
    1):(sum(n[1:j]))])}
        R[i]=12/(nsum*(nsum+1))*sum((r-n*(nsum+1)/
    2)^2/n)
    }
    length(R[R>=rsum])/k
}
```

运行 exam7.7sim(1000,X1,X2,X3) 1000 次得到 p 值为 0.01433. 据此,这也表明要拒绝 H_0, 同样认为这 3 种药剂对水稻种子的效果有显著差异.

7.4 验证非齐次 Poisson 过程的假设

考虑一个数学模型,此模型假定每天来到者按照一个非齐次的 Poisson 过程到达一个系统,每天的来到过程是独立同分布的,但未指定强度函数.

为了验证这个假设,假定我们对此系统观察了 m 天的来到时间.令 $N_i, i = 1,2,\cdots,m$, 表示在第 i 天的来到数,并注意到如果来到的过程确实是非齐次的 Poisson 过程,这些量是独立的且具有同样均值的 Poisson 随机变量.因此这个结果能够利用 Pearsonχ^2 拟合优度方法进行检验.在此根据 Poisson 随机变量的均值和方差相等的性质提出另一个更有效的检验方法.如果 N_i 确实是来自一个 Poisson 分布的一个样本,那么样本均值

$$\overline{N} = \frac{1}{m}\sum_{i=1}^{m} N_i$$

和样本方差

$$S^2 = \frac{1}{m-1}\sum_{i=1}^{m} (N_i - \overline{N})^2$$

大致相等.据此我们提出下述假设:

H_{01}:N_i 是独立的且具有同样均值的 Poisson 随机变量,$i = 1,2,\cdots,m$.
在此假设下,我们构造统计量:

$$T = \frac{S^2}{\overline{N}}. \tag{7.4.1}$$

因为当 T 的值很大或者很小时,都表明样本均值与样本方差有显著差异,说明样本 $N_i, i = 1,2,\cdots,m$,不是来自同一分布.对于给定的观测值,我们可以计算出统计量 T 值为 t,其对应的 p 值为

$$p_1 = 2\min(P_{H_{01}}\{T \leqslant t\}, P_{H_{01}}\{T \geqslant t\}).$$

然而,因为 H_{01} 没有指出 Poisson 分布的均值,所以不能直接地计算上述概率.因此我们首先用观测数据来估计此均值,即用估计量 $\overline{N} = \lambda$ 作为 Poisson 分布均值的估计,进而得到 p 值的估计为

$$p_1 = 2\min(P_\lambda\{T \leqslant t\}, P_\lambda\{T \geqslant t\}),$$

式中 T 是根据式 (7.4.1) 而定义的,其中 $N_1, N_2, \cdots, N_m$ 是相互独立的具有均值为 λ 的 Poisson 过程.我们现在通过模拟来估计 $P_\lambda\{T \leqslant t\}$ 和 $P_\lambda\{T \geqslant t\}$. 也就是,我们连续地产生 m 个独立的且具有均值 λ 的 Poisson 随机变量,并计算 T 的值.将模拟结果满足 $T \leqslant t$ 所占总模拟次数的比例作为 $P\{T \leqslant t\}$ 的估计量,并将模拟结果中满足 $T \geqslant t$ 所占总模拟次数的比例作为 $P\{T \geqslant t\}$ 的估计量.

如果上述的 p_1 很小,我们就拒绝零假设 H_{01},即认为日常来到过程不构成一个 Poisson 过程.然而,如果 p_1 不小,这仅仅意味着每天来到数服从 Poisson 分布这个假设是可行的,而据此不能识别更强的假设 H_{02}:实际来到模式是非齐次 Poisson 过程,且每天都是相同的.为了验证此假设 H_{02},我们进行 m 天的观测,记 $X_{j,1}, X_{j,2}, \cdots, X_{j,N_j}$ 为在第 $j, j = 1,2,\cdots,m$,天各个来到者到达的时间.如果来到过程确实是一个非齐次的 Poisson 过程,则能够看出这 m 个数据集 $X_{j,1}, X_{j,2}, \cdots, X_{j,N_j}, j = 1,2,\cdots,m$,是相互独立的且具有共同分布的随机变量.从而可用多样本的 Kruskal-Wallis 秩检验对 H_{02} 进行检验.其步骤为

Step 1:计算 $N \equiv \sum_{j=1}^{m} N_j$ 个数据的秩.

Step 2:令 R_j 表示所有的来自于第 j 个数据集的 N_j 个数据的秩和.

Step 3:记

$$R = \frac{12}{N(N+1)} \sum_{j=1}^{m} \frac{\left(R_j - \frac{N_j \cdot (N+1)}{2}\right)^2}{N_j}, \tag{7.4.2}$$

则 R 在 H_{02} 下近似地服从自由度为 $r-1$ 的 χ^2 分布.

Step 4:根据观察值计算 R 的值为 r, 则 p 值为

$$p_2 = 2\min(P_{H_{02}}\{R \leqslant r\}, P_{H_{02}}\{R \geqslant r\}) \approx 2\min(P\{\chi^2_{r-1} \leqslant r\}, P\{\chi^2_{r-1} \geqslant r\}).$$

如果上述 p_2 以及前面的 p_1 都不太小,我们可以推断数据与日常来到数构成一个非齐次的 Poisson 过程这个假设是一致的.

注:在多样本秩和检验中,一般用单边的区域 $R \geqslant r$ 来计算 p 值,而在此处用双边区域 $R \geqslant r$ 或者 $R \leqslant r$ 来计算(7.4.2)中的 p 值.这是因为一个多样本秩和检验假定数据来自 m 个分布且这些分布相等时, R 应该较小,所以应该用区域 $R \geqslant r$ 来检验.但是,对于一个周期的非齐次的 Poisson 过程,我们既要检验第 i 天的各个来到时间服从某些分布,又要检验每天的来到时间的分布是相同的.而比较小的 R 的值表明在每天中来到的次数有同样的 Poisson 分布,较大的 R 的值说明每天内各个来到时间可能不是独立同分布的,也就是 Poisson 过程是非齐次的,所以用双边区域 $R \geqslant r$ 或者 $R \leqslant r$ 来检验.

【例 7.8】 假定记录了某路口 6 天从早上 8 点到下午 6 点这 10 个小时内所经过的货车次数及时刻如表 7-7 所示.根据此观测数据检验每天的过往货车次数服从非齐次的 Poisson 过程.

表 7-7 **过往货车次数及时刻表**

$N_1=51$
0.118, 0.173, 0.184, 0.224, 0.346, 0.447, 0.576, 0.755, 0.928, 0.952, 1.366, 1.445, 1.527, 1.700, 1.713, 1.999, 2.046, 2.081, 2.484, 2.548, 2.634, 2.679, 2.771, 2.943, 3.122, 3.222, 3.588, 3.592, 3.931, 4.452, 4.606, 4.619, 4.677, 4.797, 4.922, 4.922, 5.022, 5.414, 5.513, 5.817, 6.584, 6.938, 6.978, 6.994, 7.124, 7.172, 7.321, 7.344, 8.890, 9.162, 9.544
$N_2=40$
0.159, 0.305, 0.392, 0.403, 0.417, 0.684, 0.814, 0.982, 1.093, 1.235, 1.384, 1.493, 1.592, 1.705, 2.318, 2.471, 2.640, 2.756, 3.120, 3.302, 3.320, 3.682, 3.688, 4.205, 5.093, 5.185, 5.585, 5.695, 6.677, 7.065, 7.213, 7.545, 7.824, 8.099, 8.260, 8.690, 8.785, 8.918, 9.612, 9.972
$N_3=37$
0.100, 0.294, 0.386, 0.727, 0.780, 1.048, 1.245, 1.304, 1.352, 1.829, 1.992, 2.156, 2.632, 2.636, 2.767, 2.795, 3.037, 3.281, 3.690, 3.696, 4.581, 4.905, 5.083, 5.640, 6.116, 6.460, 6.979, 7.249, 7.473, 7.659, 7.867, 8.029, 8.682, 8.915, 8.982, 9.183, 9.286

续表

$N_4 = 36$
0.138, 0.234, 0.908, 0.939, 0.990, 1.266, 1.589, 1.952, 2.068, 2.361, 2.710, 3.501, 3.513, 3.967, 4.367, 4.451, 4.984, 5.157, 5.528, 6.551, 6.658, 7.432, 7.755, 8.021, 8.061, 8.170, 8.288, 8.325, 8.337, 8.427, 8.655, 8.836, 8.895, 8.921, 9.235, 9.343
$N_5 = 32$
0.161, 0.681, 0.714, 1.848, 1.914, 1.940, 1.995, 2.139, 2.329, 2.581, 3.390, 3.484, 3.629, 3.662, 3.933, 4.419, 4.422, 4.864, 5.358, 5.913, 5.985, 6.106, 6.951, 6.969, 7.215, 7.275, 7.342, 7.372, 8.432, 8.665, 8.706, 9.120
$N_6 = 32$
0.078, 0.207, 0.217, 1.142, 1.415, 1.436, 1.530, 1.879, 2.207, 2.779, 3.050, 3.632, 3.657, 3.929, 4.532, 4.750, 5.174, 5.396, 6.386, 7.123, 7.291, 7.362, 7.513, 7.625, 7.789, 7.947, 8.136, 8.166, 8.280, 8.984, 9.788, 9.890

首先提出零假设 H_{01}：过往的货车数 N 服从 Poisson 分布.计算 $\overline{N} = 38$，$S^2 = 50$，得到 T 的观测值为 $t = 1.32$. 调用下述程序：

```
exam7.8=function(t,n,m,mu){
    T=0
    for(i in 1:n){
        N=rpois(m,mu)
        T[i]=var(N)/mean(N)
    }
    2*min(length(T[T>=t])/n,length(T[T<=t])/n)
}
```

通过运行 exam7.8(1.32,10000,6,38)得到 p 值为 0.506. 据此，接受 H_{01}，即过往的货车数 N 服从 Poisson 分布.

继续提出零假设 H_{02}：每天过往的货车数 N_i，$i=1,2,\cdots,6$，为相同的非齐次的 Poisson 过程.将所有的观测时刻排序，得到每天的过往货车时刻的秩和如表 7-8 所示.

表 7-8　　过往货车时刻的秩和

秩和	R_1	R_2	R_3	R_4	R_5	R_6
观测值	5042	4258	4158	4792	3836	4020

记 $n = N_1 + N_2 + \cdots + N_6$，则 $n = 228$. 计算统计量 R 的观测值

$$r = \frac{12}{n(n+1)}\sum_{j=1}^{m}\frac{\left(R_j - N_j\cdot\frac{n+1}{2}\right)^2}{N_j} = 7.49,$$

得到

$$p_2 = 2\min(P\{\chi^2_{6-1} \leqslant 7.49\}, P\{\chi^2_{6-1} \geqslant 7.49\}) = 0.374,$$

由此接受 H_{02}，即认为过往的货车数 N 服从非齐次的 Poisson 过程.

如果一个非齐次 Poisson 过程通过检验认为是与数据一致的,那么我们接着就要对此过程的强度函数 $\lambda(t), 0 \leqslant t \leqslant T$ 进行估计.在齐次情形下,显然强度函数的估计量是 $\lambda(t) = \frac{\hat{\lambda}}{T}$，其中 $\hat{\lambda}$ 是在长度为 T 的一天中到达的平均次数的估计量.对非齐次 Poisson 过程,记 $n = \sum_{j=1}^{m} N_j$，令 $y_0 = 0$，对 $k = 1,2,\cdots,n$，记 y_k 表示这 n 个到达时刻中的第 k 个最小值.因为在 m 天中,在时间间隔 $(y_{k-1}, y_k], k = 1,2,\cdots,n$ 上仅有一个来到,所以 $\lambda(t)$ 的一个合理的估计量为

$$\hat{\lambda}(t) = \frac{1}{(y_k - y_{k-1})},\quad 当 y_{k-1} < t \leqslant y_k.$$

为了保证一天来到的货车数的数学期望为 $\overline{N}$，所以取强度函数

$$\hat{\lambda}(t) = \frac{1}{m(y_k - y_{k-1})},\quad 当 y_{k-1} < t \leqslant y_k.$$

练　习　7

1.根据遗传学理论,大麦的杂交后代关于芒性的比例应是无芒：长芒：短芒=9：3：4.实际观测值为 335：125：160.试用 Pearsonχ^2 检验和模拟估计 p 值,进而判断观测值是否符合理论假设.

2.根据 Mendel 的遗传学理论,一种开花的豌豆植物将分别以概率 $\frac{1}{4}, \frac{1}{2}, \frac{1}{4}$ 开白色、粉红色或者红色的花.为了检验这个结论,对 564 个豌豆样本进行

研究得到结果如下：141 个开白花，291 个开粉红色花，132 个开红花. 分别用 Pearsonχ^2 检验和模拟的方法估计此数据集的 p 值，判断此数据是否符合 Mendel 的遗传学理论.

3. 某市政局为了考察该市的 6 条交通要道是否具有同等流量，分别对这 6 条交通要道进行了为期一个月的观察，得到每条要道的车辆数（单位：万辆）分别为

$$157, 164, 165, 182, 163, 169.$$

试分别用 Pearsonχ^2 检验和模拟的方法估计此数据集的 p 值，判断此 6 条交通要道的流量是否相同.

4. 有人对一份取值于 $\{0, 1, \cdots, 9\}$ 中的 250 个数字的随机数表，进行了如下加工：

数字	0	1	2	3	4	5	6	7	8	9
观测频数	17	31	29	18	14	20	35	30	20	36

经过思考，他认为此表不可能是随机的. 试问，你认为他的怀疑是否有充分的统计根据？

5. 假设以下 18 个点的集合是来自一个 $(20, 40)$ 上的均匀分布：

$$36.4,\ 26.0,\ 31.2,\ 20.1,\ 39.9,\ 34.1,\ 29.5,\ 27.9, 38.0,$$
$$26.2,\ 35.7,\ 28.6,\ 24.9,\ 22.0,\ 21.7,\ 34.6,\ 38.2,\ 39.4.$$

估计此假设的 p 值.

6. 假定从一批电子元件中抽出 10 个测量出其寿命如下（单位：小时）：

$$66, 72, 81, 94, 112, 116, 124, 140, 145, 155.$$

问这批电子元件的寿命是否服从指数分布并估计此假设的 p 值.

7. 假设在 30 天的时间段内，有 6 天没有事故发生，有 2 天有一起事故发生，有 1 天有 2 起事故发生，有 9 天有 3 起事故发生，有 7 天有 4 起事故发生，有 4 天有 5 起事故发生，有 1 天有 8 起事故发生. 检验这些数据是否与参数 $\lambda = \frac{87}{30} = 2.9$ 的 Poisson 分布的假设一致.

8. 产生 20 个相互独立的具有均值为 1、方差为 4 的正态随机变量的值. 试利用 Kolmogorov-Simrnov 方法，估计此模拟数据确实是来自于均值为 1、方差为 4 的正态分布的 p 值.

9. 对一台设备进行寿命检验，记录 10 次无故障工作时间，并按从小到大

的次序排列如下(单位:小时):

420,500,920,1380,1510,1650,1760,2100,2300,2350.

试用 Kolmogorov-Simirnov 检验方法检验此设备无故障工作时间的分布是否服从参数为 $\lambda = \frac{1}{1500}$ 的指数分布,用模拟估计出此假设的 p 值.

10.为了比较两种品种的水稻产量(单位:kg),进行田间试验,得到亩产量如下:

品种 1:446, 453, 451, 447, 447, 451, 453, 452, 444, 454;

品种 2:494, 501, 503, 486, 498, 498, 492, 499, 501, 499, 495, 503.

当检验"假设:这两种品种的水稻亩产量相同"时,计算精确的 p 值.

11.观察得两样本值如下:

样本Ⅰ　2.36,3.14,7.52,3.48,2.76,5.43,6.54,7.41;

样本Ⅱ　4.38,4.25,6.53,3.28,7.21,6.55.

在分析这两样本是否来自同一总体时,分别用渐近正态和模拟的方法计算 p 值.

12.考虑下述样本的数据:

样本 1　99.1,99.1, 95.9,94.0,97.8, 91.7, 98.0,97.2;

样本 2　106.6, 104.4, 102.5, 109.6, 95.5, 98.1,108.8,105.1;

样本 3　143,151, 146,148,165 ,103, 152, 100.

当检验所有的数据来自同一个分布时,分别用 χ^2 统计量和模拟的方法计算 p 值.

13.某 ATM 机在 100 个单位时间内,有 18 个顾客光临,其到达时刻如下:

12,20,33,44,55,56,61,63,66,70,73,75,78,80,82,85,87,90.

试检验到达过程是一个(齐次)Poisson 过程并估计 p 值.

14.假定记录了某个工厂 5 天的日常运输次数.在此阶段每天的运输次数如下:

18,24,16,19,25.

又假定根据它们到达的时间安排 102 次的运输次序,每天运输的秩和为:

1010,960,1180,985,1118.

用上述数据,让我们检验"假设:日常运输到达过程是一个非齐次 Poisson 过程".

第8章 EM算法和MCMC方法

在统计领域里主要有两大类计算问题,一类是极大似然估计的计算,另一类是 Bayes 计算.在极大似然估计计算中有时数据是缺失的,我们用 EM 算法进行估计.在 Bayes 计算中,如果观测后验分布是复杂的、高维的、非标准的分布,我们可以用 MCMC 方法进行处理.下面分别介绍这两种方法.

8.1 EM 算法

EM(Expectation-Maximization)算法是一种迭代方法,最初由 Dempster 等提出,主要用来求后验分布的众数(即极大似然估计),它的每一次迭代由两步组成:E 步(求期望)和 M 步(极大化).一般地,以 $p(\theta \mid Y)$ 表示 θ 基于观测数据的后验分布密度函数,称为观测后验分布, $p(\theta \mid Y,Z)$ 表示添加数据 Z 后得到的关于 θ 的后验分布密度函数,称为添加数据的后验分布, $p(Z \mid \theta,Y)$ 表示在给定 θ 和观察数据 Y 下潜在数据 Z 的条件分布密度函数.我们的目的是计算观测后验分布 $p(\theta \mid Y)$ 的众数,EM 算法按下述步骤进行.记 $\theta^{(i)}$ 为第 $i+1$ 次迭代开始时后验众数的估计值,则第 $i+1$ 次迭代的两步为

E 步:将 $p(\theta \mid Y,Z)$ 或 $\log p(\theta \mid Y,Z)$ 关于 Z 的条件分布求期望,从而把 Z 积掉,即

$$Q(\theta \mid \theta^{(i)},Y) \triangleq E_Z[\log p(\theta \mid Y,Z) \mid \theta^{(i)},Y] = \int \log p(\theta \mid Y,Z)p(Z \mid \theta^{(i)},Y)\mathrm{d}Z. \tag{8.1.1}$$

M 步:将 $Q(\theta \mid \theta^{(i)},Y)$ 极大化,即找一点 $\theta^{(i+1)}$,使

$$Q(\theta^{(i+1)} \mid \theta^{(i)},Y) = \max_{\theta} Q(\theta \mid \theta^{(i)},Y). \tag{8.1.2}$$

如此形成了一次迭代 $\theta^{(i)} \to \theta^{(i+1)}$. 将上述 E 步和 M 步进行迭代直至 $\| \theta^{(i+1)} - \theta^{(i)} \|$ 或 $\| Q(\theta^{(i+1)} \mid \theta^{(i)},Y) - Q(\theta^{(i)} \mid \theta^{(i)},Y) \|$ 充分小时停止.

【例 8.1】 (Rao(1965))设有 197 种动物服从多项分布,将其分成四类,观测到的数据为

$$y=(y_1,y_2,y_3,y_4)=(125,18,20,34).$$

再设属于各类的概率分布为

$$\left(\frac{1}{2}+\frac{1}{4}\theta,\frac{1}{4}(1-\theta),\frac{1}{4}(1-\theta),\frac{1}{4}\theta\right),$$

其中 $\theta\in(0,1)$，试估计 θ.

取 θ 的先验分布 $\pi(\theta)$ 为 $(0,1)$ 上的均匀分布，则 θ 的观测后验分布为

$$\begin{aligned}p(\theta\mid Y)&\propto\pi(\theta)p(Y\mid\theta)\\&=\left(\frac{1}{2}+\frac{1}{4}\theta\right)^{y_1}\left(\frac{1}{4}(1-\theta)\right)^{y_2}\left(\frac{1}{4}(1-\theta)\right)^{y_3}\left(\frac{1}{4}\theta\right)^{y_4}\\&\propto(2+\theta)^{y_1}(1-\theta)^{y_2+y_3}\theta^{y_4}.\end{aligned}\tag{8.1.3}$$

令 $L(\theta,Y)=(2+\theta)^{y_1}(1-\theta)^{y_2+y_3}\theta^{y_4}$，对 $L(\theta,Y)$ 取对数后再对 θ 求导得

$$\frac{\mathrm{d}\log L(\theta,Y)}{\mathrm{d}\theta}=\frac{y_1}{2+\theta}-\frac{y_2+y_3}{1-\theta}+\frac{y_4}{\theta}.$$

我们称 $\frac{\mathrm{d}\log L(\theta,Y)}{\mathrm{d}\theta}$ 为得分函数，记为 $S(\theta)$. 为了得到 θ 的极大似然估计值 $\hat{\theta}$，我们解似然方程

$$S(\theta)=0.$$

用如下 R 程序：

```
S=function(x) {125/(2+x)-(18+20)/(1-x)+34/x}
uniroot(S,c(0,1))
```

得到 $\hat{\theta}=0.6268219$.

下面我们用 EM 算法来求解 θ. 现在面对的困难是在 (8.1.3) 中同时出现 $2+\theta$, $1-\theta$ 和 θ，为了将 $2+\theta$ 拆分开，我们将第一类动物分为两小类，落于第一小类的概率为 $\frac{1}{2}$，落于第二小类的概率为 $\frac{\theta}{4}$，引进潜在变量 Z 表示动物属于第一小类的种数，则 y_1-Z 为动物属于第二小类的种数.从而得到 θ 的添加后验分布为

$$\begin{aligned}p(\theta\mid Y,Z)&\propto\pi(\theta)p(Y,Z\mid\theta)\\&=\left(\frac{1}{2}\right)^{Z}\left(\frac{1}{4}\theta\right)^{y_1-Z}\left(\frac{1}{4}(1-\theta)\right)^{y_2}\left(\frac{1}{4}(1-\theta)\right)^{y_3}\left(\frac{1}{4}\theta\right)^{y_4}\\&\propto\theta^{y_1-Z+y_4}(1-\theta)^{y_2+y_3}.\end{aligned}$$

在第 $i+1$ 次迭代中假设有估计值 $\theta^{(i)}$，则可通过 E 步和 M 步得到 θ 的一个新

的估计.在 E 步中,由 (8.1.1) 有

$$Q(\theta \mid \theta^{(i)}, Y) = E_Z[(y_1 - Z + y_4)\log\theta + (y_2 + y_3)\log(1-\theta) \mid \theta^{(i)}, Y]$$
$$= [y_1 - E_Z(Z \mid \theta^{(i)}, Y) + y_4]\log\theta + (y_2 + y_3)\log(1-\theta).$$

因 $Z \mid \theta^{(i)}, Y$ 服从 $B\left(y_1, \dfrac{2}{\theta^{(i)}+2}\right)$，故 $E_Z(Z \mid \theta^{(i)}, Y) = \dfrac{2y_1}{\theta^{(i)}+2}$.

在 M 步中,我们将 $Q(\theta \mid \theta^{(i)}, Y)$ 对 θ 求导并令其为 0,有

$$\theta^{(i+1)} = \frac{y_1 + y_4 - E_Z(Z \mid \theta^{(i)}, Y)}{y_1 + y_2 + y_3 + y_4 - E_Z(Z \mid \theta^{(i)}, Y)}$$
$$= \frac{159\theta^{(i)} + 68}{197\theta^{(i)} + 144}. \tag{8.1.4}$$

根据 (8.1.4) 编写迭代程序如下:

```
exam8.1=function(ep=1e-7){
    theta=0.5;k=1
    repeat{
        k=k+1
        theta[k]=(159*theta[k-1]+68)/(197*theta[k-1]+144)
        if(abs(theta[k]-theta[k-1])<ep) break
    }
    list(theta=theta[k],iter=k)
}
```

运行 exam8.1()得到 $\hat{\theta} = 0.6268215$.

【例 8.2】 如下数据

3. 54,3. 90,3. 93,5. 19,3. 58,4. 60,3. 85,4. 69,4. 29,4. 067,3. 77,3. 45,
5. 36,2. 62,4. 80,4. 65,3. 65,3. 67,6. 23,3. 35,1. 58,-0. 19,-1. 89,0. 08,
0. 34,0. 90,-0. 03,0. 55,-0. 57,-1. 20

可能来自于正态分布 $N(0,1)$ 与 $N(\mu,1)$ 的混合,混合比为 $1-p$ 与 p, 且 $0 < p < 1$. 求出 p 与 μ 的极大似然估计.

我们首先给出其混合密度:

$$f(y;p,\mu) = p\phi(y-\mu) + (1-p)\phi(y),$$

其中 $\phi(x) = \dfrac{1}{\sqrt{2\pi}}e^{-\frac{1}{2}x^2}$. 设从混合分布中抽取样本 $Y = (Y_1, Y_2, \cdots, Y_n)$, 得到其似然函数

$$L(\mu,p;Y) = \prod_{i=1}^{n}(p\phi(Y_i - \mu) + (1-p)\phi(Y_i)).$$

对上述似然函数取对数得

$$\ell(\mu,p;Y)=\sum_{i=1}^{n}\log(p\phi(Y_i-\mu)+(1-p)\phi(Y_i))$$

考虑

$$\begin{cases}\dfrac{\partial\ell(\mu,p;Y)}{\partial\mu}=0,\\[2mm] \dfrac{\partial\ell(\mu,p;Y)}{\partial p}=0,\end{cases}\tag{8.1.5}$$

而 (8.1.5) 也很难直接用数值方法得到其解.下面用 EM 算法来分析.

我们引入潜在变量 $Z=(Z_1,Z_2,\cdots,Z_n)$, 且 $Z_1,Z_2,\cdots,Z_n$ 相互独立,其中

$$Z_i=\begin{cases}1,\text{若 } Y_i \text{ 来自正态分布} N(\mu,1),\\ 0,\text{若 } Y_i \text{ 来自正态分布} N(0,1),\end{cases}$$

以及 $P\{Z_i=1\}=p,i=1,2,\cdots,n$. 我们有 $Y_i\mid Z_i=1\sim N(\mu,1)$, $Y_i\mid Z_i=0\sim N(0,1)$. 则 $(Z_i,Y_i),i=1,2,\cdots,n$ 的似然函数为

$$L(\mu,p;Y,Z)=\prod_{i=1}^{n}p^{Z_i}\phi(Y_i-\mu)^{Z_i}(1-p)^{1-Z_i}\phi(Y_i)^{1-Z_i}.$$

对上述似然函数取对数并去掉与 p,μ 无关的量得

$$\ell_1(\mu,p;Y,Z)=\sum_{i=1}^{n}Z_i\log p-\frac{1}{2}\sum_{i=1}^{n}Z_i(Y_i-\mu)^2+\left(n-\sum_{i=1}^{n}Z_i\right)\log(1-p).$$

假设在第 $k+1$ 步迭代中,有估计值 $\mu^{(k)},p^{(k)}$, 通过 E 步和 M 步得到 μ,p 的新的估计值 $\mu^{(k+1)},p^{(k+1)}$. 在 E 步中,令

$$\begin{aligned}Q(\mu,p\mid\mu^{(k)},p^{(k)},Y)&=E_Z[\ell_1(\mu,p;Y,Z)\mid\mu^{(k)},p^{(k)},Y]\\&=\sum_{i=1}^{n}E_Z[Z_i\mid\mu^{(k)},p^{(k)},Y]\log p\\&\quad-\frac{1}{2}\sum_{i=1}^{n}E_Z[Z_i\mid\mu^{(k)},p^{(k)},Y](Y_i-\mu)^2\\&\quad+\left(n-\sum_{i=1}^{n}E_Z[Z_i\mid\mu^{(k)},p^{(k)},Y]\right)\log(1-p).\end{aligned}$$

易知

$$Z_i^{(k+1)}=E_Z[Z_i\mid\mu^{(k)},p^{(k)},Y]=\frac{p^{(k)}\phi(Y_i-\mu^{(k)})}{p^{(k)}\phi(Y_i-\mu^{(k)})+(1-p^{(k)})\phi(Y_i)}.$$

在 M 步中,解

$$\begin{cases}\dfrac{\partial Q(\mu,p\mid\mu^{(k)},p^{(k)},Y)}{\partial\mu}=\displaystyle\sum_{i=1}^{n}\frac{p^{(k)}\phi(Y_i-\mu^{(k)})}{p^{(k)}\phi(Y_i-\mu^{(k)})+(1-p^{(k)})\phi(Y_i)}(Y_i-\mu)=0,\\ \dfrac{\partial Q(\mu,p\mid\mu^{(k)},p^{(k)},Y)}{\partial p}=\dfrac{1}{p}\displaystyle\sum_{i=1}^{n}\frac{p^{(k)}\phi(Y_i-\mu^{(k)})}{p^{(k)}\phi(Y_i-\mu^{(k)})+(1-p^{(k)})\phi(Y_i)}\\ \qquad-\dfrac{1}{1-p}\left(n-\displaystyle\sum_{i=1}^{n}\frac{p^{(k)}\phi(Y_i-\mu^{(k)})}{p^{(k)}\phi(Y_i-\mu^{(k)})+(1-p^{(k)})\phi(Y_i)}\right)=0,\end{cases}$$

得到

$$\begin{cases}\mu^{(k+1)}=\dfrac{\displaystyle\sum_{i=1}^{n}\frac{\phi(Y_i-\mu^{(k)})Y_i}{p^{(k)}\phi(Y_i-\mu^{(k)})+(1-p^{(k)})\phi(Y_i)}}{\displaystyle\sum_{i=1}^{n}\frac{\phi(Y_i-\mu^{(k)})}{p^{(k)}\phi(Y_i-\mu^{(k)})+(1-p^{(k)})\phi(Y_i)}},\\ p^{(k+1)}=\dfrac{1}{n}\displaystyle\sum_{i=1}^{n}\frac{p^{(k)}\phi(Y_i-\mu^{(k)})}{p^{(k)}\phi(Y_i-\mu^{(k)})+(1-p^{(k)})\phi(Y_i)}.\end{cases}$$

编写 R 程序如下：

```
exam8.2=function(Y,ep=1e-5){
    phi=function(x)1/sqrt(2*pi)*exp(-x^2/2)
    p=0.6;mu=3.5;n=length(Y)
    k=1
    repeat{
        k=k+1
        p[k]=1/n*p[k-1]*sum(phi(Y-mu[k-1])/(p[k-1]
               *phi(Y-mu[k-1])+(1-p[k-1])*phi(Y)))
        mu[k]=sum(phi(Y-mu[k-1])*Y/(p[k-1]*phi(Y-
               mu[k-1])
               +(1-p[k-1])*phi(Y)))/sum(phi(Y-mu[k-
               1])/(p[k-1]*phi(Y-mu[k-1])
               +(1-p[k-1])*phi(Y)))
        if(abs(p[k]-p[k-1])<=ep&abs(mu[k]-mu[k-1])<=
    ep) break
    }
list(p=p,mu=mu,iter=k-1)
}
```

运行 exam8.2(Y,ep=1e-5)得到 μ 和 p 的估计分别为 4.13 和 0.6728.

EM 算法的最大优点是简单和稳定.EM 算法的最大目的是提供一个简单

的迭代算法来计算后验众数(或 MLE).我们不禁要问,EM 算法得到的估计序列收敛吗?如果收敛,其结果是否为 $p(\theta \mid Y)$ 的最大值或者为局部最大值.为此,我们给出下述两个定理.为了叙述方便,记估计序列为 $\theta^{(i)}, i=1,2,\cdots$, $L(\theta \mid Y)=\log p(\theta \mid Y)$.

定理 8.1 EM 算法在每次迭代后均提高后验分布密度函数值,即

$$p(\theta^{(i+1)} \mid Y) \geqslant p(\theta^{(i)} \mid Y). \tag{8.1.6}$$

证 由乘法公式有

$$p(\theta,Z \mid Y)=p(Z \mid \theta,Y)p(\theta \mid Y)=p(\theta \mid Y,Z)p(Z \mid Y).$$

将上式后两项取对数有

$$\log p(\theta \mid Y)=\log p(\theta \mid Y,Z)+\log p(Z \mid Y)-\log p(Z \mid \theta,Y). \tag{8.1.7}$$

设现有估计 $\theta^{(i)}$,将上述对 Z 关于对 $p(Z \mid \theta^{(i)},Y)$ 求期望,有

$$\begin{aligned}\log p(\theta \mid Y) &= \int[\log p(\theta \mid Y,Z)-\log p(Z \mid \theta,Y)+\log p(Z \mid Y)]p(Z \mid \theta^{(i)},Y)\mathrm{d}Z \\ &\triangleq Q(\theta \mid \theta^{(i)},Y)-H(\theta \mid \theta^{(i)},Y)+K(\theta^{(i)},Y),\end{aligned} \tag{8.1.8}$$

其中 $Q(\theta \mid \theta^{(i)},Y)$ 在 (8.1.1) 中定义,

$$H(\theta \mid \theta^{(i)},Y)=\int \log p(Z \mid \theta,Y)p(Z \mid \theta^{(i)},Y)\mathrm{d}Z,$$

$$K(\theta^{(i)},Y)=\int \log p(Z \mid Y)p(Z \mid \theta^{(i)},Y)\mathrm{d}Z.$$

分别在 (8.1.8) 中取 θ 为 $\theta^{(i)}$ 和 $\theta^{(i+1)}$ 并相减,有

$$\begin{aligned}\log p(\theta^{(i+1)} \mid Y)-\log p(\theta^{(i)} \mid Y)=&[Q(\theta \mid \theta^{(i+1)},Y)-Q(\theta \mid \theta^{(i)},Y)] \\ &-[H(\theta \mid \theta^{(i+1)},Y)-H(\theta \mid \theta^{(i)},Y)].\end{aligned}$$

由 Jensen 不等式,知

$$E_Z\left[\log\left(\frac{p(Z \mid \theta^{(i+1)},Y)}{p(Z \mid \theta^{(i)},Y)}\right) \mid \theta^{(i)},Y\right] \leqslant \log\left\{E_Z\left(\frac{p(Z \mid \theta^{(i+1)},Y)}{p(Z \mid \theta^{(i)},Y)} \mid \theta^{(i)},Y\right)\right\}=0.$$

故 $H(\theta \mid \theta^{(i+1)},Y)-H(\theta \mid \theta^{(i)},Y) \leqslant 0$. 又 $\theta^{(i+1)}$ 是使 $Q(\theta \mid \theta^{(i)},Y)$ 达最大的,故

$$Q(\theta \mid \theta^{(i+1)},Y)-Q(\theta \mid \theta^{(i)},Y) \geqslant 0.$$

所以 (8.1.6) 成立.

定理 8.2 (1)如果 $p(\theta \mid Y)$ 有上界,则 $L(\theta^{(i)} \mid Y)$ 收敛到某个 L^*.

(2)如果 $Q(\theta \mid \varphi)$ 关于 θ 和 φ 都连续,则在关于 L 的很一般的条件下,由 EM 得到的估计序列 $\theta^{(i)}$ 的收敛值 θ^* 是 L 的稳定点.

证 由定理 8.1 及单调收敛定理易知论断(1)成立.论断的证明参见 Wu (1983)定理 1.

定理 8.2 表明 EM 算法的结果只能保证收敛到后验密度函数的稳定点，并不能保证收敛到极大值点.事实上，任何一种算法都很难保证其结果为极大值点.通常选取几个不同的初值进行迭代，然后在诸估计间加以选择，以减少初值对结果的影响.

8.2 MCMC 方法

上一节介绍的 EM 算法得到的是后验分布的众数(或 MLE)，有时我们希望得到后验分布的一些其他特征，比如后验均值、后验方差、后验分位数等.计算这些后验量都可归结为关于后验分布的积分计算.具体地，设 $\pi(x)$ 为后验分布，我们要计算的后验量可写成某函数 $f(x)$ 关于 $\pi(x)$ 的期望

$$E_{\pi}f = \int f(x)\pi(x)\,\mathrm{d}x. \tag{8.2.1}$$

对于较简单的后验分布，我们可以直接计算 (8.2.1) 或利用数值积分等近似方法进行计算.但当后验分布很复杂时，这些方法都很难实施，特别是在实际中，观测后验分布往往是复杂的、高维的、非标准形式的分布，而 Markov Chain Monte Carlo(MCMC)方法就是最近发展起来的解决此类问题的行之有效的方法.尽管在统计物理学中得到广泛应用已有 40 多年历史，但它在 Bayes 统计、显著性检验、极大似然估计等方面的应用却是近十年来的事情.

MCMC 方法的基本思想是通过建立一个平稳分布为 $\pi(x)$ 的 Markov 链来得到一个样本，基于此样本进行各种统计推断.例如，若要估计 $E_{\pi}f$，若 $\pi(x)$ 是比较简单的分布，我们可以通过静态的 Monte Carlo 方法产生独立的随机样本，应用大数定律就可估计出来.如果 $\pi(x)$ 是比较复杂的分布，就从具有平稳分布 $\pi(x)$ 的 Markov 链中产生样本 $X_1, X_2, \cdots, X_n$，则由遍历性定理可得到 $E_{\pi}f$ 的估计为

$$\widehat{E_{\pi}f} = \frac{1}{n}\sum_{i=1}^{n} f(X_i).$$

因为 Markov 链经过一段时间后才比较稳定，所以在估计时将前 m 个迭代值去掉，而用后面的 $n-m$ 个迭代结果来估计，即

$$\widehat{E_{\pi}f} = \frac{1}{n-m}\sum_{i=m+1}^{n} f(X_i).$$

从模拟的角度看，我们构造的转移核使已知的概率分布 $\pi(x)$ 为平稳分布.因此，在采用 MCMC 方法时，转移核的构造具有至关重要的作用，不同的 MCMC 方法，如 Gibbs 抽样法、Metropolis 方法等，往往也只是转移核的构造不同.这将在后面具体介绍.

现在我们把 MCMC 方法概括为如下三步:

(1)在状态空间 $\mathbb{S}$ 上构造一个具有转移核为 $p(;)$ 的 Markov 链,使其平稳分布为 $\pi(x)$.

(2)由 $\mathbb{S}$ 中某点 x_0 出发,用(1)中的 Markov 链产生点列 $X_1,X_2,\cdots,X_n$.

(3)对某个 m 和大的 n, 任一函数 $f(x)$ 的期望估计如下:

$$\widehat{E_\pi f}=\frac{1}{n-m}\sum_{i=m+1}^{n}f(X_i).$$

在做模拟时条件分布起很大作用,下面我们考虑 MCMC 方法的应用条件.

令 $\boldsymbol{x}=(x_1,\cdots,x_n)'$, $x_{<i}=\{x_j,j<i\}$, 则有

$$\pi(\boldsymbol{x})=\pi(x_1\mid x_0)\pi(x_2\mid x_0,x_1)\cdots\pi(x_n\mid x_0,x_1,\cdots,x_{n-1})=\prod_{i=1}^{n}\pi(x_i\mid x_{<i}).\tag{8.2.2}$$

如果 (8.2.2) 中的每一个 $\pi(x_i\mid x_{<i})$ 都容易抽样就只需用前面的方法而不需用 MCMC 方法.但在实际中很难做到这点,因此需要动态模拟.此时,满条件分布扮演一个重要角色.

1.满条件分布

记 $N=\{1,2,\cdots,n\}$. 对 $T\subset N$, 记 $x_T=\{x_i,i\in T\}$, $x_{-T}=\{x_i,i\notin T\}$. 称 $\pi(x_T\mid x_{-T})$ 为满条件分布.也就是,所有的变量全部出现在条件分布中.我们注意到

$$\pi(x_T\mid x_{-T})=\frac{\pi(\boldsymbol{x})}{\int\pi(\boldsymbol{x})\mathrm{d}x_T}\propto\pi(\boldsymbol{x}).\tag{8.2.3}$$

若 $x,x'\in\mathbb{S}$, 且 $x_{-T}=x'_{-T}$, 则

$$\frac{\pi(x'_T\mid x'_{-T})}{\pi(x_T\mid x_{-T})}=\frac{\pi(\boldsymbol{x}')}{\pi(\boldsymbol{x})}.\tag{8.2.4}$$

在 (8.2.3) 和 (8.2.4) 中去掉了一些正则化常数,这些常数一般很难计算出来,这也是 MCMC 方法的一个方便之处.

【例 8.3】 设随机变量 (X,Y) 的联合密度函数为

$$\pi(x,y)=\frac{n!}{(n-x)!\ x!}y^x(1-y)^{n-x+1},$$

其中, $x=0,1,\cdots,n$, $0\leqslant y\leqslant 1$.

易知满条件分布为

$$\pi(x\mid y)=B(n,y),$$

以及

$$\pi(y\mid x)=\mathrm{Beta}(x+1,n-x+2),$$

其中 Beta$(x;a,b)$ 分布的密度函数为

$$p(x;a,b)=\frac{\Gamma(a+b)}{\Gamma(a)\Gamma(b)}x^{a-1}(1-x)^{b-1}.$$

设 $\boldsymbol{y}$ 为观测数据, $\boldsymbol{x}=(\theta,\varphi,z)$, 其中 θ,φ,z 分别表示参数、超参数和缺失数据.则 $\pi(\boldsymbol{x})$ 可写为 $\pi(\boldsymbol{x}\mid\boldsymbol{y})$,

$$\pi(\boldsymbol{x}\mid\boldsymbol{y})\propto p(\boldsymbol{y},z\mid\theta)\pi(\theta\mid\varphi)\pi(\varphi),$$

其中 $p(\boldsymbol{y},z\mid\theta)$ 表示完全数据的密度函数, $\pi(\theta\mid\varphi)$ 表示先验分布, $\pi(\varphi)$ 为超参数的分布.由 (8.2.11), 各变量的满条件分布可给出如下:

$$\pi(\theta_i\mid\theta_{-i},\varphi,z,\boldsymbol{y})\propto p(\boldsymbol{y},z\mid\theta)\pi(\theta_i\mid\theta_{-i},\varphi),$$

$$\pi(\varphi_j\mid\theta,\varphi_{-j},z,\boldsymbol{y})\propto\pi(\theta\mid\varphi)\pi(\varphi),$$

$$\pi(z_k\mid\theta,\varphi,z_{-k},\boldsymbol{y})\propto p(\boldsymbol{y},z\mid\theta),$$

其中 $\theta_{-i}=\{\theta_j:j\neq i\}$, φ_{-j},z_{-k} 类似定义.

【例 8.4】 设观测变量 $\boldsymbol{Y}=(Y_1,Y_2,\cdots,Y_n)$ 具有如下分布:

$$\pi(y_i\mid k,\theta,\lambda)=\frac{\theta^{y_i}\mathrm{e}^{-\theta}}{y_i!},\quad i=1,2,\cdots,k,$$

$$\pi(y_i\mid k,\theta,\lambda)=\frac{\lambda^{y_i}\mathrm{e}^{-\lambda}}{y_i!},\quad i=k+1,k+2,\cdots,n.$$

再假定各参数的先验分布为

$$\pi(\theta\mid b_1)=\mathrm{Gamma}(0.5,b_1),$$

$$\pi(\lambda\mid b_2)=\mathrm{Gamma}(0.5,b_2),$$

$$\pi(b_1)=\mathrm{IG}(0,1),$$

$$\pi(b_2)=\mathrm{IG}(0,1),$$

$$\pi(k)=\mathrm{Uniform}(1,2,\cdots,n),$$

其中 k,θ,λ 条件独立, b_1,b_2 独立,以及

$$\mathrm{Gamma}(\alpha,\beta)=\frac{1}{\Gamma(\alpha)\beta^{\alpha}}x^{\alpha-1}\mathrm{e}^{-\frac{x}{\beta}},$$

$$\mathrm{IG}(\alpha,\beta)=\frac{\mathrm{e}^{-\frac{1}{\beta x}}}{\Gamma(\alpha)\beta^{\alpha}x^{\alpha+1}},$$

$$\mathrm{Uniform}(1,2,\cdots,n):P\{X=j\}=\frac{1}{n},j=1,2,\cdots,n$$

其中 α 称为形状(shape)参数, β 称为刻度(scale)参数.易知后验分布为

$$\pi(k,\theta,\lambda,b_1,b_2\mid\boldsymbol{Y})=\prod_{i=1}^{k}\pi(Y_i\mid k,\theta,\lambda)\prod_{i=k+1}^{n}\pi(Y_i\mid k,\theta,\lambda)$$
$$\times\pi(\theta\mid b_1)\pi(\lambda\mid b_2)\pi(b_1)\pi(b_2)\pi(k)$$

$$= \prod_{i=1}^{k}\frac{\theta^{Y_i}e^{-\theta}}{Y_i!}\prod_{i=k+1}^{n}\frac{\lambda^{Y_i}e^{-\lambda}}{Y_i!}\times\frac{1}{\Gamma(0.5)b_1^{0.5}}\theta^{-0.5}e^{-\frac{\theta}{b_1}}$$

$$\times\frac{1}{\Gamma(0.5)b_2^{0.5}}\lambda^{-0.5}e^{-\frac{\lambda}{b_2}}\times\frac{e^{-\frac{1}{b_1}}}{b_1}\frac{e^{-\frac{1}{b_2}}}{b_2}\frac{1}{n}.$$

各参数的满条件分布为

$$\pi(\theta\mid k,\lambda,b_1,b_2,\boldsymbol{Y}) \propto \prod_{i=1}^{k}\frac{\theta^{Y_i}e^{-\theta}}{Y_i!}\frac{1}{\Gamma(0.5)b_1^{0.5}}\theta^{-0.5}e^{-\frac{\theta}{b_1}}$$

$$\propto \theta^{\sum_{i=1}^{k}Y_i-0.5}e^{-\theta\left(k+\frac{1}{b_1}\right)}$$

$$\propto \mathrm{Gamma}\left(\sum_{i=1}^{k}Y_i+0.5,\frac{b_1}{kb_1+1}\right),$$

$$\pi(\lambda\mid k,\theta,b_1,b_2,\boldsymbol{Y}) \propto \prod_{i=k+1}^{n}\frac{\lambda^{Y_i}e^{-\lambda}}{Y_i!}\frac{1}{\Gamma(0.5)b_2^{0.5}}\lambda^{-0.5}e^{-\frac{\lambda}{b_2}}$$

$$\propto \mathrm{Gamma}\left(\sum_{i=k+1}^{n}Y_i+0.5,\frac{b_2}{(n-k)b_2+1}\right),$$

$$\pi(k\mid\theta,\lambda,b_1,b_2,\boldsymbol{Y}) \propto \prod_{i=k+1}^{n}\frac{\lambda^{Y_i}e^{-\lambda}}{Y_i!}\prod_{i=k+1}^{n}\frac{\lambda^{Y_i}e^{-\lambda}}{Y_i!}$$

$$\propto \theta^{\sum_{i=1}^{k}Y_i}\lambda^{\sum_{i=k+1}^{n}Y_i}e^{-k\theta-(n-k)\lambda}$$

$$\pi(b_1\mid k,\theta,\lambda,b_2,\boldsymbol{Y}) \propto \frac{e^{-\frac{\theta}{b_1}}}{b_1^{0.5}}\frac{e^{-\frac{1}{b_1}}}{b_1} \propto b_1^{-1.5}e^{-\frac{1+\theta}{b_1}} \propto \mathrm{IG}\frac{0.5,1}{1+\theta},$$

$$\pi(b_2\mid k,\theta,\lambda,b_1,\boldsymbol{Y}) \propto \frac{e^{-\frac{\lambda}{b_2}}}{b_2^{0.5}}\frac{e^{-\frac{1}{b_2}}}{b_2} \propto b_2^{-1.5}e^{-\frac{1+\lambda}{b_2}} \propto \mathrm{IG}\left(0.5,\frac{1}{1+\lambda}\right).$$

2.Gibbs 抽样

现在介绍 MCMC 方法中的 Gibbs 抽样,它是由 S.Geman 和 D.Geman 在 1984 年提出的,主要解决高维随机变量的模拟,其具体内容如下:

设 $X=(X_1,X_2,\cdots,X_n)$ 的密度函数为 $\pi(x)$,对任意指定的 $T\subset N$,在给定 $X_{-T}=x_{-T}$ 的条件下,定义如下随机变量:

$$X'=(X'_1,X'_2\cdots,X'_n):X'_{-T}=X_{-T}.$$

而 X_T' 具有密度函数 $\pi(x_T'\mid x_{-T})$,则对任一可测集 B,

$$P\{X'\in B\}=\int_B\pi(x'_{-T})\pi(x'_T\mid x_{-T})\mathrm{d}x'=\int_B\pi(x')\mathrm{d}x'=\pi(B).$$

由此知,X' 的密度函数与 X 的密度函数相同,也是 $\pi(x)$.

此过程定义了一个由 X 到 X' 的转移核,且其相应的平稳分布为 π. 这样构造的 MCMC 方法称为 Gibbs 抽样(Gibbs sampler).当 T 只含一个元素时称

为单元素 *Gibbs* 抽样(*single-site Gibbs sampler*).若 $T=\{i\}$，单元素 Gibbs 抽样是在给定 $x_1,\cdots,x_{i-1},x_{i+1},\cdots,x_n$ 下，由 x_i 关于 $(x_1,\cdots,x_{i-1},x_{i+1},\cdots,x_n)$ 的满条件分布抽样，因为它只涉及单变量抽样，非常方便，从而使之极具吸引力.

我们假设 X 具有密度函数 $\pi(x)$，对 X 进行 Gibbs 抽样的步骤如下：

首先给出初始点 $x^{(0)}=(x_1^{(0)},x_2^{(0)},\cdots,x_n^{(0)})$. 假定第 t 次迭代开始时的估计值为 $x^{(t-1)}$，则第 t 次迭代又分为如下 n 步：

(1) 由满条件分布 $\pi(x_1\mid x_2{}^{(t-1)},\cdots,x_n{}^{(t-1)})$ 抽取 $x_1{}^{(t)}$.

………

(i) 由满条件分布 $\pi(x_i\mid x_1^{(t)},\cdots,x_{i-1}^{(t)},x_{i+1}^{(t-1)},\cdots,x_n^{(t-1)})$ 抽取 $x_i^{(t)}$.

………

(n) 由满条件分布 $\pi(x_n\mid x_1^{(t)},\cdots,x_{n-1}^{(t)})$ 抽取 $x_n^{(t)}$.

记 $x^{(t)}=(x_1^{(t)},\cdots,x_n^{(t)})$，则 $x^{(1)},\cdots,x^{(t)},\cdots$ 为 n 维 Markov 链的实现.其由 x 到 x' 的转移概率函数为

$$p(x,x')=\pi(x_1\mid x_2,\cdots,x_n)\pi(x_2\mid x_1{}',x_3,\cdots,x_n)\cdots\pi(x_n\mid x_1{}',\cdots,x'_{n-1}).$$

易知 $\pi(x)$ 为此 Markov 链的平稳分布.

上述得到了一个 Gibbs 抽样序列，那么这样得到的 Gibbs 抽样序列是否收敛呢？至今还没有一个简单而有效的方法来判断.在实际中，通常采用以下两种直观的方法来判断.

方法一是用 Gibbs 抽样产生多个 Markov 链，在经过一段时间后，如果这几条链稳定下来，则表明 Gibbs 抽样收敛.

方法二是每隔一段时间取一个样本计算其平均值.当这样算得的均值稳定后，就可认为此 Gibbs 抽样收敛.

【例 8.5】 设观测变量 $Y_1,Y_2,\cdots,Y_n$ 独立且服从 $N(\mu,\sigma^2)$，(μ,σ^2) 的先验分布为 $\pi(\mu,\sigma^2)\propto\dfrac{1}{\sigma^2}$. 令 $Y=(Y_1,Y_2,\cdots,Y_n)$，Y 的观测值为 y (表 8-1)，估计 $E(\mu\mid Y=y)$ 和 $E(\sigma^2\mid Y=y)$.

表 8-1　　**观测值 y**

1.749	−0.085	0.802	1.182	0.617	1.023	0.528	0.502	1.242	0.929	1.820	2.148	0.677	1.220
0.061	0.732	0.149	1.604	0.917	1.041	0.024	1.712	1.241	1.573	1.080	0.962	1.061	2.012
1.612	0.535	1.087	0.658	1.279	0.934	1.068	1.368	0.549	1.105	0.621	1.857	0.698	0.872
0.069	0.725	0.865	1.179	1.381	2.230	0.616	1.282						

首先计算 (μ,σ^2) 在 $Y=y$ 的条件下的后验分布：

$$\pi(\mu,\sigma^2 \mid Y=y) \propto \left(\frac{1}{\sigma^2}\right)^{\frac{n}{2}+1} \exp\left\{-\frac{\sum_{i=1}^{n}(y_i-\mu)^2}{2\sigma^2}\right\},$$

则易知 (μ,σ^2) 的满条件分布为

$$\pi(\mu \mid \sigma^2,y) \propto \exp\left\{-\frac{\sum_{i=1}^{n}(y_i-\mu)^2}{2\sigma^2}\right\} \propto N\left(\bar{y},\frac{\sigma^2}{n}\right),$$

$$\pi(\sigma^2 \mid \mu,y) \propto \left(\frac{1}{\sigma^2}\right)^{\frac{n}{2}+1} \exp\left\{-\frac{\sum_{i=1}^{n}(y_i-\mu)^2}{2\sigma^2}\right\} \propto IG\left(\frac{n}{2},\frac{2}{\sum_{i=1}^{n}}(y_i-\mu)^2\right).$$

我们根据上述满条件,编写 R 程序如下:

```
exam8.5=function(y,n,a,b){
    th=matrix(0,ncol=2,nrow=n)
    m=length(y)
    th[1,]=c(a,b)
    for(i in 2:n){
        th[i,1]=rnorm(1,mean(y),sqrt(th[i-1,2]/m))
        th[i,2]=1/rgamma(1,m/2,sum((y-th[i,1])^2)/2)
        }
    list(mu=th[,1],sig2=th[,2])
}
```

给定 (μ,σ^2) 的初始值为 (a,b), 运行 exam8.5(y,5000,1,0.25)得到 Markov 链的一个实现,如图 8-1,得到 μ,σ^2 的 MCMC 的估计为 $\hat{\mu}=1.0,\hat{\sigma}^2=0.31$. 而 μ,σ^2 的理论值 $E(\mu \mid y)=\bar{y}=1.0$, $E(\sigma^2 \mid y)=\dfrac{\sum_{i=1}^{n}(y_i-\bar{y})^2}{n-3}=0.31$. 说明模拟效果非常好.

【例 8.6】 设 $X_i, i=1,2,3,4,5$, 是相互独立的指数随机变量,且 X_i 有均值 i, 试用模拟来估计

$$\beta = P\left\{\prod_{i=1}^{5} X_i > 120 \mid \sum_{i=1}^{5} X_i = 15\right\}.$$

首先,假设 X 和 Y 是独立的分别具有速率 λ 和 μ 的指数随机变量,其中 $\mu<\lambda$. 在给定 $X+Y=a$ 的条件下 X 的条件分布如下:

$$f_{X \mid X+Y}(x \mid a) = C_1 f_{X,Y}(x,a-x) \quad (0<x<a)$$

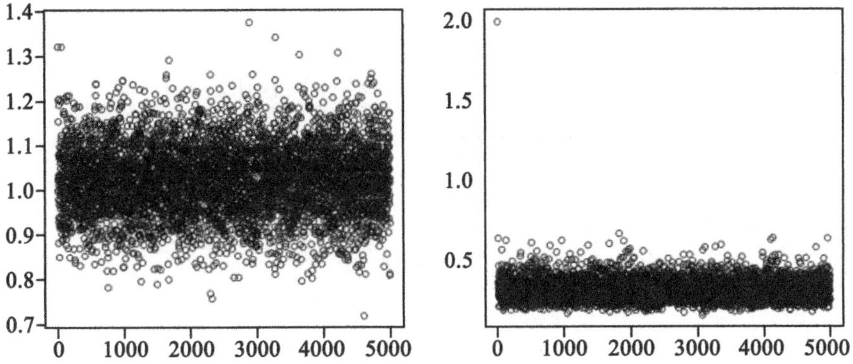

图 8-1　μ 和 σ^2 的模拟图

$$= C_2 e^{-\lambda x} e^{-\mu(a-x)}$$
$$= C_3 e^{-(\lambda-\mu)x}$$

上式表明 X 的条件分布是速率为 $\lambda-\mu$ 的指数分布,此处 $x<a$. 下面给出模拟 β 的步骤:

Step 1:令初始状态为 $\boldsymbol{x}_0=(x_1^{(0)},x_2^{(0)},x_3^{(0)},x_4^{(0)},x_5^{(0)})$, $x_i>0$ 且 $\sum_{i=1}^{5} x_i^{(0)}=15$.

Step 2:从集合 1,2,3,4,5 中随机地选择两个元素 I 和 J, 且 $I<J$, 将 X_I 和 X_J 看做变量,记 $S=X_I+X_J$.

Step 3:在给定条件 $S=X_I+X_J=15-\sum_{i\neq I,i\neq J} x_i$ 下,从参数为 $\frac{1}{I}-\frac{1}{J}$ 的指数分布中抽取随机变量 X, 用 $X_I=X, X_J=S-X_I$ 更新 $\boldsymbol{x}_0$ 中对应位置的值,其他位置的值保持不变,从而得到 $\boldsymbol{x}_1$.

Step 4:重复 Step 2 和 Step 3 得到序列 $\boldsymbol{x}_0,\boldsymbol{x}_1,\cdots$.

Step 5:计算状态序列 $\boldsymbol{x}_0,\boldsymbol{x}_1,\cdots$ 满足 $\prod_{i=1}^{5} x_i>120$ 的比例,即为 β 的估计.

其 R 程序为

```
exam8.6=function(n,x0,d){
    k=0
    X=matrix(0,nrow=n,ncol=5)
    X[1,]=x0
    for(i in 1:(n-1)){
```

```
        I=sample(1:5,2)
        I=sort(I)
        X[i+1,]=X[i,]
        X[i+1,I[1]]=rexp(1,1/I[1]-1/I[2])
        X[i+1,I[2]]=X[i,I[1]]+X[i,I[2]]-X[i+1,I[1]]
    }
    for(j in 1:n){
        if(prod(X[j,])>d)k=k+1
    }
    k/n
}
```

运行 exam8.6(10000,1:5,120)得到估计为 $\hat{\beta}=0.1391$.

3.Metropolis-Hastings 方法

上节介绍了 Gibbs 抽样方法,本节将介绍比 Gibbs 抽样方法出现更早、也更一般的 MCMC 方法,也就是 Metropolis-Hastings 方法.Metropolis 等人在 1953 年提出了一种构造转移核的方法,Hastings 随后对之进行推广,形成Metropolis-Hastings 算法,其主要思想如下:

任意选择一个不可约具有转移概率 $q(\cdot,\cdot)$ 的 Markov 链 $\{Y_t,t\geqslant 0\}$,以及一个函数 $\alpha(\cdot,\cdot)$, $0<\alpha(\cdot,\cdot)\leqslant 1$, 对任意的状态 $(x,x')(x\neq x')$, 定义

$$p(x,x')=q(x,x')\alpha(x,x'),\qquad x\neq x'.\tag{8.2.5}$$

则 $p(x,x')$ 形成一个转移核.记具有转移核 $p(x,x')$ 的 Markov 链为 $\{X_t,t\geqslant 0\}$.

(8.2.5) 表明如果链在时刻 t 的状态为 $X_t=x$, 则首先由 $q(\cdot\mid x)$ 产生一个潜在的转移 $x\to x'$, 然后根据概率 $\alpha(x,x')$ 决定是否转移.也就是说,在潜在转移点 x' 找到后,以概率 $\alpha(x,x')$ 接受 x' 作为链在下一状态值,而以概率 $1-\alpha(x,x')$ 拒绝转移到 x', 从而链在下一时刻仍处于状态 x. 于是,在有了 x' 后,我们可从 $(0,1)$ 上的均匀分布抽一个随机数 u, 则

$$X_{t+1}=\begin{cases}x',u\leqslant\alpha(x,x'),\\ x,u>\alpha(x,x').\end{cases}$$

一般,分布 $q(\cdot\mid x)$ 称为建议分布(proposal distribution).

因为我们的目标是使后验分布 $\pi(x)$ 成为 Markov 链 $\{X_t,t\geqslant 0\}$ 的平稳分布.故在有了 $q(\cdot,\cdot)$ 后,应选择一个 $\alpha(\cdot,\cdot)$ 使相应的 $p(x,x')$ 以 $\pi(x)$ 为其平稳分布.通常的选择是

$$\alpha(x,x') = \min\left\{1, \frac{\pi(x')q(x',x)}{\pi(x)q(x,x')}\right\}. \tag{8.2.6}$$

此时,有

$$p(x,x') = \begin{cases} q(x,x'), & \pi(x')q(x',x) \geqslant \pi(x)q(x,x'), \\ q(x',x)\dfrac{\pi(x')}{\pi(x)}, & \pi(x')q(x',x) < \pi(x)q(x,x'). \end{cases} \tag{8.2.7}$$

具有转移核 (8.2.7) 的 Markov 链有如下性质.

性质 8.1 具有转移核 (8.2.7) 的 Markov 链是可逆的,即

$$\pi(x)p(x,x') = \pi(x')p(x',x), \tag{8.2.8}$$

且 $\pi(x)$ 是由 (8.2.7) 确定的 Markov 链的平稳分布.

证 若 $x = x'$, 则式 (8.2.8) 显然成立.设 $x \neq x'$, 则

$$\begin{aligned} \pi(x)p(x,x') &= \pi(x)q(x,x')\min\left\{1, \frac{\pi(x')q(x',x)}{\pi(x)q(x,x')}\right\} \\ &= \min\{\pi(x)q(x,x'), \pi(x')q(x',x)\} \\ &= \pi(x')q(x',x)\min\left\{\frac{\pi(x')q(x',x)}{\pi(x')q(x',x)}, 1\right\} \\ &= \pi(x')p(x',x). \end{aligned}$$

故 (8.2.8) 成立.对 (8.2.8) 两边同时关于 x 积分,有

$$\int \pi(x)p(x,x')\mathrm{d}x = \int \pi(x')p(x',x)\mathrm{d}x = \pi(x')\int p(x',x)\mathrm{d}x = \pi(x').$$

假设 $\{X_t, t \geqslant 0\}$ 为可逆的不可约 Markov 链,其状态空间为 $S = \{1,2,\cdots,m\}$, 其平稳分布为 $\pi(x)$. 下面给出产生此链的 Metropolis-Hastings 算法:

Step 1: 选择一个不可约 Markov 链转移概率 $q(i,j), i,j \in S$. 再从 $S = \{1,2,\cdots,m\}$ 中选择某个整数 k.

Step 2:令 $n = 0$ 以及 $X_0 = k$.

Step 3:产生一个随机变量 X 使得 $P\{X = j\} = q(X_n, j)$, 再产生一个随机数 U.

Step 4:如果 $U < \dfrac{\pi(X)q(X,X_n)}{\pi(X_n)q(X_n,X)}$, 则 MH $= X$;否则 MH $= X_n$.

Step 5: $n \leftarrow n+1, X_n =$ MH.

Step 6:返回 Step 3.

由上述性质可以看出,建议分布 $q(x,x')$ 可以取各种形式.下面我们介绍一些常用的建议分布的选择方法.

(ⅰ) Metropolis 选择

选择对称的建议分布,即

$$q(x,x') = q(x',x), \quad \forall x,x' \in S.$$

此时,有

$$\alpha(x,x') = \min\left\{1, \frac{\pi(x')}{\pi(x)}\right\}.$$

例如,若要产生一个平稳分布为 $\pi(x) \propto \exp\left\{-\frac{x^2}{2}\right\}$ 的 Markov 链,我们可以取建议分布为 $q(x,x') \propto \exp\left\{-\frac{(x'-x)^2}{2}\right\}$,再利用上述算法即可实现.

(ⅱ)独立抽样

如果 $q(x,x')$ 与当前状态 x 无关,即 $q(x,x') = q(x')$,则由建议分布导出的 Metropolis-Hastings 算法称为独立抽样.此处 $\alpha(x,x')$ 变为

$$\alpha(x,x') = \min\left\{1, \frac{w(x')}{w(x)}\right\},$$

其中 $w(x) = \frac{\pi(x)}{q(x)}$.

一般独立抽样的效果可能很好也可能不好,通常要使独立抽样有好的效果, $q(x)$ 要接近 $\pi(x)$, 比较安全的办法是使 $q(x)$ 的尾比 $\pi(x)$ 重.

(ⅲ)单元素 Metropolis-Hastings 算法

同时产生整个向量 X, 有时是很困难的,而对 X 的分量逐步进行抽样,则简单得多.这就要用到条件分布,特别是满条件分布.

考虑 $X_i \mid X_{-i}, i = 1,2,\cdots,n$ 的条件分布,选择一个转移核 $q(x_i \to x_i' \mid x_{-i})$,固定 $X_{-i}' = X_{-i} = x_{-i}$ 不变,由 $q_i(x_i \to x_i' \mid x_{-i})$ 产生一个可能的 x_i',然后以概率

$$\alpha_i(x_i \to x_i' \mid x_{-i}) = \min\left\{1, \frac{\pi(x')q_i(x_i' \to x_i \mid x_{-i})}{\pi(x)q_i(x_i \to x_i' \mid x_{-i})}\right\}$$

决定是否接受 x' 作为链的下一个状态.这就是单元素 Metropolis-Hastings 算法.

Gibbs 抽样是一种单元素 Metropolis-Hastings 算法,它是在 Metropolis-Hastings 算法中取 $q(x' \to x)$ 为 $\pi(x_i \mid x_{-i})$,易知,此时 $\alpha(x' \to x) = 1$.

在 Gibbs 抽样中, $\pi(x_i \mid x_{-i})$ 可能难以抽取,而 Metropolis-Hastings 算法有很大的灵活性,它可取 $q(\cdot,\cdot)$ 为易于抽取的分布.在实际中,我们应将它们结合起来使用.

【例 8.7】 在例 8.4 中,假设 Y 的观测数据如表 8-2 所示.

表 8-2　　　　**观测数据**

3	5	9	3	4	5	5	5	5	13	18	27	8	4	10	8	3	12	10	10	3	9	8
5	9	4	6	1	5	14	7	9	10	8	13	8	11	11	10	11	13	10	3	8	5	

试估计 θ,λ,k,b_1,b_2 的后验均值.

由于在例 8.4 中已经得到了各参数 θ,λ,k,b_1,b_2 的满条件分布，现从中抽样得到长度为 n 的 Markov 链.Metropolis-Hastings 算法：

Step 1：选一个 Markov 链的初始值 $(\theta^0,\lambda^0,k^0,b_1^0,b_2^0)=(1,1,12,1,1)$.

Step 2：第 $i+1$ 步更新，假设第 i 步值为 $(\theta^i,\lambda^i,k^i,b_1^i,b_2^i)$，则利用 Gibbs 如下抽样：

$$\theta^{i+1}\sim\pi(\theta\mid\lambda^i,k^i,b_1^i,b_2^i,Y)=\text{Gamma}\left(\sum_{i=1}^{k_i}Y_i+0.5,\frac{b_1^i}{k^ib_1^i+1}\right),$$

$$\lambda^{i+1}\sim\pi(\lambda\mid\theta^{i+1},k^i,b_1^i,b_2^i,Y)=\text{Gamma}\left(\sum_{i=1}^{k_i}Y_i+0.5,\frac{b_2^i}{k^ib_2^i+1}\right),$$

$$b_1{}^{i+1}\sim\pi(b_1\mid\theta^{i+1},\lambda_{i+1},k^i,b_2^i,Y)=\text{IG}\left(0.5,\frac{1}{1+\theta^{i+1}}\right),$$

$$b_2{}^{i+1}\sim\pi(b_2\mid\theta^{i+1},\lambda_{i+1},k^i,b_1^{i+1},Y)=\text{IG}\left(0.5,\frac{1}{1+\lambda^{i+1}}\right).$$

由于 k 的满条件分布不是标准分布，利用 Metropolis-Hastings 算法抽取 k^{i+1}：

$$k^{i+1}\sim\pi(k\mid\theta^{i+1},\lambda_{i+1},b_1^{i+1},b_2^{i+1}).$$

选建议分布 $q(k^i,k')=U(2,3,\cdots,m-1)$，$m$ 为 Y 的个数，即 $q(k,k')=\dfrac{1}{m-1}$.

则

$$\alpha(k^i,k')=\min\left\{\frac{\pi(k'\mid\theta^{i+1},\lambda^{i+1},b_1^{i+1},b_2^{i+1},Y)}{\pi(k^i\mid\theta^{i+1},\lambda^{i+1},b_1^{i+1},b_2^{i+1},Y)},1\right\}.$$

从 $(2,3,\cdots,m-1)$ 中任意抽取一个 k'，产生一个随机数 u，若 $u\leqslant\alpha(k^i,k')$，则 $k^{i+1}=k'$，否则，$k^{i+1}=k^i$. 这样就得到第 $i+1$ 个更新 $(\theta^{i+1},\lambda^{i+1},k^{i+1},b_1^{i+1},b_2^{i+1})$.

重复上述步骤即可得到此 Markov 链的 m 个实现值.其 R 程序如下：

```
mhsampler=function(NUMIT=1000,dat=Y){
    n = length(dat)
    mchain = matrix(NA, 5, NUMIT)
    kinit = floor(n/2) # approximately halfway between 1 and n
    mchain[ ,1] = c(1,1,kinit,1,1)
```

```
for (i in 2:NUMIT)
  {
  currtheta = mchain[1,i-1]
  currlambda= mchain[2,i-1]
  currk = mchain[3,i-1]
  currb1 = mchain[4,i-1]
  currb2 = mchain[5,i-1]
  ## sample from full conditional distribution of theta (Gibbs update)
  currtheta = rgamma(1,shape=sum(Y[1:currk])+0.5,
          scale=currb1/(currk * currb1+1))
  ## sample from full conditional distribution of lambda(Gibbs up-
date)
  currlambda= rgamma(1,shape=sum(Y[(currk+1):n])+
0.5,
          scale=currb2/((n-currk) * currb2+1))
  ## sample from full conditional distribution of k (Metropolis-
Hastings update)
  propk = sample(x=seq(2,n-1), size=1) # draw one sam-
ple at random from uniform(2,..(n-1))
  ## Metropolis accept-reject step (in log scale)
  logMHratio = sum(Y[1:propk]) * log(currtheta)+sum(Y
[(propk+1):n]) *
  log(currlambda)-propk * currtheta- (n-propk) * currlambda
  -(sum(Y[1:currk]) * log(currtheta)+sum(Y[(currk+1):n]) *
  log(currlambda)-currk * currtheta- (n-currk) * currlambda)
logalpha = min(0,logMHratio) # alpha = min(1,MHratio)
if (log(runif(1))<logalpha)
{
currk = propk
}
currk = currk # if we do not sample k (k fixed)
## sample from full conditional distribution of b1 (Gibbs update):
draw from Inverse Gamma
currb1 = 1/rgamma(1,shape=0.5, scale=1/(currtheta+1))
```

```
        ## sample from full conditional distribution of b2 (Gibbs update):
draw from Inverse Gamma
        currb2 = 1/rgamma(1,shape=0.5, scale=1/(currlambda+1))
        ## update chain with new values
        mchain[,i] = c(currtheta,currlambda,currk,currb1,currb2)
        }
    return(mchain)
    }
```

运行 apply(hsampler(),1,mean)得到 θ,λ,k,b_1,b_2 的后验均值的估计分别为 4.90,8.93,8.53,21031.95, 21935.82.

8.3 模拟退火

模拟退火(Simulated Annealing,SA)法最早由 N.Metropolis 等人于 1953 年提出,但在当时没有受到重视,直到 1983 年由 S.Kirkpatrick,C.D.Gelatt 和 M. P.Vecchi 提出 Monte Carlo 模拟概念的随机搜寻技巧,利用此方法来求解最优化问题时才受到重视.

模拟退火来自冶金学的专有名词“退火”。退火是将材料加热后再经特定速率冷却,目的是增大晶粒的体积,并且减少晶格中的缺陷。材料中的原子原来会停留在使内能有局部最小值的位置,加热使能量变大,原子会离开原来位置,而随机在其他位置中移动。退火冷却时速度较慢,使得原子有较多可能可以找到内能比原先更低的位置。

模拟退火的原理也和金属退火的原理近似:我们将热力学的理论套用到统计学上,将搜寻空间内每一点想象成空气内的分子;分子的能量,就是它本身的动能;而搜寻空间内的每一点,也像空气分子一样带有“能量”,以表示该点对命题的合适程度。算法先以搜寻空间内一个任意点作起始:每一步先选择一个“邻居”,然后再计算从现有位置到达“邻居”的概率。

令 $S=\{\boldsymbol{s}_1,\boldsymbol{s}_2\cdots,\boldsymbol{s}_k\}$,其中 $\boldsymbol{s}_i$ 为向量,并令 $V(\boldsymbol{x})$ 是非负的函数,$\boldsymbol{x}\in S$,假设 $V(\boldsymbol{x})$ 在 S 上至少有一极小值点,即

$$V^* = \min_{x\in S} V(\boldsymbol{x}),$$

且

$$M=\{\boldsymbol{x}\in S:V(\boldsymbol{x})=V^*\}.$$

我们的目的是求出 V^*,以及在 M 中的一个元素.为实现此目的,我们试图用 Metropolis-Hastings 算法.

首先,令温度参数 $T > 0$, 并考虑下述概率函数:

$$p_T(\boldsymbol{x}) = \frac{e^{-\frac{V(\boldsymbol{x})}{T}}}{\sum_{\boldsymbol{x} \in S} e^{-\frac{V(\boldsymbol{x})}{T}}}, \quad \boldsymbol{x} \in S.$$

令 $|M|$ 表示 M 中元素的个数.用 $e^{\frac{V^*}{T}}$ 乘以上式的分子和分母得到

$$p_T(\boldsymbol{x}) = \frac{e^{-\frac{V(\boldsymbol{x})-V^*}{T}}}{|M| + \sum_{\boldsymbol{x} \notin M} e^{-\frac{V(\boldsymbol{x})-V^*}{T}}}.$$

因为 $V(\boldsymbol{x}) - V^* > 0$, 故当 $T \to 0$ 时,我们有

$$p_T(\boldsymbol{x}) \to \begin{cases} \dfrac{1}{|M|}, & 若 \boldsymbol{x} \in M, \\ 0, & 若 \boldsymbol{x} \notin M. \end{cases}$$

其次,如果我们令 T 足够小,并产生一个其极限分布为 $p_T(\boldsymbol{x})$ 的 Markov 链,则极限分布的绝大多数将集中在 M 中的点上.如何产生极限分布为 $p_T(\boldsymbol{x})$ 的 Markov 链呢? 先假设当前状态为向量 $\boldsymbol{x} \in S$, 随机选择其任一相邻向量 $\boldsymbol{y} \in S$ 将作为下一状态.所谓相邻向量,指两个向量仅仅在一个坐标上不同,或者一个能够通过交换另一个的两个分量而得到.然后用 Metropolis-Hastings 算法,下一个状态以如下概率接受 $\boldsymbol{y}$:

$$\min\left\{1, \frac{\dfrac{e^{-\frac{V(\boldsymbol{y})}{T}}}{|N(\boldsymbol{y})|}}{\dfrac{e^{-\frac{V(\boldsymbol{x})}{T}}}{|N(\boldsymbol{x})|}}\right\},$$

否则,保持 $\boldsymbol{x}$ 不变,其中 $|N(\boldsymbol{y})|$ 是 $\boldsymbol{y}$ 的"邻居"的个数.

如果每个向量有相同的邻居数,即使邻居数不同,我们也可通过增加状态空间并令新状态的 V 值等于 0 来使其相同,那么当当前状态是 $\boldsymbol{x}$ 时,其邻居中的一个 $\boldsymbol{y}$ 被随机地选择到时,若 $V(\boldsymbol{y}) \leqslant V(\boldsymbol{x})$, 则此链一定转移到状态 $\boldsymbol{y}$;若 $V(\boldsymbol{y}) > V(\boldsymbol{x})$, 则此链以概率 $\exp\left\{\dfrac{V(\boldsymbol{x}) - V(\boldsymbol{y})}{T}\right\}$ 转移到状态 $\boldsymbol{y}$, 或者保持在状态 $\boldsymbol{x}$ 不变.

上述算法的一个弱点是因为 T 被选择得足够小,如果此链进入到状态 $\boldsymbol{x}$, 它的 V 值比其邻居中的每一个都小,那么此链进入到其他状态可能需要花很长时间.第二个弱点是因为只有有限个 $\boldsymbol{x}$ 的可能值,整个收敛概念似乎是没有意义的,因为在理论上我们能够计算每个可能值,所以经过有限步可以得到其收敛值.因此,不从严格的数学观点来考虑上述方法,从理性上把它作为一个启发式的方法,这样做发现允许 T 的值随着时间的变化而变化是有用的.

因此对上述方法的改进就是所谓的模拟退火算法.其思想如下:设 T_n, $n \geqslant 1$ 是一个指定的其值单调下降温度序列.如果这个 Markov 链的第 n 个状态是 $\boldsymbol{x}$, 现随机地选择一个其相邻值 $\boldsymbol{y}$, 则下一个状态或者以下述概率为 $\boldsymbol{y}$:

$$\min\left\{1, \frac{\dfrac{e^{-\frac{V(\boldsymbol{y})}{T_n}}}{|N(\boldsymbol{y})|}}{\dfrac{e^{-\frac{V(\boldsymbol{x})}{T_n}}}{|N(\boldsymbol{x})|}}\right\},$$

或者停留在 $\boldsymbol{x}$.

基于数学上收敛性的考虑,取 $T_n = \dfrac{C}{\log(1+n)}$, 其中 $C > 0$ 是任何固定的正常数(参见 Besag et al.,1995;Diaconis and Holmes,1995).如果我们相继产生了 m 个状态 $X_1, X_2, \cdots, X_m$, 然后,我们能够通过 $\min\limits_{i=1,\cdots,m} V(X_i)$ 来估计 V^*, 又如果在 X^* 上有最小值,这就是在 M 中的要估计的点.

【例 8.8】 (旅行商问题)假设有 m 个城市 $c_1, c_2, \cdots, c_m$, 以及一个 $m \times m$ 对称矩阵 $\boldsymbol{D} = (d_{ij})$, 其元素 d_{ij} 表示城市 i 和城市 j 的距离.又假设一个商人居住在某个城市 c_i 中,他需要到其他的 $m-1$ 个城市中推销商品,然后返回家乡.则他应该以何种顺序游历这些城市,使其路程最短?

令

$$f(\boldsymbol{x}) = \sum_{i=2}^{m} d(x_{i-1}, x_i) + d(x_m, x_1),$$

其中 $\boldsymbol{x}$ 为 $c_1, c_2, \cdots, c_m$ 任意一个排列.在本例中, $\boldsymbol{x}$ 的邻居是由互换 $\boldsymbol{x}$ 中任意两个分量而得到,共有 $C_m^2 = \dfrac{m(m-1)}{2}$ 个邻居.得到 Markov 链的转移概率为

$$P_{\boldsymbol{x},\boldsymbol{x}'} = \begin{cases} \dfrac{2}{m(m-1)} \min\left\{\exp\left(\dfrac{f(\boldsymbol{x}) - f(\boldsymbol{x}')}{T}\right), 1\right\}, & \text{若 } \boldsymbol{x} \text{ 与 } \boldsymbol{x}' \text{ 为邻居}, \\ 0, & \text{若 } \boldsymbol{x} \text{ 与 } \boldsymbol{x}' \text{ 不为邻居}, \\ 1 - \sum\limits_{y:y\text{为}x\text{的邻居}} \dfrac{2}{m(m-1)} \min\left\{\exp\left(\dfrac{f(\boldsymbol{x}) - f(\boldsymbol{y})}{T}\right), 1\right\}, & \text{若 } \boldsymbol{x}' = \boldsymbol{x}. \end{cases}$$

算法为

Step 1:令 $\boldsymbol{X}_0 = (c_1, c_2, \cdots, c_m)$ 为初始状态.

Step 2:设 $\boldsymbol{X}_n = (x_1^{(n)}, x_2^{(n)}, \cdots, x_m^{(n)})$ 为第 n 个状态.从 $1, 2, \cdots, m$ 任取 I, J 且 $I < J$, 然后对换 $\boldsymbol{X}_n$ 中的第 I 和第 J 个分量,得到

$$\boldsymbol{Y} = (x_1^{(n)}, \cdots, x_{I-1}^{(n)}, x_J^{(n)}, x_{I+1}^{(n)}, \cdots, x_{J-1}^{(n)}, x_I^{(n)}, x_{J+1}^{(n)}, \cdots, x_m^{(n)}).$$

Step 3:产生一个随机数 u, 若 $f(\boldsymbol{Y}) \leqslant f(\boldsymbol{X}_n)$, 则令 $\boldsymbol{X}_{n+1} = \boldsymbol{Y}$;否则,以概率

$\exp\left(\frac{f(\boldsymbol{X}_n)-f(\boldsymbol{Y})}{\log(1+n)}\right)$ 使 $\boldsymbol{X}_{n+1}=\boldsymbol{Y}$，或者以概率 $1-\exp\left(\frac{f(\boldsymbol{X}_n)-f(\boldsymbol{Y})}{\log(1+n)}\right)$ 使 $\boldsymbol{X}_{n+1}=\boldsymbol{X}_n$.

Step 4：计算 $\min\{f(\boldsymbol{X}_n), n\geqslant 1\}$，确定最优 $\boldsymbol{X}^*$.

其 R 程序为

```
exam8.8=function(m,D){#m 为产生的 Markov 链的长度,D 为初始距离矩阵
    k=length(D[,1]);d=0
    x=matrix(0,nrow=m,ncol=k) #Markov 链的各时刻的状态
    x[1,]=1:k
    for(j in 1:(k-1)){
        d=d+D[j,j+1]
    }
    d[1]=d+D[k,1]
    for(i in 2:m){
        E=sample(1:k,2)
        I=E[1];J=E[2]
        C=D
        x[i,]=x[i-1,]
        x[i,J]=x[i-1,I];x[i,I]=x[i-1,J]
        a=D[,I];D[,I]=D[,J];D[,J]=a
        b=D[I,];D[I,]=D[J,];D[J,]=b
        d1=0
        for(j in 1:(k-1)){
            d1=d1+D[j,j+1]
        }
    d[i]=d1+D[k,1]
    if(runif(1)<=min(1,exp((d[i-1]-d[i])/log(1+i)))){
        x[i,]=x[i,]
    }
    else{
        x[i,]=x[i-1,];D=C
    }
    }
```

```
    G=0
    for(i in 1:m){
        if(d[i]==min(d)){
            G=rbind(G,x[i,]);opd=d[i]
        }
    }
    G=G[-1,]
    list(path=x,distance=d,optimpath=G,optimdistance=opd)
}
```

8.4 SIR 方法

假设随机向量 $\boldsymbol{X}$ 具有概率函数 $f(\boldsymbol{x})=C_1f_0(\boldsymbol{x})$，其中 C_1 为一个正常数，随机向量 $\boldsymbol{Y}$ 具有概率函数 $g(\boldsymbol{y})=C_2g_0(\boldsymbol{y})$，其中 C_2 为一个正常数.在筛选法中，若 $f(\boldsymbol{x})$ 和 $g(\boldsymbol{y})$ 是确定的，且 $g(\boldsymbol{y})$ 易抽样，先从 $g(\boldsymbol{y})$ 中产生向量 $\boldsymbol{Y}$，我们可选择常数 $C>0$ 使得 $\frac{f(\boldsymbol{y})}{cg(\boldsymbol{y})\leqslant 1}$，以概率 $\frac{f(\boldsymbol{y})}{Cg(\boldsymbol{y})}$ 接受向量 $\boldsymbol{Y}$；否则重新开始.这样就可产生出具有平稳概率 $f(\boldsymbol{x})$ 的样本.若 f 和 g 不是确定的，则上述筛选法不可行.对于此问题我们需要 SIR(Sampling Importance Resampling)算法.

SIR 方法的思想：首先相继产生一个其极限概率函数为 g 的 Markov 链的 m 个状态，记这些状态为 $\boldsymbol{y}_1,\cdots,\boldsymbol{y}_m$. 然后定义“权重” $w_i,i=1,2,\cdots,m$，如下：

$$w_i=\frac{f_0(\boldsymbol{y}_i)}{g_0(\boldsymbol{y}_i)},$$

并产生一个随机向量 $\boldsymbol{X}$ 使得

$$P\{\boldsymbol{X}=\boldsymbol{y}_j\}=\frac{w_j}{\sum_{i=1}^{m}w_i},\quad j=1,2,\cdots,m.$$

当 m 充分大时，这样产生的随机向量 $\boldsymbol{X}$ 近似地有概率函数 f.

命题 8.1 当 $m\to\infty$，通过用 SIR 方法得到的向量 $\boldsymbol{X}$ 的分布函数收敛到 f.

证 令 $\boldsymbol{Y}_i,i=1,2,\cdots,m$，表示由具有极限概率函数 g 的 Markov 链产生的 m 个随机向量，令 $W_i=\frac{f_0(\boldsymbol{Y}_i)}{g_0(\boldsymbol{Y}_i)}$ 表示它们的权重.对固定的向量集 $\boldsymbol{A}$，令

$$I_i=\begin{cases}1, 如果\ \boldsymbol{Y}_i\in\boldsymbol{A},\\0, 否则,\end{cases}$$

从而

$$P\{\boldsymbol{X}\in\boldsymbol{A}\mid\boldsymbol{Y}_i,i=1,2,\cdots,m\}=\frac{\sum_{i=1}^{m}I_iW_i}{\sum_{i=1}^{m}W_i}.\tag{8.4.1}$$

根据 Markov 链的收敛性定理,当 $m\to\infty$ 时,有

$$\sum_{i=1}^{m}\frac{I_iW_i}{m}\to E_g[IW]=E_g[IW\mid I=1]P_g\{I=1\}=E_g[W\mid\boldsymbol{Y}\in\boldsymbol{A}]P_g\{\boldsymbol{Y}\in\boldsymbol{A}\},$$

且

$$\sum_{i=1}^{m}\frac{W_i}{m}\to E_g[W]=E_g\left[\frac{f_0(\boldsymbol{Y})}{g_0(\boldsymbol{Y})}\right]=\int\frac{f_0(\boldsymbol{y})}{g_0(\boldsymbol{y})}g(\boldsymbol{y})\,\mathrm{d}\,\boldsymbol{y}=\frac{C_2}{C_1}.$$

因此,在(8.4.1)中分子分母同时除以 m 得

$$P\{\boldsymbol{X}\in\boldsymbol{A}\mid\boldsymbol{Y}_i,i=1,2,\cdots,m\}\to\frac{C_1}{C_2}E_g[W\mid\boldsymbol{Y}\in\boldsymbol{A}]P_g\{\boldsymbol{Y}\in\boldsymbol{A}\}.$$

而

$$\begin{aligned}\frac{C_1}{C_2}E_g[W\mid\boldsymbol{Y}\in\boldsymbol{A}]P_g\{\boldsymbol{Y}\in\boldsymbol{A}\}&=\frac{C_1}{C_2}E_g\left[\frac{f_0(\boldsymbol{Y})}{g_0(\boldsymbol{Y})}\,\middle|\,\boldsymbol{Y}\in\boldsymbol{A}\right]P_g\{\boldsymbol{Y}\in\boldsymbol{A}\}\\&=\int_{\boldsymbol{y}\in\boldsymbol{A}}\frac{f(\boldsymbol{y})}{g(\boldsymbol{y})}g(\boldsymbol{y})\,\mathrm{d}\,\boldsymbol{y}\\&=\int_{\boldsymbol{y}\in\boldsymbol{A}}f(\boldsymbol{y})\,\mathrm{d}\,\boldsymbol{y}.\end{aligned}$$

从而,当 $m\to\infty$ 时,

$$P\{\boldsymbol{X}\in\boldsymbol{A}\mid\boldsymbol{Y}_i,i=1,2,\cdots,m\}\to\int_{\boldsymbol{y}\in\boldsymbol{A}}f(\boldsymbol{y})\,\mathrm{d}\,\boldsymbol{y},$$

由 Lebesgue 控制收敛定理知,上式蕴涵着

$$P\{\boldsymbol{X}\in\boldsymbol{A}\}=E[P\{\boldsymbol{X}\in\boldsymbol{A}\mid\boldsymbol{Y}_i,i=1,2,\cdots,m\}]\to\int_{\boldsymbol{y}\in\boldsymbol{A}}f(\boldsymbol{y})\,\mathrm{d}\,\boldsymbol{y}.$$

结果得证.

若要估计 $\theta=E_f[h(\boldsymbol{X})]$,而且用 SIR 方法已经得到向量 $\boldsymbol{X}_1,\boldsymbol{X}_2,\cdots,\boldsymbol{X}_k$,它们独立同分布且具有如下概率函数:

$$P\{\boldsymbol{X}=\boldsymbol{y}_j\}=\frac{w_j}{\sum_{i=1}^{m}w_i},\quad j=1,2,\cdots,m,$$

而 $\frac{k}{m}$ 较小,且 $w_i=\frac{f_0(\boldsymbol{y}_i)}{g_0(\boldsymbol{y}_i)}$. 然后用 $\sum_{i=1}^{k}\frac{h(\boldsymbol{X}_i)}{k}$ 作为 θ 的估计量.在上述估计量的基础上,我们对其取条件期望

$$E[h(\boldsymbol{X}) \mid \boldsymbol{y}_1, \boldsymbol{y}_2, \cdots, \boldsymbol{y}_m] = \frac{1}{\sum_{i=1}^{m} w_i} \sum_{j=1}^{m} w_j h(\boldsymbol{y}_j).$$

故我们再用 $\hat{\theta} = \frac{1}{\sum_{i=1}^{m} w_i} \sum_{j=1}^{m} w_j h(\boldsymbol{y}_j)$ 作为 θ 的估计量.根据6.2 节中条件期望方差缩减法知, $\hat{\theta}$ 是比 $\sum_{i=1}^{k} \frac{h(\boldsymbol{X}_i)}{k}$ 更好的一个估计量.

SIR 方法在 Bayes 统计中是特别有用的.

【例 8.9】 用 SIR 算法在条件 $\sum_j jX_j > 285000$ 下产生 1,2,…,100 的一个置换 $X_1, X_2, \cdots, X_{100}$ 的条件分布.

设 $X = (X_1, X_2, \cdots, X_{100})$ 为 1,2,…,100 的某个置换,令 $n = 100!$, 则 1,2,…,100 的所有的置换为 $\boldsymbol{S} = \{x_1, x_2, \cdots, x_n\}$. 设 $\mathscr{M} = \left\{X: \sum_j jX_j > 285000\right\}$, 则 $P\left\{X = x_i \mid \sum_j jX_j > 285000\right\}$ 就是所要求的条件分布.易知

$$P\left\{X = x_i \mid \sum_j jX_j > 285000\right\} = \frac{P\{X = x_i\} P\left\{\sum_j jX_j > 285000 \mid X = x_i\right\}}{P\left\{\sum_j jX_j > 285000\right\}},$$

尽管我们知道 $P\left\{X = x \mid \sum_j jX_j > 285000\right\} = \frac{1}{|\mathscr{M}|}$, $x \in \mathscr{M}$, 但 $\mathscr{M}$ 很难确定.所以我们要通过 SIR 方法对之进行估计.令 $g(x) = P\{X = x\} = \frac{1}{100!}$, $x \in \boldsymbol{S}$, $f_0(x) = P\{X = x\} P\left\{\sum_j jX_j > 285000 \mid X = x\right\}$. 先从 $g(x)$ 中抽取足够多的 m 个不同的排列,记为 $Y^{(1)}, Y^{(2)}, \cdots, Y^{(m)}$, 且 $Y^{(i)} = (Y_1^{(i)}, Y_2^{(i)}, \cdots, Y_{100}^{(i)})$, $i = 1, 2, \cdots, m$;令 $\theta(x) = P\left\{\sum_j jX_j > 285000 \mid X = x\right\}$, 则

$$\theta(Y^{(i)}) = \begin{cases} 1, 若 Y^{(i)} \in \mathscr{M}, \\ 0, 否则. \end{cases}$$

再令 $w_i = \frac{\theta(Y^{(i)})}{\sum_{i=1}^{m} \theta(Y^{(i)})}$, $i = 1, 2, \cdots, m$. 去掉 $w_1, w_2, \cdots, w_m$ 中为 0 的项,即为所求的条件分布.

R 程序如下：

```
exam8.9=function(m,k=100,a=285000){#k 为正整数
    J=1:k; X=matrix(0,nrow=1,ncol=k)
    Y=matrix(0,nrow=m,ncol=k)
    Y[1,]=sample(1:k)
    for(i in 2:m){
        c=0
        repeat{
            per=sample(1:k)
            for(r in 1:(i-1)){
                c[r]=all(per==Y[r,])
            }
            if(all(c==FALSE)==TRUE)break
        }
    Y[i,]=per
    }
    for(j in 1:m){
        if(sum(J*Y[j,])>a){
            X=rbind(X,Y[j,])
        }
    }
    X=X[-1,]
w=1/(nrow(X))
list(n=nrow(X),w=w,X=X)
}
```

练　习　8

1.假设控制孟德尔试验中,豌豆颜色的位点有两个等位基因 A 和 a,又假设基因型 AA 和 Aa 对应的表现型为黄色,基因型 aa 对应绿色。现随机获得豌豆样本,记黄色豌豆数为 n_{21}, 绿色豌豆数为 n_0. 根据数据 $n_{21}=84$ 和 $n_0=16$, 如何用 EM 算法估计等位基因 A 的概率 $p=P\{A\}$? 并编写程序计算.

2.利用 Metropolis-Hastings 算法及其建议密度

$$q(x,y)=\mathrm{e}^{-y},\quad y>0,$$

从折叠的正态分布

$$f(x)=\sqrt{\frac{2}{\pi}}\exp(-0.5x^2) \quad x>0$$

中抽取样本的程序.

3.考虑下述模型：

$$y_i \overset{\text{i.i.d.}}{\sim} N(\mu,\sigma^2), \quad i=1,2,\cdots,n,$$

其中

$$\mu \sim N(0,{\sigma_0}^2),$$
$${\sigma_0}^2 \sim \text{IGamma}(2,1),$$
$$\sigma^2 \sim \text{IGamma}(2,1),$$

在给定样本 $y_1,y_2,\cdots,y_n$ 的条件下，试利用 Gibbs 抽样法估计 μ, ${\sigma_0}^2$, σ^2，并编写程序.

4.考虑一个有 20 个独立部件的系统，且部件 i 以概率 $0.5+\frac{i}{50}$, $i=1,2,\cdots,20$，工作.令 X 表示工作的部件数.用模拟来估计条件概率函数 $P\{X=i\mid X\leqslant 5\}$, $i=1,2,3,4,5$.

5.假设随机变量 X 和 Y 都在 $(0,10)$ 上取值.假设在给定 $Y=y$ 的条件下 X 的条件密度为

$$f(x\mid y)=C(y)e^{-5xy}, \quad 0<x<10,$$

在给定 $X=x$ 的条件下 Y 的条件密度为

$$f(y\mid x)=C(x)e^{-5xy}, \quad 0<y<10.$$

给出一种方法来模拟向量 X 和 Y，并用模拟来估计 $E[X]$ 及 $E[XY]$.

6.令 X_i, $i=1,2,3$，是独立的具有均值为 1 的指数随机变量.产生一个模拟研究来估计

(1) $E[X_1+2X_2+3X_3\mid X_1+2X_2+3X_3>15]$；

(2) $E[X_1+2X_2+3X_3\mid X_1+2X_2+3X_3<1]$.

7.从一个装有 n_i, $i=1,2,\cdots,r$，种颜色卡片的卡片盒中随机地选择 m 张卡片.令 $n=\sum_{i=1}^{r}n_i$. 设 X_i 表示被取得的第 i 种颜色的卡片数.若所有的 r 种颜色的卡片都被取到，且所有的颜色都被取到的概率是一个很小的正数，试给出一个有效的程序来模拟 $X_1,X_2,\cdots,X_r$.

8.假设 X,Y,Z 的联合密度为

$$f(x,y,z)=Ce^{-(x+y+z+axy+bxz+cyz)}, \qquad x>0,y>0,z>0,$$

其中 a,b,c 是确定的非负常数，C 不依赖于 x,y,z. 试给出模拟 X,Y,Z 的程序.

当 $a=b=c=1$ 时,通过模拟来估计 $E[XYZ]$.

9.对随机变量 X,Y,N, 假设

$$P\{X=i,y\leqslant Y\leqslant y+\mathrm{d}y,N=n\}\approx C\binom{n}{i}y^{i+\alpha-1}(1-y)^{ni+\beta-1}\mathrm{e}^{-\lambda}\frac{\lambda^n}{n!}\mathrm{d}y,$$

其中 $i=0,1,\cdots,n,n=0,1,\cdots,y\geqslant 0$, α,β,λ 是指定的常数.当 $\alpha=2,\beta=3$, $\lambda=4$ 时,通过模拟来估计 $E[X],E[Y]$ 和 $E[N]$.

10.产生 100 个随机数 $U_{0,k},k=1,2,\cdots,10,U_{i,j},i\neq j,i,j=1,2,\cdots,10$. 考虑一个旅行推销商问题.此推销商从城市 0 出发,按照 1,2,…,10 的某个排列必须依次到 10 个城市 1,2,…,10 中的每一个.令 $U_{i,j}$ 是此推销商直接的从城市 i 到城市 j 所得到的报酬.用模拟退火法来估计此推销商获得最大可能的回报.

第9章 若干动态系统的模拟

如果我们计划建立某个系统,就要在事前对该系统作出准确的评价,以避免不必要的损失.最好的方法就是对所要研究的系统预先进行模拟,建立模拟模型,通过模拟模型对该系统的某种特征或部分状态进行分析,以得到有用的信息.为此,本章将介绍若干动态系统的模拟.

9.1 追逐问题的模拟

问题1 在正方形 $ABCD$ 的 4 个顶点各有一人.在某一时刻,4 人同时出发并以匀速 v 走向顺时针方向的下一个人.如果他们的方向始终保持对准目标,试模拟出每个人的路径,并判断他们是否能够汇合.

为了解决这个问题,首先建立平面直角坐标系,以时间间隔 Δt 进行采样,在每一时刻 t 计算每个人在下一时刻 $t+\Delta t$ 时的坐标.因为 4 个人的情形一样,故我们不妨设甲的追逐对象是乙,在时刻 t, 甲的坐标为 (x_1,y_1), 乙的坐标为 (x_2,y_2), 那么甲在时刻 $t+\Delta t$ 的坐标为 $(x_1+v\Delta t\cos\theta, y_1+v\Delta t\sin\theta)$, 其中

$$\cos\theta=\frac{x_2-x_1}{d},\sin\theta=\frac{y_2-y_1}{d},d=\sqrt{(x_2-x_1)^2+(y_2-y_1)^2}.$$

选取足够小的 Δt, 模拟到甲、乙的距离小于 Δt 为止.

以下是模拟的 R 程序,A,B,C,D 的 4 个点的初始位置为 $A(1,0)$, $B(1,1)$, $C(1,0)$, $D(0,0)$.

```
trace=function(delta_t=0.01,eps=0.01){
    ###画出 A,B,C,D 和 O 五点的初始位置,并作标记
    plot(c(0,1,1,0),c(0,0,1,1),xlab=" ", ylab=" ")
    text(0,1,labels="A",adj=c(0.3,1.3))
    text(1,1,labels="B",adj=c(1.5,0.5))
    text(1,0,labels="C",adj=c(0.3,-0.8))
```

```
text(0,0,labels="D",adj=c(-0.5,0.1))
###矩阵 x 是 A,B,C,D,A 五点的横坐标, 矩阵 y 是 A,B,C,D,A 五点的纵坐标
x=matrix(c(0,1,1,0,0),nrow=1);y=matrix(c(1,1,0,0,1),nrow=1)
j=0
repeat{ j=j+1
d=0; a=0;b=0
for(i in 1:4){
d[i]=sqrt((x[j,i+1]-x[j,i])^2+(y[j,i+1]-y[j,i])^2)
a[i]=x[j,i]+delta_t*(x[j,i+1]-x[j,i])/d[i]
b[i]=y[j,i]+delta_t*(y[j,i+1]-y[j,i])/d[i]
}
if(max(d)<eps)break
a[5]=a[1];b[5]=b[1]
x=rbind(x,a);y=rbind(y,b)
}
lines(x[1:j,1],y[1:j,1],col=5);lines(x[1:j,2],y[1:j,2],col=2)
lines(x[1:j,3],y[1:j,3],col=3);lines(x[1:j,4],y[1:j,4],col=4)
points(a[2],b[2],col="yellow")
text(a[2],b[2],labels="O",adj=c(-1,0.3))
list(x=a[2],y=b[2])
}
```

运行程序 trace(0.01,0.02)得到图 9-1,从图中可看出他们能够相聚,且聚于点 $O(0.5,0.5)$.

问题 2 一列火车从 A 站开往 B 站,某人每天赶往 B 站上火车.他已了解到火车从 A 站到 B 站的运行时间是服从均值为 30 分钟、标准差 2 分钟的正态随机变量.火车大约下午 13:00 离开 A 站,此人大约 13:30 到达 B 站.火车离开 A 站的时刻及概率如表 9-1 所示.此人到达 B 站的时刻及概率如表 9-2 所示.问他能赶上火车的概率是多大?

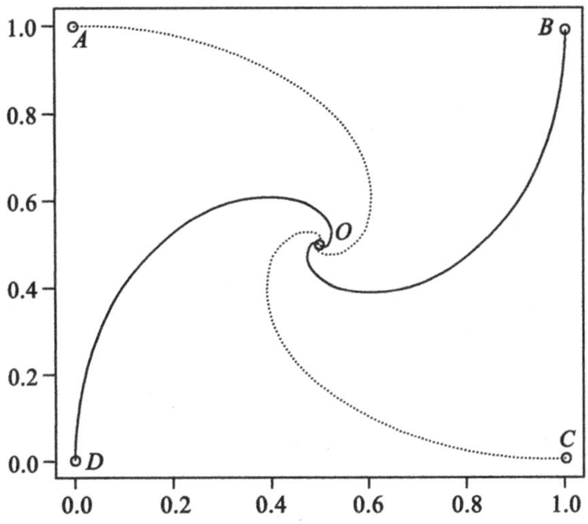

图 9-1　追逐问题

表 9-1　**火车离开 A 站的时刻及概率**

火车离站时刻	13:00	13:05	13:10
概率	0.7	0.2	0.1

表 9-2　**人到达 B 站的时刻及概率**

人到站时刻	13:28	13:30	13:32	13:34
概率	0.3	0.4	0.2	0.1

设 X 表示火车从 A 站出发的时刻，Y 表示火车从 A 站到 B 站的运行时间，Z 表示此人到达 B 站的时刻.令 13 时为起始点，记为 0，则 $Y \sim N(30,4)$，且 X，Z 的分布分别如表 9-3、表 9-4 所示.

表 9-3　**X 的分布律**

时刻X	0	5	10
概率p	0.7	0.2	0.1

表 9-4　**Z 的分布律**

时刻Z	28	30	32	34
概率p	0.3	0.4	0.2	0.1

根据本问题的含义知此人能够赶上火车的充分必要条件是 $X+Y>Z$，其概率为 $\theta=P\{X+Y>Z\}$. 在计算此概率时，既涉及离散型随机变量又涉及连续型随机变量，难以用解析的方法得到此概率.下面我们通过模拟方法来估计此概率 θ.

模拟算法如下：

Step 1：从 X 中抽取 $x_1,x_2,\cdots,x_n$ 个值，从 Y 中抽取 $y_1,y_2,\cdots,y_n$，从 Z

中抽取 $z_1,z_2,\cdots,z_n$.

Step 2:令

$$I_i=\begin{cases}1,\text{若}x_i+y_i>z_i,\\0,\text{否则},\end{cases}\quad i=1,2,\cdots,n.$$

则 $\hat{\theta}=\dfrac{1}{n}\sum_{i=1}^{n}I_i$ 为 θ 的估计.

模拟程序如下:

```
###给定精度 eps=0.01 的概率估计,p1 为 X 的概率向量,p3 为 Z 的概率向量
###par 为正态分布的参数均值和标准差向量
train=function(p1,par,p3,eps=0.01){
    I=0
    k=100
    x=sample(c(0,5,10),k,prob=p1,replace=TRUE)
    y=rnorm(k,par[1],par[2])
    z=sample(c(28,30,32,34),k,prob=p3,replace=TRUE)
    for(i in 1:k){
        if(x[i]+y[i]>z[i]) I[i]=1
        else   I[i]=0
    }
    repeat{
        if(sd(I/k)<eps) break
        k=k+1
        x[k]=sample(c(0,5,10),1,prob=p1)
        y[k]=rnorm(1,par[1],par[2])
        z[k]=sample(c(28,30,32,34),1,prob=p3)
        I[k]=if(x[k]+y[k]>z[k]) 1 else 0
    }
    list(th=mean(I),k=k)
}
```

给出函数中的参数为

p1=c(0.7,0.2,0.1);par=c(30,2);p3=c(0.3,0.4,0.2,0.1).

运行 train(p1,par,p3,0.0001)得到此人能赶上火车的概率近似为 $\hat{\theta}\approx 0.63$.

9.2　Daubechies 小波函数计算

小波是近二十年来得到广泛注意的数学工具,可以应用于各种数学分析问题.小波中一种重要的函数称为尺度函数(Scale Function),它满足所谓双尺度方程:

$$\phi(x) = \sqrt{2}\sum_k h_k \phi(2x - k).$$

一种特殊的尺度函数是只在有限区间上非零,称为紧支集.紧支集尺度函数可以在给定 $\{h_k\}$ 后用以下迭代公式生成:

$$\eta_0(x) = I_{[-0.5,0.5]}(x),$$

$$\eta_{n+1}(x) = \sqrt{2}\sum_{k=0}^{2N-1} h_k \eta_n(2x - k),$$

其中 N 是正整数. $N = 2$ 时, $h_0 = 0.48296913145$, $h_1 = 0.836516303738$, $h_2 = 0.224143868042$, $h_3 = -0.129409522551$. 已知 $\phi(x)$ 的支集为 $[0, 2N - 1]$, $\eta_n(x)$ 的支集包含于 $[-0.5, 2N - 1]$ 中.作为例子,下面来编写计算 $\phi(x)$ 的程序.

(1)因为 $\phi(x)$ 是函数,所以我们只能得到 x 在 $\phi(x)$ 的支集中的一些等间隔点上的函数值.为了用迭代计算这些值,先写出算法的 R 代码(基本结构使用 R 语言但某些复杂操作用自然语言描述):

```
aubechie.phi=function(nsample=256,nrep=20){
# nsample——需要计算的样本点的个数
# nrep——迭代次数
x=需要计算的 x 坐标向量
N=2
h=c(0.48296913145,0.836516303738,0.224143868042,-0.129409522551)
y0=向量,保存 η(x)在 n=0 时的初值,
    当 x 在[-0.5,0.5]内时为 1,其他为 0
for(r in nrep){# 迭代即循环
    y=与 x 长度相同的零向量
for(k in 1:(2*N-1)){#计算公式中的求和
yk=η(.)在自变量取 2x-k 处的值*sqrt(2),
用上一步的 y0 来表达
    y=y+yk
}   #  for k
```

```
y0=y #  把新的 η(.)放进 y0 中
# 作为下一步的开始值
}# for r
把 x 和 y 只保留 x 在[0,2 * N-1]中的部分返回 x 和 y 作为(x[i],
φ(x[i]))
}
```

(2)下面逐步细化这个算法,并根据需要对算法进行必要的修改.设 x[i]=a+(i-1)/(nsample-1) * (b-a),我们发现,这个算法中的关键问题是如何把 2x-k 处的函数值从 y0 中查到.理想的情况是 2x[i]-k 恰好等于某个 x[j],这时 eta(2 · x[i]-k)= eta(x[j])= y0[j].如果 2x[i]-k 在两个 x[j]之间,可以取最近的一个 x[j],然后使用 y0[j].经试验,这样的做法不能保证迭代收敛.所以,应该调整算法使得每一个 2x[i]-k 都恰好落在某个 x[j]上面.这要求

$$2a + \frac{2(i-1)}{n-1}(b-a) = a + \frac{j-1}{n-1}(b-a),$$

其中 n 为采样点数.由上式得

$$j = 1 + 2(i-1) - (k+1)\frac{n-1}{b-a}.$$

所以只要 $n-1$ 能被 $b-a$ 整除即可.为此,取 $a=-1, b=2N-1, n=1+(2N)m, m$ 为整数.但是,这样取的 n 个点包含了区间[-1,0),这在最后的结果中是要丢弃的,所以如果采样至少要 nsample 个点的话,应该保证 $\frac{n\cdot(2N-1)}{2N}$ 大于或等于 nsample.

(3)如果必须要求按指定的采样点数给结果,则可以用线性插值来得到所需的结果.线性插值的函数为 approx(x,y,n),其中(x,y)为要插值的散点(两个向量),n 是要求的采样点数(从 x 的最小值到最大值均匀采样).

(4)最后的程序如下:

```
### Wavelet.r
    #### Daubechies 迭代有限支集正交小波基构造
    Daubechies.phi=function(nsample=256,nrep=20,plot.it=T,
            debugging=F,nsample.exact=F) {
        # nsample:采样点数
        # plot.it:是否每次绘图
        # debugging:是否输出调试信息
```

```
            #nsample.exact:是否严格要求采样点数
            # 取 FALSE 时可以适当放大
        # 注意:所有 eta(x)的支撑并集为[-0.5,2N-1],
#但为了迭代时计算的点都落在采样点上所以要把左端点设为-1,把采样个数适当放大
        N=2
        a=-1
        b=2*N-1        # 采样区间[-1,2N-1]
ns=ceiling((nsample*(2*N)/(2*N-1)-1)/(2*N))*(2*N)+1
          # ns:新的采样点数
        m=(ns-1)/(2*N)
      # m:phi(x)的采样密度(x 轴每单位有多少个点)
  h=c(0.48296913145,0.836516303738,0.224143868042,
  -0.129409522551)*sqrt(2)
  x=seq(from=-1,to=2*N-1,length=ns)       # x:phi(x)的采样位置
  y0=numeric(ns)       #初始函数
  cond1=(x>=-0.5& x<=0.5)
  y0[cond1]=1.0
  y0[! cond1]=0.0
  for(r in 1:nrep){                    # 迭代次数
  if(debugging &&plot.it){
   plot(x,y0,type="l",main=paste("Iteration",r))
             #locator(n=1)                        }
  y=numeric(ns)              #迭代结果
  for(k in 0:(2*N-1)){
      #首先计算 eta(2*x-k),而 x 对应于 a,a+1/m,a+2/m,…,b=a+
  (ns-1)/m 共 ns 个点,#我们只要找出 2x - k 对应的下标即可.这些下
  标里有些是出界的,只要找在 1 到 ns 内即可
 yk=numeric(ns)       # 保存 eta(2*x-k)
 i=seq(along=x)
 j=2*i-1-(k+1)*m
  cond2=(j>=1)&(j<=ns)
  yk[cond2]=y0[j[cond2]]*h[k+1]
  y=y+yk
```

```
  }      #k
  y0=y      #   新的迭代初值
      }     # r
  xphi=x[(1+m):ns]
  yphi=y[(1+m):ns]
  ns=ns-m
  #当前 phi(x)从 0 到 2N-1 采样的个数,去掉了[-1,0)的 m 个点
if(plot.it){
plot(xphi,yphi,type="l",main=express(phi(x)),xlab="x",
ylab=" ")
abline(h=0)
      }
    if(nsample.exact){#必须要求 nsample 个点.
                      #使用线性插值(approx,approxfun)
                      #使用样条插值(spline,splinefun)
xy1=approx(xphi,yphi,n=nsample)
    xphi=xy1$x
    yphi=xy1$y
}
invisible(list(xphi=xphi,yphi=yphi))
  }
```

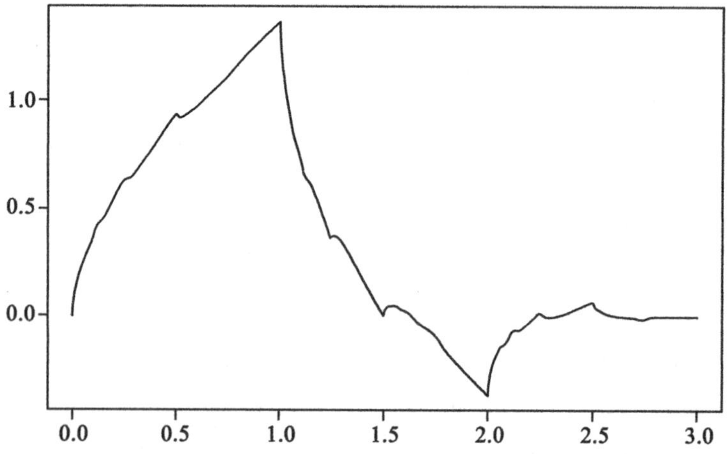

图 9-2　小波采样图

9.3　排队系统

1.单服务员的排队系统

考虑顾客按照具有强度函数 $\lambda(t),t>0$ 的非齐次 Poisson 过程来到一个服务站,服务站中只有一个服务员.当服务员空闲时,若有顾客到来,则立即接受服务;否则这个顾客就要排队等候.当这个服务员完成了对一个顾客的服务时,若有顾客排队,就对等待时间最长的顾客服务(即先到先服务);若没有顾客排队,则保持空闲直到下一个顾客来到.称一个顾客从接受服务到结束服务为一个服务周期,在此周期内,系统中的顾客数称为队长 L. 一般来说,一个顾客所接受服务的时间是一个具有概率分布 G 的随机变量,且与其他顾客所接受的服务时间相互独立,也与来到过程相互独立.在一个服务周期 T 内,此服务员只对在时刻 T 之前到达的所有顾客服务,在 T 之后再不允许顾客进入此系统.

假设我们对模拟上述系统来决定如下的量感兴趣:

(1)一个顾客花费在这个系统中的平均时间,即排队时间与接收服务时间之和;

(2)最后离开的顾客超过时刻 T 的平均时间,即这个服务员能够下班的平均时间.

为了模拟上述系统,我们引进以下变量:

时间变量　　t.

计数变量　　N_A :到时刻 t 时来到的顾客数;

　　　　　　　N_D :到时刻 t 时离开的顾客数.

系统状态变量　　SS　　n :在时刻 t 时系统中的顾客数.

因为当一个顾客来到或者一个顾客离开时都会改变以上的量,所以我们把它们看做"事件".也就是,有两个类型的事件:来到和离去.事件清单包含着下一个顾客来到的时间和正在接受系统服务的顾客的离去时间.从而事件清单为

$$\mathrm{EL}=t_A,t_D,$$

其中 t_A 是在 t 之后下一个顾客来到的时间, t_D 是正在接受服务的顾客完成服务的时间.如果没有顾客接受服务,则令 $t_D=\infty$.

输出变量为: $A(i)$, 第 i 个顾客来到的时间; $D(i)$, 第 i 个顾客离去的时间; T_p, 最后一个顾客离开系统超出 T 的时间.

假设服务时间为 Y 服从分布 G, 模拟步骤如下:

Step 1：初始步，令 $t = N_A = N_D = 0, n = 0$，生成 T_0，并令 $t_A = T_0, t_D = \infty$.

Step 2：如果 $\min\{t_A, t_D\} \leq T$，转到 Step 3.

Step 3：如果 $t_A \leq t_D$ 且 $t_A \leq T$，重置 $t \leftarrow t_A$，$N_A \leftarrow N_A + 1$，$n \leftarrow n + 1$；产生 T_t，并令 $t_A = T_t$；若 $n = 1$，产生 Y，并令 $t_D = t + Y$. 收集数据 $A(N_A) = t$（因为顾客 N_A 在时刻 t 到达），返回 Step2.

Step 4：否则（即 $t_D < t_A$ 且 $t_D \leq T$），重置 $t = t_D$，$n \leftarrow n - 1$，$N_D \leftarrow N_D + 1$；如果 $n = 0$，令 $t_D = \infty$；否则产生 Y，并令 $t_D = t + Y$. 收集数据 $D(N_D) = t$. 返回 Step 2.

Step 5：否则（即 $\min(t_D, t_A) > T$），转到 Step 6.

Step 6：如果 $n > 0$，重置 $t = t_D$，$n \leftarrow n - 1$，$N_D \leftarrow N_D + 1$；如果 $n > 0$，产生 Y，并令 $t_D = t + Y$. 收集数据 $D(N_D) = t$. 返回 Step 5.

Step 7：否则（即 $n = 0$），停止并收集数据 $T_p = \max\{t - T, 0\}$.

注意：上述算法收集到的数据 N_A（整个到达的总数），等于 N_D（离去的总数）. 对每个 $i, i = 1, 2, \cdots, N_A$，我们得到 $A(i)$（顾客 i 到达的时间）和 $D(i)$（顾客 i 离去的时间），从而得到第 i 个顾客花在这个系统中的时间为 $D(i) - A(i)$. 同时我们还得到 T_p（最后一个顾客离开系统超出 T 的时间）.

每次收集到上述数据就称一个模拟过程完成. 在每个模拟过程完成之后，再将之初始化，直到收集到足够多的数据为止. 我们可以用 T_p 的平均值来估计最后一个顾客离开系统时超过 T 的平均时间；同样，用 $D - A$ 的平均值来估计一个顾客花在系统中的平均时间.

对应的 R 程序为（保存名为 que.sim.R）

```
###子程序TS表示用稀释法产生在时刻s后第一位顾客的来到时间
TS=function(lambda,g,s){#g(t)为强度函数,lambda为g(t)的最大值
    t=s;Ts=0
    repeat{
        U=runif(1)
        t=t-1/lambda*log(U)
        U1=runif(1)
        if(U1<=g(t)/lambda) break
    }
    t
}
###在时间T内产生顾客花费在系统中的平均时间及服务员超时的时间
```

```
MG1=function(TS,T,mu){#服务时间 Y 服从参数 mu 指数分布
  t=0;nA=0;nD=0;n=0;A=0;D=0;N=0
  U=runif(1)
  tA=TS(lambda,g,t);tD=Inf
  repeat{
    if(tA<=tD & tA<=T){
        t=tA;nA=nA+1;n=n+1
        tA=TS(lambda,g,t)
        if(n==1){
            U=runif(1)
            tD=t-1/mu * log(U)
        }
        A[nA]=t
    }
    else if(tD<=tA & tD<=T){
        t=tD;n=n-1
        nD=nD+1
        if(n==0) tD=Inf
        else {U1=runif(1);tD=t-1/mu * log(U1)}
        D[nD]=t
        N[nD]=n
    }
    else if(tA>T&tD>T) break
}
repeat{
    if(n<=0)break
    t=tD;n=n-1;nD=nD+1
    D[nD]=t
    N[nD]=n
    if(n>0){
        U2=runif(1);tD=t-1/mu * log(U2)
    }
    }
    Tp=max(t-T,0)
```

```
    list(w=mean(D-A),gohome=Tp,L=mean(N))
}
```

【例 9.1】 某理发店只有一名理发师为顾客服务，按照先到先服务原则对顾客进行服务. 假设该理发店每天的工作时间为上午 8 点到下午 8 点，在此段时间内的顾客都必须提供服务，而下午 8 点后不再接受新顾客. 假设顾客是以参数为 $\lambda = 1.2$ 人/小时的 Poisson 过程到达该理发店，且每位顾客的理发时间服从指数分布，平均需要 30 分钟. 试估计顾客在理发店的平均时间、平均队长和该理发师的平均加班时间. 模拟 100 次，再模拟 1000 次.

解 根据题意，$T = 12$，$\lambda = 2$，$\mu = 2$，调用程序

```
source("que.sim.R")
lambda=1.2;g=function(x)1.2;T=12;mu=2 连续运行 1000 次
MG1(TS,T,mu)
```

取平均得到每个顾客在理发店的平均时间为 $W = 1.0145$ 小时，平均队长为 1.010685 人，该理发师的平均加班时间 0.721491 小时. 如果该理发师想保证按时下班回家，就要在离下班时间前 30 分钟不再接受新的顾客.

2. 两个服务员的并联排队系统

考虑有两个服务员的模型，顾客按照非齐次的 Poisson 过程来到. 如果两个服务员都是忙的，则来到的顾客将进入排队等候的队伍中，若服务员 1 是空闲的，顾客就接受服务员 1 的服务，否则就接受服务员 2 的服务. 当顾客接受完一个服务员的服务（不管是哪个服务员的服务）后将离开此系统. 在排队等候的队伍中（如果有顾客排队）等待时间最长的顾客就接受服务. 每个顾客接受服务员 i 的服务时间有分布函数 $G_i, i = 1,2$.

假设我们要模拟上述模型来分析每个顾客花费在这个系统中的总时间以及每个服务员服务的顾客数. 因为有多个服务员，顾客将不必按他们来到的顺序离开，从而要知道哪一个顾客将离开此系统就要根据服务的完成情况来确定，所以我们必须了解哪些顾客在服务系统中. 当顾客到达时我们对之进行编号，例如第一个到达的顾客编号为 1，下一个编号为 2，等等. 因为顾客按他们的到达次序接受服务，从而知道哪个顾客正在接受服务以及有多少顾客在队伍中等待. 假设顾客 i 和 j 正在接受服务，其中 $i < j$，有 $n - 2 > 0$ 个顾客正在排队. 因为在第 j 个顾客接受服务之前有不超过 j 的顾客数已经接受了服务，因此没有一个编号数超过 j 的顾客接受完服务（因为他们在顾客 i 或者 j 之前接受服务才能如此），从而知顾客 $j + 1, \cdots, j + n - 2$ 正在排队.

为了分析此系统我们引入下述变量.

时间变量 t.

系统状态变量 SS.

如果有 n 个顾客在系统中,且第 i_1 个顾客正在接受服务员 1 的服务,第 i_2 个顾客正在接受服务员 2 的服务时,记 $SS=(n,i_1,i_2)$. 当系统空闲时,记 $SS=(0)$;当系统中只有编号为 j 的顾客并正在接受服务员 1 的服务时,记 $SS=(1,j,0)$;或者当系统中只有编号为 j 的顾客并正在接受服务员 2 的服务时,记 $SS=(1,0,j)$.

计数变量 N_A:到时刻 t 时来到的顾客数.

C_j:到时刻 t 为止第 j 个服务员已服务的顾客数, $j=1,2$.

输出变量 $A(n)$:第 n 个顾客到达的时刻, $n \geqslant 1$.

$D(n)$:第 n 个顾客离去的时刻, $n \geqslant 1$.

事件清单 t_A, t_1, t_2.

其中 t_A 是下一个顾客来到的时间, t_i 是正在接受服务员 i 服务的顾客的完成服务时间, $i=1,2$. 若某时刻在服务员 i 前没有顾客接受服务,我们就令 $t_i=\infty$, $i=1,2$. 因此,事件清单总是由 3 个变量 t_A, t_1, t_2 组成.

假设 Y_i 是具有分布 G_i, $i=1,2$, 的随机变量.模拟算法如下:

Step 1:初始步,令 $t=N_A=C_1=C_2=0$, $n=0$, $i_1=0, i_2=0$, $SS=(n,i_1,i_2)$, $A=0$, $D=0$, 生成 T_0, 并令 $t_A=T_0, t_1=t_2=\infty$.

Step 2:如果 $t_A>T$ 且 $t_1>T, t_2>T$, 跳到 Step 6.

Step 3:如果 $t_A<t_1$ 且 $t_A<t_2$, 令 $t \leftarrow t_A$, $N_A \leftarrow N_A+1, A(N_A) \leftarrow t$, 产生下一个顾客的到达时刻 t_A.

如果 $SS=(0,0,0)$,令 $i_1=\max(i_1,i_2)+1$, 重置 $SS=(1,i_1,0)$, 产生 Y_1 并令 $t_1=t+Y_1$;

如果 $SS=(1,i_1,0)$, 令 $i_2=\max(i_1,i_2)+1$, 重置 $SS=(2,i_1,i_2)$, 产生 Y_2 并令 $t_2=t+Y_2$;

如果 $SS=(1,0,i_2)$, 令 $i_1=\max(i_1,i_2)+1$, 重置 $SS=(2,i_1,i_2)$, 产生 Y_1 并令 $t_1=t+Y_1$;

如果 $n>1$, 重置 $SS=(n+1,i_1,i_2)$.

返回 Step 2.

Step 4:如果 $t_1<t_A$ 且 $t_1<t_2$, 令 $t=t_1$, $C_1 \leftarrow C_1+1$, $D(i_1)=t$,

如果 $n=1$, 重置 $SS=(0,0,0)$ 和 $t_1=\infty$;

如果 $n=2$, 重置 $SS=(1,0,i_2)$ 和 $t_1=\infty$;

如果 $n>2$, 令 $i_1=\max(i_1,i_2)+1$, 重置 $SS=(n-1,i_1,i_2)$, 生成 Y_1 并令 $t_1=t+Y_1$.

返回 Step 2.

Step 5：如果 $t_2 < t_A$ 且 $t_2 < t_1$，令 $t = t_2$，$C_2 \leftarrow C_2 + 1$，$D(i_2) = t$，

如果 $n = 1$，重置 SS=(0,0,0) 和 $t_2 = \infty$ ；

如果 $n = 2$，重置 SS= $(1, i_1, 0)$ 和 $t_2 = \infty$ ；

如果 $n > 2$，令 $i_2 = \max(i_1, i_2) + 1$，重置 SS= $(n-1, i_1, i_2)$，生成 Y_2 并令 $t_2 = t + Y_2$.

返回 Step 2.

Step 6：如果 SS=(0,0,0)，转到 Step 9.

Step 7：如果 SS= $(1, i_1, 0)$，重置 SS=(0,0,0)，$D(i_1) = t_1$，$C_1 \leftarrow C_1 + 1$.

如果 SS= $(1, 0, i_2)$，重置 SS=(0,0,0)，$D(i_2) = t_2$，$C_2 \leftarrow C_2 + 1$.

如果 $t_1 < t_2$，令 $t = t_1, C_1 \leftarrow C_1 + 1, D[i_1] = t$，

若 $n = 2$，则重置 SS= $(1, 0, i_2)$ ；

若 $n > 2$，则令 $i_1 = \max(i_1, i_2) + 1$，重置 SS= $(n-1, i_1, i_2)$，产生 Y_1 并令 $t_1 = t + Y_1$.

如果 $t_1 \geqslant t_2$，令 $t = t_2, C_2 \leftarrow C_2 + 1, D[i_2] = t$，

若 $n = 2$，则重置 SS= $(1, i_1, 0)$ ；

若 $n > 2$，则令 $i_2 = \max(i_1, i_2) + 1$，重置 SS= $(n-1, i_1, i_2)$，产生 Y_2 并令 $t_2 = t + Y_2$.

Step 8：返回 Step 6.

Step 9：输出数据清单 A, D, C_1, C_2.

如果我们根据上述程序模拟这个系统，并在预先确定的停止点停止此模拟，则通过使用输出变量以及计数变量 C_1, C_2 的值，可得到不同的顾客来到的时刻和离去时刻以及每个服务员服务的总人数等数据.

其 R 程序如下：

```
###产生顾客到达时间的非齐次 Poisson 过程的子程序
TS=function(lambda,g,s){#g(t)为强度函数,lambda 为 g(t)的最大值
    t=s
    repeat{
        U=runif(1)
        t=t-1/lambda * log(U)
        U1=runif(1)
        if(U1<=g(t)/lambda) break
    }
    t
}
```

###并联排队系统程序

假设服务员 1 和服务员 2 对顾客服务时间服从参数分别为 lambda1,lambda2 的指数分布,T 为时间周期

```
queue2=function(TS,T,lambda1,lambda2){
    t=0;nA=0;C1=0;C2=0;SS=c(0,0,0)
    D=0;A=0;t1=Inf;t2=Inf;i1=0;i2=0
    tA=TS(lambda,g,0)
    repeat{
        if(tA>T&t1>T&t2>T) break
        if(tA<=t1&tA<=t2){
            t=tA;nA=nA+1;tA=TS(lambda,g,t)
            A[nA]=t
            if(all(SS==c(0,0,0))){i1=max(i1,i2)+1
                SS=c(1,i1,0);t1=t-1/lambda1*log(runif(1))
            }
            else if(all(SS==c(1,i1,0))){i2=max(i1,i2)+1
                SS=c(2,i1,i2)
                t2=t-1/lambda2*log(runif(1))
            }
            else if(all(SS==c(1,0,i2))){i1=max(i1,i2)+1
                SS=c(2,i1,i2)
                t1=t-1/lambda1*log(runif(1))
            }
            else if(SS[1]>=2){
                SS=c(SS[1]+1,i1,i2)
            }
        }
        else if(t1<tA&t1<=t2){
            t=t1;C1=C1+1;D[i1]=t
            if(SS[1]==1){ SS=c(0,0,0);t1=Inf}
            else if(SS[1]==2){ SS=c(1,0,i2);t1=Inf }
            else if(SS[1]>2){ i1=max(i1,i2)+1;SS=c(SS[1]-
        1,i1,i2)
                t1=t-1/lambda1*log(runif(1))
```

```
        }
    }
    else if(t2<tA&t2<t1){
        t=t2;C2=C2+1;D[i2]=t
        if(SS[1]==1){ SS=c(0,0,0);t2=Inf }
            if(SS[1]==2){ SS=c(1,i1,0);t2=Inf }
            if(SS[1]>2){ i2=max(i1,i2)+1;SS=c(SS[1]-
        1,i1,i2)
                t2=t-1/lambda2 * log(runif(1))
            }
        }
    }
repeat{
    if(all(SS==c(0,0,0))) break
    else if(all(SS==c(1,i1,0))) {C1=C1+1;SS=c(0,0,0);
D[i1]=t1}
    else if(all(SS==c(1,0,i2))) {C2=C2+1;SS=c(0,0,0);
D[i2]=t2}
    else if(SS[1]>=2){
        if(t1<t2){
            t=t1;C1=C1+1;D[i1]=t
            if(SS[1]==2){ SS=c(1,0,i2)}
            else if(SS[1]>2){ i1=max(i1,i2)+1;SS=
        c(SS[1]-1,i1,i2)
                t1=t-1/lambda1 * log(runif(1))
            }
        }
    else{
        t=t2;C2=C2+1;D[i2]=t
        if(SS[1]==2){ SS=c(1,i1,0) }
        else if(SS[1]>2){ i2=max(i1,i2)+1;SS=c(SS[1]-
    1,i1,i2)
            t2=t-1/lambda2 * log(runif(1))
        }
```

```
            }
        }
    }
    list(arriv=A,depart=D,C1=C1,C2=C2)
}
```

【例 9.2】 假设某银行有两个服务员为顾客服务,服务周期为早上 8:00 到晚上 6:00 共 10 小时.顾客按照参数为 $\lambda = 3$ 人/小时的齐次 Poisson 过程来到.如果两个服务员都是忙的,则来到的顾客将进入到排队等候的队伍中,若服务员 1 是空闲的,顾客就接受服务员 1 的服务,否则就接受服务员 2 的服务.当顾客接受完一个服务员的服务后将离开此银行,在排队等候的队伍中(如果有顾客排队)等待时间最长的顾客就接受服务.每个顾客接受服务员 i, $i = 1,2$,服务时间服从速率分别为 4 人/小时与 3 人/小时的指数分布.试用模拟的方法求出顾客在此系统中的平均逗留时间及各服务员平均每天的服务顾客数.

据题意,T=10,lambda=3,g=function(x)3, lambda1=4, lambda2=3,运行 queue2(TS, T,lambda1,lambda2) 30 天得到每个顾客的平均逗留时间为 0.31小时,服务员 1 平均每天服务的顾客数为 19.13 人,服务员 2 平均每天服务的顾客数为 10.17 人,银行 30 天内大约有 17 天需要加班,且平均加班时间为 0.25 小时.据此,银行在下班前的半小时内谢绝顾客来到是合理的.

3.两个服务员的串联排队系统

考虑一个有两个服务员的系统,在这个系统中,顾客按照非齐次的 Poisson 过程来到,每个到达的顾客首先接受第一个服务员的服务,其服务完成之后再接受第二个服务员的服务.这样的系统称为串联排队系统.如果服务员 1 是空闲的,来到的顾客就接受服务员 1 的服务;否则,来到的顾客就进入到等候接受服务员 1 服务的队伍中排队.类似地,当顾客接受完服务员 1 的服务后,如果服务员 2 是空闲的,此顾客就接受服务员 2 的服务;否则,此顾客就进入到等候接受服务员 2 服务的队伍中排队.在接受完服务员 2 的服务后此顾客就离开系统.假设每个顾客接受服务员 i 的服务时间有分布函数 $G_i, i = 1,2$.假设我们的目的是研究一个顾客花在系统中接受两个服务员服务的时间分布.我们采用模拟的方法实现这个目的.在模拟中我们将用到下述变量.

时间变量　t.

系统状态变量　SS. (n_1, n_2):有 n_1 个顾客在服务员 1(包括正在接受服务的)前排队,有 n_2 个顾客在服务员 2(包括正在接受服务的)前排队.

计数变量　N_A :到时刻 t 时来到的顾客数.

N_D :到时刻 t 时离开的顾客数.

输出变量　$A_1(n)$:顾客 n 到达的时刻, $n \geq 1$.

$A_2(n)$:顾客 n 来到服务员 2 处的时刻, $n \geq 1$.

$D(n)$:顾客 n 离开的时刻, $n \geq 1$.

事件清单　t_A, t_1, t_2.

其中 t_A 是下一个顾客到达的时间, t_i 是正在接受服务员 $i, i = 1,2$, 服务完成的时间.如果在服务员 i 处没有顾客接受服务,那么 $t_i = \infty$,$i = 1,2$. 此事件清单总是由 3 个变量 t_A, t_1, t_2 构成.

假设 Y_i 是具有分布 G_i,　$i = 1,2$, 的随机变量, C 为系统中的顾客数 $n_1 + n_2$. 模拟算法如下:

Step 1:初始步,令 $t = N_A = n_1 = n_2 = 0$, $N_D = 0$, $C = 0$, $A_1 = 0, A_2 = 0$, $D = 0$, 生成 T_0, 并令 $t_A = T_0, t_1 = t_2 = \infty$.

Step 2:如果 $t_A > T$ 且 $t_1 > T, t_2 > T$, 跳到 Step 9.

Step 3:如果 $t_A < t_1$ 且 $t_A < t_2$, 令 $t = t_A$, $N_A \leftarrow N_A + 1, n_1 = n_1 + 1$, $A_1(N_A) = t$, 产生下一个顾客的到达时刻 t_A.

如果 $n_1 = 1$, 产生 Y_1 并令 $t_1 = t + Y_1$.

Step 4:返回 Step 2.

Step 5:如果 $t_1 < t_A$ 且 $t_1 < t_2$, 令 $t = t_1$, $n_1 \leftarrow n_1 - 1$, $n_2 \leftarrow n_2 + 1$, $A_2(N_A - n_1) = t$.

如果 $n_1 = 0$, 令 $t_1 = \infty$;否则,如果 $n_1 > 0$, 生成 Y_1 并令 $t_1 = t + Y_1$.

如果 $n_2 = 1$, 生成 Y_2 并令 $t_2 = t + Y_2$.

Step 6:返回 Step 2.

Step 7:如果 $t_2 < t_A$ 且 $t_2 < t_1$, 令 $t = t_2$, $N_D \leftarrow N_D + 1$, $n_2 = n_2 - 1$, $D(N_D) = t$,

如果 $n_2 = 0$, 重置 $t_2 = \infty$;否则,如果 $n_2 > 0$, 生成 Y_2 并令 $t_2 = t + Y_2$.

Step 8:返回 Step 2.

Step 9:如果 $n_1 = 0$ 且 $n_2 = 0$, 停止并转到 Step 18.

Step 10:如果 $n_1 > 0$ 或 $n_2 > 0$, 转入 Step 11.

Step 11:如果 $t_1 < t_2$, 则令 $t = t_1$, $n_1 \leftarrow n_1 - 1$, $n_2 \leftarrow n_2 + 1$, $A_2(N_A - n_1) = t$. 转到 Step 12.

Step 12:如果 $n_1 = 0$, 令 $t_1 = \infty$;如果 $n_1 > 0$, 生成 Y_1 并令 $t_1 = t + Y_1$.

Step 13:如果 $n_2 = 1$, 生成 Y_2 并令 $t_2 = t + Y_2$.

Step 14:返回到 Step 9.

Step 15:如果 $t_1 \geqslant t_2$, 则令 $t = t_2$, $n_2 \leftarrow n_2 - 1$, $N_D \leftarrow N_D + 1$, 转到 Step 16.

Step 16:如果 $n_2 = 0$, 重置 $t_2 = \infty$;否则,生成 Y_2 并令 $t_2 = t + Y_2$, 记 $D(N_D) = t$, $C = n_1 + n_2$.

Step 17:返回 Step 9.

Step 18:输出变量 A_1, A_2, D, C.

其 R 程序为

```
queue3 = function ( TS, T, lambda1, lambda2 ) { # # TS为产生顾客来到的时刻函数
    t=0;nA=0;n1=0;n2=0;nD=0;C=0
    D=0;A1=0;A2=0;t1=Inf;t2=Inf
    tA=TS(lambda,g,0)
    repeat{
        if(tA>T & t1>T & t2>T) break
        else if(tA==min(tA,t1,t2)){
            t=tA;nA=nA+1;n1=n1+1
            tA=TS(lambda,g,t)
            if(n1==1){t1=t-1/lambda1 * log(runif(1)) }
            A1[nA]=t
        }else if(t1==min(tA,t1,t2)){
            t=t1;n1=n1-1;n2=n2+1
            if(n1==0){t1=Inf}
            else if(n1>0){
                t1=t-1/lambda1 * log(runif(1))
            }
            if(n2==1)t2=t-1/lambda2 * log(runif(1))
            A2[nA-n1]=t
        }else if(t2==min(tA,t1,t2)){
            t=t2;nD=nD+1;n2=n2-1
            if(n2==0){ t2=Inf }
            else if(n2>0){t2=t-1/lambda2 * log(runif(1)) }
            D[nD]=t;C[nD]=n1+n2
        }
    }
    repeat{
```

```
            if(n1==0 & n2==0) break
            else if(n1>0 || n2>0){
                if(t1<t2){
                    t=t1;n1=n1-1;n2=n2+1
                    if(n1==0){t1=Inf}
                    else if(n1>0){
                        t1=t-1/lambda1 * log(runif(1))
                    }
                    if(n2==1){t2=t-1/lambda2 * log(runif(1)) }
                    A2[nA-n1]=t
                }else{
                    t=t2;nD=nD+1;n2=n2-1
                    if(n2==0){ t2=Inf }
                    else if(n2>0){t2=t-1/lambda2 * log(runif(1)) }
                    D[nD]=t;C[nD]=n1+n2
                }
            }
        }
    list(A1=A1,A2=A2,D=D,barC=mean(C))
    }
```

【例 9.3】 考虑有甲、乙两台机器的加工厂,需要加工的产品先在甲机器上加工后,再转到乙机器上加工,然后出厂.该加工厂每天早上 8:00 开始上班,晚上 6:00 下班.两台机器分别加工一个产品的时间服从指数分布,机器甲平均每小时加工 10 个产品,而机器乙平均每小时加工 12 个产品.假设要加工的产品以强度函数 $\lambda(t)=6+\frac{4}{t+1}, t>0$, 非齐次的 Poisson 过程来到.试用模拟方法估计平均每件产品花费在工厂的时间.

令 g = function (x) 6+4/(x+1); T = 10; lambda = 10; lambda1 = 10; lambda2=12,运行 queue3(TS,T,lambda1,lambda2) 30 天得到平均每件产品花费在工厂的时间为 0.48 小时.

4. 模拟模型的验证

我们希望用离散事件方法来模拟的最终结果是由无误的计算机程序产生的.为了证实这个程序中没有缺陷,我们应该运用标准的调试计算机程序的技术.有几个技术是特别适合调试模拟模型的,现在我们对之进行讨论.

对于大的程序,应该设法对子块或者子程序来逐步调试.也就是,我们应该设法把这个程序分割成一些小的或者是易于处理的程序.例如,在模拟模型时,随机变量的产生就构成一个模块,对这些模块应该单独进行验证.

统计模拟通常是用大量的输入变量写出.通常选择一个合适的值能够简化这个模拟模型成为一个能够进行评估的或者是已经被广泛研究过的模型,以使模拟的结果能和已知的答案进行比较.

在测试阶段,程序输出结果应该是它产生的所有随机量的值.通过适当地选择简单而又特殊的情形,我们能把模拟产生的结果与手工得到的答案相比较.例如,假设我们模拟单个服务员的排队系统.以例9.1为例来验证程序是否正确,为了便于手工验算,输入 $T=6$, 假设模拟程序产生了以下数据:

顾客:	1	2	3	4	5	6	7
到达时间:	0.14	2.58	2.79	4.37	4.84	5.24	5.86
服务时间:	0.19	0.88	0.17	0.12	0.47	0.35	0.61

又假设此程序根据这7个顾客产生的输出为花费在这个系统中的平均时间是0.32.

根据手工的计算,我们看到第一个顾客在时刻0.14来到并花了0.19个时间单位在这个系统中,第二个顾客在时刻2.58来到并在时刻2.58接受服务,花费了0.88个时间单位;第三个顾客在时刻2.79来到并在时刻3.46接受服务(当第二个顾客离开时),并花了0.17个时间单位,因此第三个顾客花了0.84个时间单位在系统中;等等.将此计算表述如下:

顾客:	1	2	3	4	5	6	7
到达时间:	0.14	2.58	2.79	4.37	4.84	5.24	5.86
服务开始的时刻:	0.14	2.58	3.46	4.37	4.84	5.31	5.86
离去时刻:	0.33	3.46	3.63	4.49	5.31	5.66	6.47
在系统中的时间:	0.19	0.88	0.84	0.12	0.47	0.42	0.61

因此根据 $T=6$ 之前到达的顾客花在系统中的平均时间的输出结果为

$$\frac{0.19+0.88+0.84+0.12+0.47+0.42+0.61}{7}=0.50.$$

因此这证明了计算机程序输出的结果0.32是有误差的.

在检索计算机程序的错误时,一个有用的技术是进行跟踪.在跟踪中,状态变量、事件清单以及计数变量在每个事件发生后都被打印出来,据此就可确定何时程序出错.如果跟踪时没有发现错误出现,我们就再检查与输出变量有关的计算.以下几节模型都可以采取类似的方法进行验证。

9.4 存储模型

考虑一个备有某种商品的商店,其销售价格为每单位 r 元.假设需求此种商品的顾客数服从参数为 λ 的 Poisson 分布,每个顾客的需求量是一个分布函数为 G 的随机变量.为满足顾客的需求,店主必须储存一定量的此种商品,而且不论何时商品的库存不足时,那么此商品就会从发货商处得到补充,这个店主用所谓 (s,S) 的订货方针,即只要商店的存货少于 s ($s < S$),且当前没有订货,则将库存量补充到 S. 即,如果当前的库存水平是 x 而又没有订货,且 $x < s$, 那么就订购 $S-x$ 个单位的该种商品.设订购此种商品 y 个单位的成本函数为 $c(y)$, 而且需要 L 个时间单位才能交付订单,其报酬依赖于订单的交付.另外,商店在单位时间内每库存一个单位的商品需要花费 h 个单位的费用.进一步假定一个顾客需求的商品量超过了此商店的现有库存量,那么商店将现有的所有的商品卖完,其不足部分就造成了商店的损失.

在某个固定时间 T 内,如何用模拟的方法来估计商店的期望利润? 为达到此目的,我们首先定义如下的变量和事件.

时间变量 t.

系统状态变量 SS (x,y) : x 是当前商品的库存量, y 是此商品订货量.

计数变量 C :到时刻 t 时订单花费的总和.

H :到时刻 t 商品库存的总花费.

R :到时刻 t 获得的收入总量.

事件 将由一个顾客或者是一个订单的来到组成.事件的时间是

t_0:下一个顾客到达的时间.

t_1:已签的订单交付的时间.如果没有预签的订单,那么我们取 $t_1 = \infty$.

通过比较事件发生的时间 t_0 和 t_1 的大小来完成此更新.用 t 表示当前时刻,并由上述变量,我们能够进行如下的更新.

情形 1: $t_0 < t_1$.

重置: $H \leftarrow H + (t_0 - t)xh$, 因为在时刻 t 和 t_0 之间,对每单位的存货,我们需要花费 $(t_0 - t)h$ 的费用.

再令: $t = t_0$.

产生一个具有分布 G 的随机变量 D, D 是在 t_0 时刻来到的顾客的需求量.

令 $w=\min(D,x)$ 为顾客能够买到的商品量.在卖出 w 个商品量后，则存储量为 $x-w$.

再令：$R=R+wr$.

再令：$x=x-w$.

如果 $x<s$ 且 $y=0$，则再令 $y=S-x, t_1=t+L$.

产生 U，并令 $t_0=t-\frac{1}{\lambda}\log(U)$.

情形 2： $t_1 \leqslant t_0$.

再令：$H \leftarrow H+(t_1-t)xh$.

再令：$t=t_1$.

再令：$C \leftarrow C+c(y)$.

再令：$x \leftarrow x+y$.

再令：$y=0, t_1=\infty$.

通过运用上述更新时刻表，我们容易写一个模拟程序来分析此模型.然后运行这个程序直到在某个预先指定的时间 T 之后第一个事件发生为止，我们再用 $\frac{R-C-H}{T}$ 作为这个商店的每单位时间的平均利润的估计量.改变 s 和 S 的值再重复上述程序，将能使我们为此商店确定一个合适的库存量.存贮问题的 R 程序为

```
inventory=function(x,T,lambda,s,S,h,r,L,d,lose,a,b){
###x 为当前的存货,T 为时间周期,lambda 为顾客来到速率
###(s,S)为库存策略
###h 为单位时间单位商品的库存费
###r 为商品的零售价
###L 为订货的周期
###d 为订货费用函数(包括运输费用)
###lose 为损失函数
###a 为需求量,b 为对应的分布律
    t=0;U=runif(1);t0=-1/lambda*log(U)
    t1=Inf;H=0;C=0;R=0;y=0
    loss=0;k=1
    while(t0[k]<=T){
        k=k+1
        if(t0[k-1]<t1[k-1]){
```

```
            H=H+(t0[k-1]-t) * h(x);t=t0[k-1]
            D=sample(a,1,prob=b)
            w=min(D,x)
            if(D>x){ loss[k-1]=lose(D,x) }
            else{ loss[k-1]=0 }
            R=R+w * r;x=x-w
            if(x<s & y==0){
                y=S-x;t1[k]=t+L
            }
            U=runif(1);t0[k]=t-1/lambda * log(U);lose[k]=0
        }else{
            H=H+(t1[k-1]-t) * x * h;t=t1[k-1]
            C=C+d(y);x=x+y
            y=0;t1[k]=Inf;loss[k]=0
            }
    }
    (R-H-C-sum(loss))/T
}
```

【例 9.4】 设某商店经销某种商品,每天来此商店购买此种商品的顾客按照速率为 8 的 Poisson 过程来到,而且据历史经验得到顾客的购买量 ξ 的分布律如表 9-5 所示.

表 9-5　**购买量 ξ 的分布律**

ξ	1	2	3	4
p	0.7	0.2	0.08	0.02

此种商品单价为 5 元,每天库存此种商品一单位的费用为 0.5 元,运费为 10 元,而卖出此种商品一个单位的价格为 12 元.若商店的库存量小于顾客的需求量,也会带来损失(该赚的而没有赚到看做一种损失),设损失函数 $\text{lose}(D,x)=(D-x)\cdot 2, x<D$. 如果店主的存贮策略为 $(s,S)=(10,120)$. 问在一个月内,此商店是否盈利? 利润是多少?

根据题意, lambda = 8, $T=30$, $r=12$, 成本函数 $d(x)=10+0.5x$, 库存函数 $h(x)=0.5x$. 运行 inventory(x,T,lambda,s,S,h,r,L,d,lose,a,p)得到平均每天利润为 68.84 元.若要得到最佳策略,可通过不断调整 (s,S) 的值进行寻找.如何寻找最佳策略 (s,S) 留作练习.

9.5　保险风险模型

假设某意外保险公司需要索赔的客户数是速率为 λ 的 Poisson 过程，且每个客户的索赔额是具有分布 F 的随机变量.假设新客户以速率 v 的 Poisson 过程来签订合同，且原来的客户继续与公司保持合同的时间是一个速率 μ 的指数随机变量.再假设每个客户固定地在每单位时间付给保险公司 c 个单位的费用.保险公司开始有 n_0 个客户，有本金 $a_0 \geqslant 0$，我们的目的是用模拟来估计直到时刻 T 为止保险公司的资金总是非负的概率.

为了便于进行模拟，定义如下变量和事件：

时间变量　t.

系统状态变量　(n,a)：n 为此公司的客户数，a 为此公司的当前资金.

事件　有 3 种类型的事件，新增一个客户、失去一个客户以及一个索赔.

事件清单仅有一个值，即下一个事件发生的时间.

EL　t_E.

首先注意下述事实：

若随机变量 $X_i \sim E(\lambda)$，$i = 1,2,\cdots,n$，$Y \sim E(\mu)$，且它们相互独立，则 $\min(X_1,X_2,\cdots,X_n,Y) \sim E(n\alpha + \mu)$，且 $P\{X_i = \min(X,Y)\} = \dfrac{\lambda}{n\lambda + \mu}$.

根据上述事实，我们能得到下一个事件发生的时间所构成的事件清单.如果 (n,a) 是在时刻 t 时的系统状态，那么下一个事件发生的时间将等于 $t+X$，这里 X 是一个具有速率 $v+n\mu+n\lambda$ 的指数随机变量.下一个事件的发生，以概率 $\dfrac{v}{v+n\mu+n\lambda}$ 新增一个新的客户，或者以概率 $\dfrac{n\mu}{v+n\mu+n\lambda}$ 失去一个客户，或者以概率 $\dfrac{n\lambda}{v+n\mu+n\lambda}$ 进行一个索赔.

设索赔额 Y 是具有分布 F 的随机变量.又设 $J=1$ 表示新增一个新的客户，设 $J=2$ 表示失去一个客户，设 $J=3$ 表示一个索赔.其分布律如表 9-6.

表 9-6　**事件类型的分布**

J	1	2	3
p	$\dfrac{v}{v+n\mu+n\lambda}$	$\dfrac{n\mu}{v+n\mu+n\lambda}$	$\dfrac{n\lambda}{v+n\mu+n\lambda}$

输出变量 I.

$$I=\begin{cases}1, & \text{如果公司的当前资金在区间}[0,t]\text{上非负},\\ 0, & \text{否则}.\end{cases}$$

下面给出模拟算法：

Step 1：初始化，令 $t=0, a=a_0, n=n_0$，$I=0$，然后产生 X 并令 $t_E=X$.

Step 2：如果 $t_E>T$，令 $I=1$ 并中止，转到 Step 7.

Step 3：否则，再令 $a\leftarrow a+nc(t_E-t)$，且 $t=t_E$. 产生一个 J.

Step 4：如果 $J=1$，令 $n\leftarrow n+1$，产生 X，再令 $t_E=t+X$，返回 Step 2.

Step 5：如果 $J=2$，令 $n\leftarrow n-1$，产生 X，再令 $t_E=t+X$，返回 Step 2.

Step 6：如果 $J=3$，产生 Y. 若 $Y>a$，令 $I=0$ 并中止，转到 Step 7；否则令 $a=a-Y$，产生 X，再令 $t_E=t+X$，返回 Step 2.

Step 7：记录 t_E 的值并计算 $\min\left(\frac{t_E}{T},1\right)$.

其 R 程序为

```
insuran=function(T,nu,mu,lambda,n0,a0,c,lambda1){
    k=1;J=0;t=0;n=n0;a=a0+n*c;tE=rexp(1,nu+n*mu+n*
lambda)
    repeat {k=k+1
        if(tE[k-1]>T) break
        else{
            t=tE[k-1]
            q=nu+n*mu+n*lambda
            p=c(nu/q,n*mu/q,1-nu/q-n*mu/q)
            J[k-1]=sample(1:3,1,prob=p)
            if(J[k-1]==1){n=n+1;a[k]=a[k-1]+c}
            else if(J[k-1]==2){n=n-1;a[k]=a[k-1]-c*
        (T-t)/T}
            else if(J[k-1]==3){
                Y=rexp(1,lambda1)
                if(Y>a[k-1])break
                else {a[k]=a[k-1]-Y}
        }
        tE[k]=t-1/(nu+n*mu+n*lambda)*log(runif(1))
    }
```

```
}
list(rewp=min(tE[k-1]/T,1),a=a[k-1],tE=tE,J=table(J))
#list(rewp=min(tE[k-1]/T,1),a=a[k-1])
}
```

【例9.5】 设保险公司拥有启动资金2.5万元,已有客户100人,每人预交1200元,按一年时间进行投保.如果出现意外事故,保险公司按均值为2万元的指数分布付给客户保险费.每个客户在一年内以速率0.5人次退保,公司按投保时间的比例退给此客户预交金.而在一年内以速率50人次新增一位客户.试用模拟估计保险公司破产率以及年终的盈利.

根据题意知, $T = 365$, $nu = \frac{50}{T}$, $mu = \frac{0.5}{T}$, $\text{lambda} = \frac{0.05}{T}$, $n_0 = 100$, $a_0 = 25000$, $c = 1200$, $\text{lambda1} = \frac{1}{20000}$. 运行 insuran(T,nu,mu,lambda,n0,a0,c,lambda1)100次得到保险公司破产率为0.05, 年终的盈利为 $83825.46 - 25000 = 58825.46$ 元.

9.6 维修问题

一个系统需要 n 台机器同时工作才能运行.为防机器出故障,有备用的机器 s 台.只要有一台机器出故障,立即用一台备用机器替换,并将故障机器送维修车间进行修理,而维修车间只有一个修理工,且每次只能修一台机器.一旦出故障的机器被修好后就成为备用的机器.每台机器的修理时间是相互独立的且具有共同分布 G 的随机变量.当一台机器投入使用时,那么它在出故障之前的运转时间和过去的运转时间以及修理时间独立并服从分布 F 的随机变量.

当一台机器损坏而没有备用的机器可用时,则称这个系统"瘫痪".我们感兴趣的是模拟这个系统运转时间 T.

时间变量 t.

系统状态变量 r:在时刻 t 出故障的机器数.

因为当一台正在工作的机器出故障或者当一台机器维修完成时,这个系统变量将发生变化,所以只要一台正在工作的机器出故障或者一台机器维修完成,我们就说一个"事件"发生.为了知道下一事件何时发生,我们需要跟踪目前正在使用的机器出现故障的时间和目前正在修理的机器被修好的时间(若有机器在修理).因为我们总是需要确定这 n 台机器出故障时间的最小值,

所以将 n 台机器出故障的时间按次序进行排列是方便的，从而令事件的清单如下：

$$事件清单：t_1 \leqslant t_2 \leqslant t_3 \leqslant \cdots \leqslant t_n, t^*,$$

其中，$t_1, t_2, \cdots, t_n$ 是目前在使用中的 n 台机器损坏的时间，t^* 是目前在维修的机器被修好的时间，如果目前没有机器要维修，就令 $t^* = \infty$.

为了模拟此过程，我们把这些变量进行初始化：

令 $t = r = 0$，　$t^* = \infty$.

产生相互独立的具有分布 F 的随机变量 $X_1, X_2, \cdots, X_n$.

将这些值进行排序并令 t_i 是第 i 个最小值，$i = 1, 2, \cdots, n$.

令事件清单：$t_1, t_2, \cdots, t_n, t^*$.

按照下述两种情形更新这个系统.

情形 1：　$t_1 < t^*$.

再令：$t = t_1$.

再令：$r \leftarrow r + 1$（因为另外一台机器已经出现故障）.

若 $r = s + 1$，停止运行并收集数据 $T = t$（因为目前有 $s + 1$ 台机器出现故障，没有备用机器可用）.

若 $r < s + 1$，产生具有分布 F 的随机变量 X，这个随机变量表示现在开始投入使用的备用机器的工作时间.再将 $t_2, t_3, \cdots, t_n, t + X$ 的值排序，并令 t_i 为这些值中的第 i 个最小值，$i = 1, 2, \cdots, n$.

若 $r = 1$，产生具有分布 G 的随机变量 Y，并令 $t^* = t + Y$（这是必要的，因为在这种情形下刚出故障的机器是此时唯一出故障的机器，并立即对此机器进行维修；Y 是它的维修时间，因此它在 $t + Y$ 时被修好）.

情形 2：　$t^* < t_1$.

再令：$t = t^*$.

再令：$r \leftarrow r - 1$.

若 $r > 0$，产生具有分布 G 的随机变量 Y——表示机器的修理时间，再令 $t^* = t + Y$.

若 $r = 0$，就令 $t^* = \infty$.

每当停止（在 $r = s + 1$ 时事件发生）时，我们就说一个过程被完成.这个过程的输出结果是这个系统瘫痪时刻 T 的值.然后重新初始化并模拟另一个过程.总之，我们进行 k 次这样的过程得到输出的结果为 $T_1, T_2, \cdots, T_k$. 因为这 k 个随机变量是相互独立的，每次代表了此系统的出现瘫痪时间，其平均值 $\sum_{i=1}^{k} \frac{T_i}{k}$ 是 $E[T]$ 的估计值，$E[T]$ 表示系统的平均瘫痪前运转时间.

实施上述算法的 R 程序为

```
repair=function(n,s,lambda1,lambda2){
        t=r=k=0;trep=Inf
        tin=rexp(n,lambda1)
        tin=sort(tin)
        repeat{ k=k+1
        if(tin[1]==Inf) break
        else if(tin [1]<trep[k]){
                t=tin[1];r[k]=r[k]+1;r[k+1]=r[k]
                x=rexp(1,lambda1);tin[1]=t+x
                tin=sort(tin)
                if(r[k]==1){
                y=rexp(1,lambda2);trep[k]=t+y
                trep[k+1]=trep[k]
                    }
                    else if(r[k]>1 & r[k]<=s){trep[k+1]=trep[k]}
                    else if(r[k]>=s+1) break
                } else{
                    t=trep;r[k]=r[k]-1
                    y=rexp(1,lambda2); trep[k]=t+y
                    if(r[k]==0){trep[k+1]=Inf}
                    else if(r[k]>0){ trep[k+1]=trep[k]}
                }
        }
        list( T=t,tin=tin,trep=trep,r=r)
}
```

【例 9.6】 有一个系统,需要 15 个部件同时工作才能运行,而且准备了 5 个备用部件,每个部件的工作寿命都服从均值为 0.01 小时的指数分布.若部件损坏立即送往维修点修理,修理时间服从均值为 0.1 小时的指数分布,部件修好后和新部件具有同样的作用并立即送往系统进行备用.如果系统中所有的部件损坏而又没有备用部件时,则系统瘫痪.请模拟出系统在瘫痪前的运转时间 T.

据题意知,$\lambda_1=0.01$,$\lambda_2=0.1$,$n=15$,$s=5$,运行 repair(n,s,lambda1,lambda2)10000 次得到平均系统瘫痪前运转时间为 118.98 小时.

9.7 期权实施策略

设 $S_n, n \geqslant 0$,为某种股票在第 n 天的收盘价格,设 $X_1, X_2 \cdots, X_n$ 是相互独立的具有均值 μ 和方差 σ^2 的正态随机变量, X_i 表示第 i 天相对于第 $i-1$ 天的增长率.一个常用的模型是

$$S_n = S_0 \exp\{X_1 + X_2 + \cdots + X_n\}, \qquad n \geqslant 0.$$

此模型称为**对数正态随机游动模型**.通过计算可得第 n 天的收盘价格 S_n 的期望值

$$E[S_n] = S_0 \prod_{i=1}^{n} E[e^{X_n}] = S_0 e^{n\alpha},$$

其中 $\alpha = \dfrac{\mu + \sigma^2}{2}$. 假设有一个在接下来的 N 天内以固定价格 K (敲定价)购买此股票一单位的优先权,如果能够立刻转手以价格 S 卖出此股票,那么我们称 $S - K$ 为利润.在拥有期权时间内,如果股票价格高于敲定价 K, 就实施期权;否则,不实施期权,我们称此规则为期权实施的**策略**.从而知,拥有期权所获得的期望利润依赖于对期权实施的策略.能够证明,如果 $\alpha \geqslant 0$, 则最优策略是直到股票价格超过 K 时就实施期权,否则不实施.因为 $X_1 + X_2 + \cdots + X_N$ 是一个均值 $N\mu$ 和方差 $N\sigma^2$ 的正态随机变量,所以很容易确切地计算出按照这个策略得到的回报.然而,当 $\alpha < 0$ 时,很难找到最优的或者一个接近最优的策略,而且对任何一个合理的策略都不可能确切地计算所期望的盈利.我们现在给出一个当 $\alpha < 0$ 时能够实施的策略.尽管这个策略离最优策略还很遥远,但它是合理的.此策略是:假设离期权到期还有 m 天,若此后第 $i, i = 1, 2, \cdots, m$, 天的价格大于等于 K, 就实施此期权,否则放弃实施此期权.

令 $P_m = S_{N-m}$ 表示在期权还有 m 天到期时的股票价格.那么我们建议的**策略**如下:

如果离期权到期还有 m 天,则当 $P_m > K$ 时,且对于每个 $i = 1, 2, \cdots, m$, 有

$$P_m > K + P_m e^{i\alpha} \Phi(\sigma\sqrt{i} + b_i) - K\Phi(b_i),$$

其中 $b_i = \dfrac{i\mu - \log \dfrac{K}{P_m}}{\sigma\sqrt{i}}$, $\Phi(x)$ 是标准正态分布函数,则在这个时期实施期权.

如果期权实施了,就令 SP 表示期权执行时股票的价格;如果期权没有实施,就令 SP $=K$. 为了得到上述策略的期望值,也就是为了确定 $E[\mathrm{SP}] - K$, 在理论上很难处理,必须采取模拟的方法.对于给定的参数 μ, σ, N, K, S_0, 策略

的模拟步骤为

Step 1：产生 $N-m$ 个具有均值 μ 和标准差 σ 的正态随机变量 $X_1, X_2, \cdots, X_{N-m}$，令 $P_m = S_{N-m} = S_0 e^{\sum_{i=1}^{N-m} X_i}$.

Step 2：产生一个具有均值 μ 和标准差 σ 的正态随机变量 X，由 $P_{m-1} = P_m e^X$ 来产生 $N-m$ 后每天的股票价格 $P_{m-1}, P_{m-2}, \cdots, P_1$.

Step 3：若 $P_m > K$，且对于每个 $i = 1, 2, \cdots, m$，有 $P_m > K + P_m e^{i\alpha}\Phi(\sigma\sqrt{i} + b_i) - K\Phi(b_i)$，则在离到期日 m 天实施此期权，令 $SP = P_m$ 并记录之.

Step 4：如果 m 不满足 Step 3，则对 $m-1$ 重复 Step 3.

Step 5：如果没有 m 满足 Step 3，则令 $SP = K$ 并记录之.

其 R 程序为：

```
    ###########收盘价###########
EndPric=function(x,P){ al=mu+sigma^2/2
            K+P * exp(x * al) * pnorm(sigma * sqrt(x)+(x * mu-log(K/
P))/(sigma * sqrt(x)))
                -K * pnorm((x * mu-log(K/P))/(sigma * sqrt(x)))
      }
    ############实施期权程序#############
    stock=function(S0,K,N,mu,sigma){
        P=S0;m=N
        repeat{ i=1:m
        if(P>K & all(P-EndPric(i,P)>0))break
            X=rnorm(1,mu,sigma);P=P * exp(X)
            m=m-1
            if(m<=0)break
        }
            {if(m<=0)SP=K      else SP=P}
            list(SP=SP,m=m)
        }
        stock(S0,K,N,mu,sigma)
```

【例 9.7】 如果目前的股票价格是 150 元，此期权可以在接下来的 30 天内任何时候以价格为 150 元购买此股票.假设在本节的模型中，$\mu = -0.09$，$\sigma = 0.4$，并应用本节所提出的策略来实施期权.试根据模拟来估计拥有一个期权的平均值.

据题意知，$S_0=150$，$K=150$，$N=30$，$\mu=-0.09$，$\sigma=0.4$，运行 stock(S0, K,N,mu,sigma) 1000 次得到此期权的平均值为 235.5246 元.

练 习 9

1.一只兔子在 O 点处,它的洞穴在正北 20 米的 B 处,一只狼位于兔子的正东 33 米的 A 处.模拟如下追逐问题:狼以一倍于兔子的速度紧盯着兔子追击。画出狼追逐兔子的追逐曲线.问:当兔子到达洞口前是否被狼逮住?

2.某维修中心在周末只安排一名员工为顾客提供服务.新来维修的顾客到达后,若已有顾客正在接受服务,则需要排队等候.假设来维修的顾客到达过程为 Poisson 过程,平均 4 人/小时,维修时间服从指数分布,平均需要 6 分钟.试用模拟的方法求该系统的平均队长,以及每位顾客花费在系统中的平均时间和员工平均加班时间.

3.一个服务员的售货亭,顾客的平均到达时间(单位为:秒)服从正态分布 $N(20,10^2)$,顾客购买商品量的分布律为

X	1	2	3	4
P	0.5	0.2	0.2	0.1

购买每件商品需要的时间(单位为:秒)服从正态分布 $N(15,5^2)$. 若售货亭无顾客,则新到的顾客接受服务,否则排队等候.试模拟售货亭运营 12 小时后,售货亭的平均队长、顾客的平均花费时间及售货员的平均加班时间.

4.在单服务员的排队模型中,来到过程是一个具有速率 10 的 Poisson 过程,服务时间服从区间(0.5,1.5)上的均匀分布,时间周期为 $T=9$. 试估计一个顾客花费在系统中的平均时间、平均队长以及服务员平均加班时间.

5.设打印室有 2 名打字员,每个文件打印的时间服从指数分布,打字员 1 和打字员 2 打印一份文件的平均时间分别为 10 分钟和 12 分钟,而文件的到达是以速率为 15 件/小时的 Poisson 过程.试用模拟的方法求出打印室打印一份文件的平均时间及各打字员平均每小时打印的文件数.

6.在有 2 个服务员的排队模型中,假设每个服务员前有其自己的排队,一个来到者加入到最短的队伍中.当来到者发现两个队伍一样长(或者发现两个服务员前都是空)时就来到服务员 1 前.

(1)确定适当的变量和事件来分析这个模型,并给出更新过程.

(2)假设服务员 1 的分布是速率为 4 的指数分布,服务员 2 的分布是速率为 3 的指数分布,并且顾客以速率为 6 的 Poisson 过程来到.

试求1000个顾客花费在系统中的平均时间及这1000个来到者中由服务员1服务所占的比例.

7.假设某地区某品牌的代理商销售该品牌的产品,购买此产品的顾客按照速率为50人/天的Poisson过程来到该代理处,而且据以往的经验,顾客的购买量X的分布律如下:

X	1	2	3	4
P	0.6	0.2	0.1	0.1

此代理商从厂家进货的单价为500元,每天库存此种商品一单位的费用为0.5元,每次从厂家进货的运费为100元,而卖出此种商品单价为950元.若代理商的库存量小于顾客的需求量,也会带来损失(该赚的而没有赚到视为一种损失),设损失函数

$$\text{lose}(D,x) = (D - x) \cdot 50, x < D.$$

如果该代理商的存贮策略为$(s,S) = (10,100)$.

试求:(1)在一个月内,此代理商平均的利润是多少?

(2)如何改变策略(s,S)使得利润达到最大?

8.假设一个保险公司每天的索赔客户数服从速率为10起/天的Poisson过程.每个客户的索赔额是一个均值为1000元的指数随机变量.假设该公司以固定速率11000元/天收到付款且启动资金为2500元.试用模拟来估计该公司的资金在前365天中始终为正的概率.

9.假设一个系统由4台机器组成,其中备用机器为3台,每台机器的寿命分布函数为

$$F(x) = 1 - e^{-x}.$$

若机器损坏立即送修理厂维修,每台机器维修时间的分布函数为$G(x) = 1 - e^{-2x}$.请模拟估计此系统瘫痪的平均时间.

10.在维修模型中,假设修理车间有2个修理工,每个工人修理机器的时间是具有分布G的随机变量.为此系统画一个流程图.

11.如果当前某股票的收盘价为36.31元,现有一个期权可以在接下来的30天内任何时候以价格为36.31元购买此股票.假设此股票价格模型为对数正态随机游动模型,其相对于前一天的增长率服从正态分布$N(-0.05, 0.16)$,并应用9.7节所提出的策略来实施期权.试根据模拟来估计拥有此期权的平均价值.

参考文献

[1] DAGPUNAR J. S. Simulation and Monte Carlo: with applications in finance and MCMC[M]. New York:John Wiley & Sons, Ltd.,2007.
[2]方兆本,缪柏其.随机过程[M].第2版.北京:科学出版社,2004.
[3]李东风.统计软件教程[M].北京:人民邮电出版社,2005.
[4]茆诗松,王静龙,濮晓龙.高等数理统计[M].第2版.北京:高等教育出版社,2006.
[5]OLLE H, GSTR M. Markov Chains and Algorithmic Applications[M].London:Cambridge University Press,2003.
[6]ROSS S M. Simulation[M].3rd ed.Singapore:Elsevier Pte Ltd.,2006.
[7]薛毅,陈立萍.统计建模与R[M].北京:清华大学出版社,2007.